DEZ GRANDES ESTADISTAS ATENIENSES

Título original:
Dez Grandes Estadistas Atenienses

© 2010, José Ribeiro Ferreira, Delfim Ferreira Leão e Edições 70, Lda.

Capa: FBA

Na capa:
Ilustração de Sólon (c. 630-560 a.C.), estadista Ateniense, um dos sete Sábios da Grécia.
Considerado o primeiro grande poeta de Atenas. Ilustração sem data.
© Corbis / VMI

Depósito Legal n.º 315728/10

Biblioteca Nacional de Portugal – Catalogação na Publicação

FERREIRA, J. Ribeiro, 1941- , e outro

Dez grandes estadistas atenienses / José Ribeiro Ferreira,
Delfim Ferreira Leão. – (Extra-colecção)
ISBN 978-972-44-1620-5

I – LEÃO, Delfim Ferreira, 1970-

CDU 94(38)

Paginação, impressão e acabamento:
GRÁFICA DE COIMBRA
para
EDIÇÕES 70, LDA.
Setembro de 2010

ISBN: 978-972-44-1620-5

EDIÇÕES 70, Lda.
Rua Luciano Cordeiro, 123 – 1.º Esq.º – 1069-157 Lisboa / Portugal
Telefs.: 213190240 – Fax: 213190249
e-mail: geral@edicoes70.pt

www.edicoes70.pt

Esta obra está protegida pela lei. Não pode ser reproduzida,
no todo ou em parte, qualquer que seja o modo utilizado,
incluindo fotocópia e xerocópia, sem prévia autorização do Editor.
Qualquer transgressão à lei dos Direitos de Autor será passível
de procedimento judicial.

JOSÉ RIBEIRO FERREIRA E DELFIM F. LEÃO

DEZ GRANDES
ESTADISTAS ATENIENSES

Prefácio

O livro que agora se publica resulta da confluência da investigação desenvolvida pelos seus autores, ao longo de quase duas décadas, sobre matérias relacionadas com a história da Grécia antiga. O volume pretende cobrir, mais em particular, o período compreendido entre a segunda metade do século VII e o último quartel do século V, facultando uma abordagem diacrónica da evolução político-constitucional de Atenas, através da análise da obra de dez grandes estadistas, seleccionados entre a extensa galeria de figuras notáveis que a cidade produziu, precisamente por estarem ligados a acontecimentos de grande impacto social, político e militar. Dado que o período temporal abordado se situa entre o tempo de Drácon e o de Alcibíades, todas as datas apresentadas ao longo do livro irão remeter para um período anterior à Era cristã. Por esse motivo e salvo expressa indicação em contrário, não foi usada a indicação a.C., na medida em que seria uma referência supérflua.

Embora a análise proposta esteja continuamente hasteada na bibliografia crítica mais significativa, foi privilegiada a utilização das fontes antigas como principal fio condutor da exposição, pois é dessas mesmas fontes literárias (frequentemente conjugadas com os dados fornecidos pela arqueologia, epigrafia e numismática) que resulta o conhecimento em primeira mão do que hoje sabemos sobre a antiguidade clássica. O recurso às fontes, traduzidas sempre a partir do original, não pretende ser exaustivo, sendo usado apenas na proporção entendida como necessária para elucidar o leitor sobre a complexidade dos problemas em discussão. Entre as fontes principais, a primazia cabe ao tratado aristotélico (embora não necessariamente de Aristóteles)

Constituição dos Atenienses, combinado em especial com os testemunhos de Heródoto, Tucídides, Oradores Áticos e as *Vidas Paralelas* de Plutarco.

Ainda que as reflexões expressas derivem, em última análise, da experiência lectiva acumulada e da investigação desenvolvida pelos autores no âmbito do Instituto de Estudos Clássicos e do Centro de Estudos Clássicos e Humanísticos da Universidade de Coimbra, este volume obedeceu a um processo de total reescrita de contributos anteriores, sujeitos a um processo contínuo de harmonização, acrescento de novos dados e actualização da pesquisa. Por conseguinte, o livro que agora se apresenta é novo e, na actual estrutura e concepção, não corresponde a nada que os autores tivessem feito antes, de forma independente.

Ao elaborar esta análise de dois séculos e meio da história político-constitucional de Atenas, os autores guiaram-se por um princípio que nunca é fácil de atingir em plenitude: encontrar o equilíbrio entre uma forma de exposição que possa ser simultaneamente útil a especialistas em antiguidade clássica, a estudantes de nível avançado e ainda ao público em geral. Se esse desígnio foi atingido, apenas o tempo e os leitores o poderão confirmar. Aos autores resta a consciência de terem posto o seu melhor empenho ao serviço desse propósito, e ainda a expectativa de que os resultados desse esforço possam ser proveitosos para todos quantos partilham, com eles, idêntica paixão pela Grécia antiga.

Coimbra, Junho de 2010

JOSÉ RIBEIRO FERREIRA
DELFIM F. LEÃO

1.
Drácon

1.1. O surgimento da lei escrita na Grécia

Se as fontes antigas fossem tratadas sem preocupações de natureza histórica, esta abordagem aos grandes estadistas atenienses deveria iniciar-se com a figura de Teseu, que aparece frequentemente apresentado, em especial na tragédia, como o grande fundador da democracia. De um ponto de vista meramente ideológico, essa opção até seria legítima, pois a memória literária havia projectado sobre Teseu, enquanto herói fundador, as marcas civilizacionais que melhor caracterizariam o espírito ático. As *Vidas Paralelas* de Teseu e Rómulo, escritas por Plutarco numa época em que os elementos da tradição se encontravam já cristalizados, ilustram perfeitamente esse aspecto: Teseu e Rómulo representam, por extensão, as duas cidades mais marcantes da antiguidade clássica, simbolizando também o próprio regime democrático e a grandeza do império romano. No entanto, a consistência histórica destas personalidades e dos feitos que lhes são atribuídos encontra-se, obviamente, sujeita a fundamentadas reservas e limitações, ocupando assim um lugar mais natural no domínio do mito ou, na melhor das hipóteses, no campo da proto-história de Atenas e de Roma.

Tendo em conta estas condicionantes, a figura que naturalmente se impõe para inaugurar a galeria de estadistas atenienses é Drácon. Como se verá ao longo deste capítulo, a reconstituição da actuação de Drácon acaba por enfrentar igualmente dificuldades acentuadas, situação aliás que se repete em relação a outros aspectos que remontam a um período tão recuado da Época Arcaica. Há, no entanto, um factor que distingue por completo o caso de Drácon e o de Teseu: a existência de um documento concreto, com a lei sobre o homicídio, preservada parcialmente numa inscrição do século V e em fontes literárias, e cuja atribuição a Drácon é indisputada. Este pormenor faz com que esta personalidade ganhe, por direito próprio, um lugar de relevo na história: o facto de ter sido o primeiro legislador ático e de haver inaugurado, em Atenas, a prática de passar as leis a escrito. Por outro lado, se bem que, inclusive na actualidade, se atribua ao adjectivo 'draconiano' uma conotação de excessiva dureza, o certo é que a lei sobre o homicídio se revelou um dos documentos jurídicos mais equilibrados, a ponto de constituir, durante séculos, a base do sistema legal ateniense, no que a essa matéria diz respeito.[1]

Antes de se avançar para o tema concreto da natureza e influência desta lei, será vantajoso tecer algumas considerações preliminares sobre as razões que terão levado os Gregos a passar as suas leis a escrito. Este problema tem suscitado um aceso debate entre os estudiosos do direito grego, precisamente porque afecta a compreensão deste período a vários níveis. Com efeito, o facto de se publicarem leis por escrito levanta, antes de mais, a questão de conhecer os limites da literacia na Grécia arcaica, na medida em que é necessário considerar não apenas os responsáveis por essa actividade legislativa, mas também as competências de quem passaria as leis para escrito, em que locais seriam dispostas e que tipo de público as iria consultar. As inscrições oriundas de uma fase mais inicial da Época Arcaica (c. 750-650) correspondem, sobretudo, a uma utilização na esfera privada, mas, a partir de meados do século VII, assiste-se a uma tendência crescente, na Grécia, para expor regulamentações em lugares públicos, sendo igualmente visíveis os cuidados desenvolvidos com o objectivo de que as dimensões e a forma de escrita facilitassem a respectiva leitura.[2] Por outras palavras, parece observar-se um interesse em publicar as leis para que fossem efectivamente consultadas por um grupo alargado de pessoas. Embora a elite governante tivesse, seguramente, um papel essencial na promulgação dessas regulamentações, o certo é que a análise de tais documentos epigráficos não sustenta propriamente a

---

[1] A validade relativa da tradição de dureza da legislação draconiana será retomada mais adiante (infra 1.5.).

[2] Sobre esta matéria, vide a clara análise de Gagarin (2008), 67-92, que aborda uma série de leis arcaicas, provenientes de locais como Dreros, Gortina, Quios, Erétria, Élide, Argos, Naupacto e Cleonas.

ideia de que seria esse grupo restrito o maior beneficiário da publicação das leis. Pelo contrário, há indícios claros de que essas normas fomentavam também a afirmação crescente da noção de pólis. Com efeito, ao promoverem a fixação por escrito da autoridade colectiva e ao especificarem detalhes processuais difíceis de garantir através da simples transmissão oral, ([3]) as leis escritas facilitavam também a afirmação de forças sociais emergentes, bem como a integração de novas populações. Estes aspectos estão relacionados com outros factores de evolução que se detectam nesta fase inicial da Época Arcaica, como a expansão territorial, a fusão de populações (ou sinecismo, que, no caso de Atenas, a tradição atribuía a Teseu, embora com as reservas já comentadas) e uma certa prosperidade económica decorrente do próprio desenvolvimento do comércio e do reforço do contacto entre póleis. De resto, esse contacto entre as cidades-estado terá contribuído para a rápida expansão da prática de publicar leis por escrito, facto que constitui mais um indício das vantagens desta opção – à semelhança do que acontecera já com a difusão do próprio sistema de escrita.

Por outro lado, pode-se imaginar, com alguma segurança, que estas movimentações de pessoas e de bens originassem um maior número de conflitos legais e que, por isso mesmo, fosse necessário regular áreas não coberta pelas disposições e costumes tradicionais, e ainda esclarecer ambiguidades processuais que subsistissem. Além disso, a diversidade de matérias tratadas nessas leis (como questões relativas à conduta de magistrados, à propriedade, às relações familiares, aos sacrifícios públicos, ao tratamento de casos de homicídio) indicia também que os Gregos como um todo não tinham uma só forma de ver os assuntos que deveriam ser legislados, atendendo cada pólis às respectivas prioridades. ([4]) Por outro lado, uma vez separada do seu

---

([3]) Conforme se pode constatar facilmente pelo confronto com as normas referidas nos Poemas Homéricos, que podem inclusive apresentar disposições contraditórias, como a afirmação de Ájax (*Il.* 9.632-636) de que o entendimento com os familiares do morto pode ocorrer a seguir ao homicídio, enquanto Ulisses (*Od.* 23.118-120) sustenta que o homicida tem de partir para o exílio. Conforme se verá pela discussão da lei de Drácon (infra 1.4.), ambos os procedimentos eram possíveis, mas obedeciam a motivações específicas.

([4]) Conforme salienta Gagarin (2008), 91, variava inclusive a forma como cada pólis designava essas leis escritas (*graphos, thesmos, rhētra* e até termos relacionados como *grammata* e *tethmos*). A escolha de um desses termos parece ser fortuita, se

contexto oral, a lei escrita ganhava uma existência renovada, iniciando assim uma forma diferente de entender a aplicação da lei e da justiça. É perante este cenário de fundo que importa avaliar o papel de Drácon enquanto primeiro grande estadista ateniense.

1.2. A Ática anterior a Drácon: o golpe de Cílon

A natureza diversificada de boa parte da legislação produzida neste período recuado da Época Arcaica leva a sustentar a hipótese de que a motivação directa para a criação e publicação de leis não se encontra, forçosamente, na urgência de dar respostas imediatas a crises sociais concretas. De outra forma, a sua pertinência esgotar-se-ia nesse objectivo mais contextual e também não se justificaria que a regulamentação cobrisse outras áreas não directamente relacionadas com o problema em questão. Por conseguinte, a fundamentação para o surgimento de leis escritas deve encontrar-se, com maior probabilidade, na confluência do conjunto de factores enunciados na secção anterior (supra 1.1). Apesar disso, também se afigura apropriado aceitar que crises concretas possam ter contribuído igualmente para reforçar a oportunidade de uma diligência legislativa mais profunda. Ora não muitos anos antes da intervenção de Drácon, Atenas experimentou um desses momentos de crise, que se traduziu na tentativa de implementar um governo autocrático. Embora o golpe tenha sido mal sucedido e a sua reconstituição esteja aberta a muitas dúvidas, valerá a pena evocar a informação veiculada pelas principais fontes, no sentido de ponderar de que forma esse evento poderia ter contribuído para a emergência da publicação de leis escritas na Ática. [5]

Em Atenas, a tirania propriamente dita surgirá apenas com Pisístrato, pelo que, em termos comparativos, só relativamente tarde é que a cidade passou por esta experiência, comum de resto a boa parte de outras póleis. Há, no entanto, notícia de que, numa época anterior ao século VI, a cidade teria sido palco de uma tentativa de instauração de um governo totalitário, pela parte de Cílon. Dado que a aventura

---

bem que cada cidade-estado, depois de optar por uma das expressões, tendesse a usá-la de forma regular.

[5] Para mais pormenores relativos a esta questão, vide Leão (2001*a*) 215-221.

acabaria por ser mal sucedida, levanta-se a questão de saber se esse primeiro ensaio ficou a dever-se ao facto de a Ática contar, já nessa altura, com as condições que usualmente conduziam à tirania ou se ele terá sido apenas motivado pela ambição pessoal de um aristocrata. Na verdade, à primeira razão aliava-se, quase sempre, a segunda, pelo que a discussão real incide somente sobre o problema de se poder ou não diagnosticar, para a Atenas de meados do século VII, o clima de descontentamento e de instabilidade social que, por norma, servia de rampa de lançamento àquele tipo de governos autocráticos. Heródoto, que é o testemunho mais antigo, refere-se ao episódio da forma seguinte (5.71):

> Os Atenienses "sacrílegos" (*enageis*) receberam essa denominação pelo motivo seguinte: Cílon era um ateniense vencedor nos Jogos Olímpicos. Ele alimentou o desejo de tornar-se tirano e, depois de reunir um grupo de amigos da sua idade, tentou tomar a Acrópole, mas, não sendo bem sucedido, prostrou-se como suplicante junto da estátua [da deusa]. Os prítanes dos naucraros, que na altura governavam Atenas, convenceram-nos a levantar-se, com a promessa de lhes poupar a vida. Contudo, acabaram sendo mortos e a culpa foi atribuída aos Alcmeónidas. Estes acontecimentos decorreram antes do tempo de Pisístrato.

Do relato de Heródoto, que é relativamente curto, ressaltam alguns dados essenciais para a análise do acontecimento: Cílon era uma figura bem conhecida da sociedade ateniense, pois havia sido vencedor nos Jogos Olímpicos; possivelmente em virtude da fama granjeada com este importante troféu, acalentara o projecto de vir a tornar-se tirano; ([6]) o golpe fora mal sucedido, obrigando os seus pro-

---

([6]) Heródoto não chega a esclarecer as reais motivações, que podem ter consistido somente numa aventura juvenil, dado que os apoiantes de Cílon eram essencialmente os amigos da mesma idade. No entanto, não é improvável que o termo *hetaireia*, usado pelo historiador, tenha conotações políticas, indiciando possivelmente um tipo de organização política. Com efeito, os elos de afinidade política correspondiam muitas vezes a grupos de amigos (*philoi*), fossem companheiros (*hetairoi*), familiares (*oikeioi*), íntimos (*epitēdeioi*), associados (*koinōnoi*), ou mesmo combinações destas variantes. Sobre esta nomenclatura, vide Mitchell & Rhodes (1996) 12.

motores a procurar refúgio junto da estátua da deusa; deu-se a intervenção dos prítanes dos naucraros, que prometeram poupar a vida aos revoltosos; não tendo sido respeitado este compromisso, as responsabilidades acabariam sendo atribuídas aos Alcmeónidas, que passaram a ser considerados 'sacrílegos'; finalmente, uma nota cronológica importante, onde se informa que o episódio ocorreu antes do tempo de Pisístrato. Entre as outras fontes antigas que abordam a mesma questão, destaca-se sobretudo o testemunho de Tucídides, que fornece maior abundancia de elementos (1.126.3-12). Entre outros pormenores, este historiador estabelece a ligação de Cílon com o tirano Teágenes de Mégara, cuja filha casara com o ateniense, e que se dispusera a apoiar o golpe fornecendo tropas. Refere, também, que o atleta olímpico contara com o apoio de um oráculo de Delfos e que, no seguimento do fracasso da empresa, lograra, juntamente com o irmão, escapar à morte dolosa que iria colher os companheiros. Acrescenta ainda que os responsáveis pela chacina foram considerados 'sacrílegos' e acabaram sendo exilados. Não obstante este resumo, será ainda pertinente recordar em pormenor parte do relato de Tucídides (1.126.7-8):

> Mas quando os Atenienses se aperceberam, acudiram em massa dos campos para lhes fazer frente e, montado o acampamento, sitiaram-nos. Com o passar do tempo, os Atenienses cansaram-se do cerco e a maioria deles regressou a casa, depois de confiarem a vigilância aos nove arcontes, juntamente com a plena autonomia para disporem de tudo consoante lhes parecesse melhor. É que, por aquela altura, cabia aos nove arcontes tratar da maior parte dos assuntos políticos.

Apesar de não indicarem o número da Olimpíada em questão, tanto Heródoto como Tucídides concordam em que o aristocrata Cílon conseguiu uma vitória numa edição dessas competições pan-helénicas. Ora acontece que na lista dos vencedores dos jogos consta o nome de um Cílon, que terá vencido a prova do *diaulos* na 35ª Olimpíada (= 640/39). [7] O tratado aristotélico *Constituição dos Atenienses*, por seu turno, situa a tentativa de implantação da tirania antes da legislação

---

[7] Cf. Pausânias 1.28.1; Eusébio, *Arm.* p. 92b 23 Karst. Vide ainda Cadoux (1948) 91.

de Drácon, portanto numa época não posterior a 624; (⁸) de Tucídides parece depreender-se que o golpe ocorreu não na olimpíada em que Cílon obteve a vitória, mas numa das seguintes. (⁹) A ser assim, o episódio teria sucedido num destes anos: 636/5 (= 36ª Ol.), 632/1 (= 37ª Ol.), 628/7 (= 38ª Ol.). (¹⁰) Se for tida em conta a fama que rodearia Cílon e lhe serviria de estímulo para a aventura, será defensável uma datação mais próxima da Olimpíada em que alcançara a vitória, portanto 636 ou 632. Por outro lado, a acentuar-se a eventual ligação entre a desordem provocada pela conspiração e a necessidade de um legislador que procurasse acalmar as dissensões internas, pareceria mais natural aproximar no tempo o golpe de Cílon e a actividade legislativa de Drácon. Ainda assim, as fontes mostram-se demasiado vagas para permitirem alcançar um maior grau de certeza, embora a data de 636 não seja a mais improvável. (¹¹)

O relato de Tucídides faculta ainda um pormenor que detém certa relevância na ponderação das circunstâncias que envolveram esta tentativa de implementação da tirania. Tal como Heródoto, Tucídides refere que Cílon não foi bem sucedido, mas acrescenta uma importante nota sobre a reacção ao golpe: «quando os Atenienses se aperceberam, acudiram em massa dos campos para lhes fazer frente e, montado o acampamento, sitiaram-nos». É provável que os Atenienses em questão não sejam somente os aristocratas, mas que nessa designação estejam incluídas outras camadas da população. A ser assim, Cílon não terá podido contar com um factor determinante para o sucesso das suas pretensões: o apoio das classes menos privilegiadas e dos descontentes

---

(⁸) Cf. *Ath.* 1. Conforme adiante se verá, a datação da actividade de Drácon não é consensual.

(⁹) Cf. 1.126.5.

(¹⁰) A aceitar-se a hipótese (bastante provável) de que Drácon foi incumbido da sua comissão legislativa em 621/0, seria possível acrescentar ainda 624/3 (= 39ª Ol.). E.g. Davies (1971) 370-371.

(¹¹) Barceló (1993) 120-125, esp. 124 e n. 454, procura recuperar a antiga tese de que o golpe de Cílon se teria verificado bastante mais tarde, em meados do século VI, talvez no verão de 552, mas a sua argumentação não convence. A discussão relativa ao ano em que terá ocorrido o golpe de Cílon confunde-se com o problema da datação do arcontado de Mégacles, um dos Alcmeónidas envolvidos no acontecimento. Sobre essa complexa questão, apesar de secundária no actual contexto, vide Leão (2001a) 218-221.

com a situação política e social vigente. Pelo contrário, talvez o apoio de Teágenes de Mégara a Cílon tenha sido contraproducente, sobretudo se fosse entendido como uma ameaça à soberania de Atenas. ([12]) Embora meramente hipotética, esta leitura reforçaria a ideia de que a noção de comunidade possuiria já, na Ática do último quartel do século VII, força suficiente para mobilizar a população em defesa da pólis. A ser assim, a actividade legislativa de Drácon estaria mais perto de corresponder à expressão de um amplo movimento da sociedade do que a uma iniciativa isolada da elite dirigente.

1.3. Drácon

Conforme se referiu na secção anterior, uma tentação que o estudioso deste período da Época Arcaica pode sentir com alguma insistência é a de considerar que o surgimento da figura do primeiro legislador ateniense constitui um dos efeitos mais directos e visíveis do desfecho da aventura de Cílon e seus apoiantes. Há que reconhecer que a hipótese se revela cómoda, pois permite ordenar os eventos de forma relativamente clara. Além disso, não é de todo improvável que a tentativa de impor uma tirania tenha tornado mais premente a urgência da publicação formal de leis, embora esse factor não baste por si só para justificar o seu aparecimento. Subsistem, ainda assim, dúvidas e problemas que as fontes não permitem elucidar. Há pouco, sugeriu-se que Cílon poderia ter fracassado por não conseguir chamar à sua causa quer a aristocracia quer sobretudo as restantes camadas da população livre, precisamente o factor que poderia ter alterado o rumo dos acontecimentos. Parece viável, também, que o episódio tenha despertado (ou agudizado) a animosidade com Mégara, cuja ingerência nos assuntos internos da Ática poderá ter assumido contornos de ameaça à soberania da pólis. ([13]) Por conseguinte, a reacção generalizada dos Atenienses pode ter induzido a poderosa família dos Alcmeónidas (represen-

---

([12]) Sobre esta hipótese, vide Hopper (1966) 141.

([13]) Que se faria sentir ainda nos tempos de Sólon e de Pisístrato, cuja acção no diferendo os terá projectado como figuras públicas. Notam-se, portanto, curiosos indícios de uma longa desconfiança relativa à actuação megarense. Vide Leão (2001*a*), 221-226, cujos argumentos são recuperados neste ponto da exposição.

tada ao mais alto nível por Mégacles) a retirar dividendos políticos do ataque, através da execução dos revoltosos. Ainda que as fontes nada digam a esse respeito, não se afigura de todo improvável que, ao menos numa primeira fase, aquela atitude radical fizesse do arconte epónimo o herói do momento. Havia, no entanto, que contar com um importante factor: os familiares dos jovens aristocratas assassinados, para quem tal acto, além da óbvia perda pessoal, poderia assumir contornos de manobra política.[14] Ora a provável inexistência, nesta época recuada da história ateniense, de uma lei pública e claramente definida relativa a casos de homicídio, terá encorajado naturais e sangrentos propósitos de vingança entre os clãs envolvidos.[15] O facto de os Alcmeónidas serem considerados 'sacrílegos' e de, em consequência, terem de partir para o exílio, representaria, assim, uma das fases do conflito, um ponto em que os familiares (ou partidários) dos revoltosos haviam conseguido usar contra os Alcmeónidas as implicações religiosas do assassinato dos revoltosos.[16]

Se este esboço de reconstituição dos acontecimentos estiver próximo da realidade, torna mais premente a questão das forças que terão apoiado a nomeação de Drácon, problema sobre o qual as fontes antigas nada adiantam. Pode-se, eventualmente, imaginar uma situação semelhante à que se terá verificado para o caso de Sólon, em que a tensão generalizada obrigaria à escolha de um moderador. Talvez a população que não era aristocrata exigisse maiores direitos, em consequência do papel desempenhado na luta contra a tirania.[17] Embora estas hipóteses pareçam defensáveis, não se deve perder de vista que são

---

[14] Cf. Stroud (1968) 70-74.

[15] Sobre a forma de resolver disputas no período anterior à acção dos legisladores, vide Gagarin (1986), 1-50, e, quanto às condições gerais que levaram ao aparecimento destas figuras, Hölkeskamp (1992) 87-117.

[16] Nesta perspectiva se pronunciam Ellis & Stanton (1968) 97.

[17] Com o eventual estímulo dos Alcmeónidas, que lucrariam com uma definição da lei sobre o homicídio. Caso a família ficasse protegida pela regulamentação de Drácon, poder-se-ia entender a acusação religiosa como uma nova forma encontrada pelos inimigos para conseguirem prejudicá-los. De facto, Plutarco (*Sol.* 12.2-3) parece implicar que o julgamento terá ocorrido pouco antes do mandato de Sólon, que poderia aliás ter retirado dividendos políticos da visita de Epiménides, destinada a purificar a cidade.

fruto de mera especulação, pelo que, no fundo, a questão enunciada se mantém sem resposta.

Um dos pontos, embora secundários, em que os testemunhos antigos se mostram unânimes é em considerar que Drácon era o nome de um cidadão ateniense e não o de um ofídio.([18]) Portanto, a teoria que defende o contrário consiste simplesmente numa conjectura moderna, que não encontra apoio nas fontes. Drácon era um nome grego frequente que caiu em desuso com o tempo, à semelhança do que se passou com outros casos.([19]) Bastante mais importante é o problema da sua datação; a informação mais antiga e pormenorizada aparece na *Constituição dos Atenienses*, num passo tão determinante quanto polémico, pelo que interessará recordá-lo (*Ath.* 4.1):

> Depois disto (*meta de tauta*), decorrido não muito tempo, durante o arcontado de Aristecmo, Drácon estabeleceu as suas leis.

A primeira dúvida prende-se com o esclarecimento da indicação temporal com que o passo abre (*meta de tauta*), já que a expressão poderá referir-se quer às consequências da acção de Cílon quer à situação resultante da organização política descrita no capítulo precedente do tratado aristotélico. No entanto, a segunda nota temporal («decorrido não muito tempo») parece designar um acontecimento concreto, pelo que favorecerá a hipótese inicial.([20]) Portanto, Drácon teria recebido a sua comissão num período compreendido entre o golpe de Cílon e a intervenção de Sólon, mas provavelmente numa época menos distante da tentativa de instauração da tirania.([21]) Mais complexa se revela a identificação do arconte em cujo mandato o primeiro legislador de Atenas esteve activo. O autor da *Constituição dos Atenienses* é o único a mencioná-lo pelo nome e para os antigos isso bastaria, pois

---

([18]) Nesta segunda hipótese, o candidato em melhor posição para ocupar o lugar do legislador seria a misteriosa serpente que se acreditava ser a guardiã da Acrópole (Heródoto, 8.41); no entanto, nenhuma notícia leva a suspeitar que os Atenienses atribuíssem a esse animal a criação das suas leis sobre o homicídio.

([19]) Talvez por àquela figura estar ligada uma tradição de severidade extrema. Vide as observações e exemplos de Stroud (1968) 65-66; Gagarin (1981) 1 e n. 1.

([20]) Assim crê Rhodes (1981), 109, que defende também que aquela expressão se encontra no lugar correcto.

([21]) Cf. ainda *Ath.* 5.2; 41.2.

tinham à sua disposição a lista completa dos arcontes epónimos. ([22]) No entanto, para que o estudioso moderno consiga maior precisão, torna-se necessário apelar a fontes posteriores. Destas, boa parte concorda em situar a legislação de Drácon na 39ª Olimpíada (= 624/1), mas somente Eusébio revela a preocupação de ser mais concreto, apontando o ano de 621/0. ([23]) Portanto e de acordo com as fontes mais dignas de confiança, o início da actividade legislativa de Drácon deve ter ocorrido entre 624 e 621, possivelmente em 621/0, data que corresponderia também ao ano do arcontado de Aristecmo.

O facto de, na *Constituição dos Atenienses*, se fornecer o nome deste magistrado vem mostrar que Drácon, ao contrário de Sólon, não foi arconte epónimo. Portanto, torna-se legítimo questionar que tipo de mandato e de poderes teria o primeiro legislador ateniense. Como tantas vezes acontece, o problema é mais fácil de suscitar do que de resolver, pois as fontes disponíveis não permitem dar-lhe uma resposta satisfatória. Uma das possibilidades consiste em pensar que Drácon seria um dos seis tesmótetas, mas as fontes são inconclusivas a esse respeito. ([24]) Ainda assim, a dificuldade e, de alguma forma, o carácter revolucionário da tarefa de inaugurar a actividade legislativa em Atenas reforçam a suposição de que Drácon tenha recebido uma comissão específica e poderes extraordinários. Maior certeza não aconselha o estado actual das fontes disponíveis.

No passo da *Constituição dos Atenienses* anteriormente evocado (*Ath.* 4.1), foram transcritas somente as primeiras linhas, exactamente para não abordar a chamada 'constituição de Drácon' que aparece descrita no capítulo IV da obra. Sobre esse relato tem recaído, desde muito cedo, a suspeita legítima de não possuir valor histórico. Na verdade, o esboço dessa *politeia* está pejado de anacronismos: por exemplo,

---

([22]) Jacoby (1949), 94, sugere que a datação pelo nome do arconte tenha sido obra dos oligarcas de finais do século v, como forma de dar alguma credibilidade à suposta 'legislação de Drácon' desígnio que seria também visível no uso de linguagem arcaizante.

([23]) *Chron.* 99b (*Arm.*). As outras fontes são Taciano, *Ad Gr.* 41; Clemente de Alexandria, *Strom.* 1.80; Suda, s.v. *Drakōn*. Vide Cadoux (1948) 92; Stroud (1968) 66-67.

([24]) Cf. ainda Pausânias 9.36.8.

admite, para aquela altura, a existência de cunhagem de moeda;[25] regista o papel de um misterioso conselho de 401 membros, escolhidos à sorte, num período dominado ainda pelos aristocratas; acusa a importância excessiva dos estrategos, que está muito mais de acordo com a realidade do século v. Estes e outros elementos levam a desconfiar que essa 'constituição' derive de algum panfleto oligárquico e tenha sido acolhida inadvertidamente pelo autor do tratado. Com efeito, na *Política*, Aristóteles refere-se a Drácon nestes termos (1274b15-19):

> Subsistem leis (*nomoi*) de Drácon, mas ele promulgou-as para uma constituição (*politeia*) já existente. Nenhuma particularidade há, nestas leis (*nomoi*), digna de nota, a não ser a severidade resultante da magnitude das penas. Também Pítaco foi autor de leis (*nomoi*), mas não de uma constituição (*politeia*).

Mais adiante (infra 1.5), será retomada a questão da dureza tradicionalmente atribuída a Drácon. Entretanto, não interessa entrar em mais considerações sobre esta hipotética *politeia*, que não tem seguramente valor histórico; em lugar disso, é preferível abordar com mais pormenor a legislação de Drácon relativa ao crime de homicídio.

1.4. A lei do homicídio

Quando, mais adiante (infra 8.1), se fizer a análise dos acontecimentos que marcaram o quotidiano ateniense durante o último quartel do século v, haverá oportunidade para ponderar, no devido contexto, os sérios reveses sofridos pela actuação democrática durante a Guerra do Peloponeso, com especial destaque para as gravosas consequências da imponderada expedição à Sicília. Os desaires então vividos, sobremaneira a nível militar, irão acentuar a crise política e social, já bem visível nas dificuldades económicas e na ausência de una liderança ponderada e carismática. A confluência destes vários factores irá abalar os fundamentos do governo democrático, dando assim margem de manobra aos críticos do regime sob o qual Atenas tinha vivido havia já

---

[25] Realidade que está sujeita a sérias dúvidas mesmo para os tempos de Sólon.

cerca de um século. A par de todos os aspectos pouco edificantes que caracterizaram esta época agitada e que serão retomados na devida altura, houve também alguns efeitos positivos e um deles, fruto da confusão ideológica e política reinante, consistiu num esforço global de revisão legislativa, aspecto que tem uma pertinência directa para a questão agora em análise. O escrutínio oficial de todo o código ateniense iria revelar-se uma tarefa particularmente complexa e por isso, tendo sido iniciada em 410, haveria de prolongar-se até aos princípios do século IV. Foi ao abrigo deste programa que, logo numa fase inicial, se emitiu um decreto que autorizava a republicar a lei de Drácon sobre o homicídio. A data pode ser estabelecida com precisão, pois, à cabeça da inscrição, figurava o decreto com o nome do arconte epónimo (Díocles), cujo mandato cai em 409/8. Da cópia então feita e colocada na Ágora, em frente da *Stoa Basileios*, chegou até hoje um fragmento substancial, que constitui, por este motivo, o documento mais significativo sobre as origens do direito criminal escrito, em Atenas. O texto publicado inicialmente por KÖHLER, em 1867, serviu de referência durante cerca de um século, até à altura em que STROUD estudou exaustivamente o original, conseguindo identificar mais 218 letras e fornecendo a leitura que desde então se impôs como edição mais fiel.[26] É esse texto que foi usado para a tradução agora apresentada:

Primeiro *axōn*
Mesmo que alguém mate outra pessoa sem intenção, será exilado. Aos *basileis* caberá responsabilizar pelo homicídio ora .... ora quem o instigou. Aos *ephetai* caberá chegar a um veredicto. Será concedido o perdão, se houver pai, irmão ou filhos, por unanimidade, ou prevalecerá a vontade do que se opuser. No caso de estes não existirem, será concedido o perdão pelos parentes até ao grau de filho de primo e de primo, se concordarem por

---

[26] Nº 86, na recolha de Meiggs & Lewis (1989), 264-267. A inscrição é analisada exaustivamente por Stroud (1968); Gagarin (1981); Gagarin (1986) 86-89, 109, 112-115; Tulin (1996) 7-19; Gagarin (2008) 96-100. Há outras fontes que se referem à mesma lei. Entre elas, é particularmente importante a disposição citada por [Demóstenes] (43.57 = F 5b Ruschenbusch), que segue de perto o texto da inscrição de 409/8, constituindo, assim, um precioso apoio para a sua reconstituição. Sobre a ligação entre a legislação relativa ao homicídio e a criação do tribunal do Areópago, tal como é relatada pela *Oresteia* de Ésquilo, vide Leão (2005a).

unanimidade, ou prevalecerá a vontade do que se opuser. Mas, se nenhum destes for vivo, se o homicídio for não intencional e se os cinquenta e um *ephetai* determinarem que é não intencional, então que dez *phratores* o admitam de volta, se chegarem a consenso. Cabe aos cinquenta e um seleccioná-los de acordo com a nobreza de nascimento. Também os que anteriormente mataram serão vinculados por esta regulamentação (*thesmos*). Será feita uma proclamação contra o homicida, na ágora, pelos parentes até ao grau de filho de primo e de primo. A acusação caberá ao primo, aos filhos de primo, ao genro, ao sogro e aos *phratores*.

Após o texto do decreto, a inscrição não segue imediatamente com a lei do homicídio, pois a linha 10 tem o cabeçalho *prōtos axōn* ('primeiro *axōn*' [27]), cujo conteúdo ocupa as linhas 11-55. Servindo-se de cuidadosas medidas, STROUD argumenta que na linha 56 haveria um título semelhante, que reconstrói, com bastante probabilidade, como sendo *deuteros axōn* ('segundo *axōn*'). [28] Ora se a lei do homicídio foi copiada de pelo menos dois *axōnes*, talvez não seja de todo improvável que haja sido republicada na íntegra. [29] A parte conservada diz respeito somente ao homicídio não intencional e não deixa de ser curioso que Drácon começasse por essa área, quando pareceria mais lógico iniciar com o delito mais grave, o de homicídio intencional. [30] O legislador dispunha que a pessoa culpada de homicídio não intencional fosse exilada (e não morta), o que poderia ser uma forma de a proteger contra represálias e criar condições para negociar o per-

---

[27] *Axōnes* e *kyrbeis* são os termos usados em grego para designar o material onde começaram por ser inscritas as leis de Drácon e de Sólon. Serão, possivelmente, placas (giratórias) de madeira, bronze ou mesmo pedra, mas a sua correcta interpretação continua a ser alvo de acesa disputa entre os estudiosos. Sobre essa questão, vide Leão (2001*a*) 329-340.

[28] (1968) 16-18.

[29] Se bem que essa possibilidade continue envolta em grande polémica. Vide e.g. as objecções expressas por Rhodes (1981) 111–112.

[30] Vide Stroud (1968), 34-40; Gagarin (1981) esp. 96-110. Para o primeiro estudioso, a regulamentação do homicídio intencional vinha em segundo lugar, como parecem sugerir os cabeçalhos da inscrição e o facto de a pena para este delito ser a morte, no tempo dos oradores; para Gagarin, aquele delito estava presente apenas por implicação, pelo que a matéria processual e penal seria a mesma para os dois tipos de homicídio.

dão. Este tinha de ser aceite pelos familiares da vítima e era determinante que se atingisse um consenso total; caso contrário, prevalecia a vontade de quem discordava. No caso de não haver parentes, a decisão cabia aos membros da fratria. [31] Os termos do exílio obrigavam a que o culpado permanecesse fora da fronteira e não participasse nos jogos e ritos anfictiónicos. Se, cumprindo estes requisitos, fosse morto, o seu executor tinha de sujeitar-se a julgamento, mas se violasse os termos poderia ser abatido dentro da esfera legal. [32] Esta lei representa um importante passo no direito, na medida em que veio chamar ao domínio da autoridade pública uma área que, até aí, poderia ser campo fértil para vinganças familiares sucessivas.

Até agora, tem-se usado o termo 'republicar' e não 'rever' para designar o efeito do decreto de 409/8 sobre a regulamentação do homicídio. Isso implica admitir que a inscrição, da qual ainda se possui parte, seja uma cópia fiel e não uma versão alterada da lei de Drácon; em consequência, seria de aceitar também que Sólon a tenha mantido como tal, sem lhe dar uma forma diferente para a integrar no seu novo código. Esta interpretação não está isenta de dificuldades, embora haja argumentos de peso a seu favor. De facto, a lei contém traços obsoletos no século V e que, mesmo no tempo de Sólon, também não fariam muito sentido, como acontece com a cláusula que define a natureza retroactiva da lei («também os que anteriormente mataram serão vinculados por esta regulamentação»). Uma vez que Drácon tinha sido legislador cerca de três décadas antes de Sólon, essa nota faria sentido somente quando a regulamentação fora implementada pela primeira vez. [33] Por isso, talvez seja de admitir a ideia de que a lei do homicídio se terá mantido quase intacta até ao fim da democracia ateniense, constituindo, portanto, a essência da legislação sobre esta matéria dentro do corpo legal ático.

---

[31] Desde que os *ephetai* confirmassem o homicídio não intencional; a natureza desta corporação não fica totalmente esclarecida. Vide Carawan (1991) 1-16; Gagarin (2008) 96-97.

[32] Gagarin (1981), 1-4, salienta que o direito ateniense contemplava somente três tipos de homicídio: o intencional, o não intencional e o legal. Sobre os vários tribunais encarregados de julgar casos de homicídio, vide Carawan (1998) 84-135.

[33] Para maior cópia de argumentos, vide Stroud (1968) 60-64.

1.5. Vestígios de outra legislação draconiana

Se a lei do homicídio atingiu um sucesso digno de nota, a ponto de se manter inalterada no essencial durante mais de dois séculos, o mesmo parece não ter acontecido com a restante legislação de Drácon. É possível, por exemplo, que a lei do homicídio incluísse também, ainda que de forma indirecta, normas relativas a delitos de natureza sexual, como aconteceria com a morte justificada do *moichos* ('adúltero'). [34] No entanto, a reconstituição destas outras leis não é fácil nem isenta de polémica, conforme se pode ver, a título de exemplo, por uma norma destinada a punir os indolentes, e que as fontes atribuem ora a Drácon ora a Sólon ou até mesmo a Pisístrato. Embora estas figuras venham a ser abordadas mais adiante (capítulos 2 e 3), valerá a pena, ainda assim, evocar as linhas gerais da discussão à volta deste tópico, na medida em que facultam um exemplo ilustrativo do tipo de problemas que acompanham a definição de esfera relativa de actuação de cada um destes estadistas.

Um passo das *Histórias* de Heródoto (2.177.2) constitui um dos testemunhos importantes para a análise da questão, ao informar que, na sua passagem pelo Egipto, Sólon se havia encontrado com o faraó Âmasis, junto do qual teria recolhido material que acabaria por aplicar na sua obra legislativa, ao instituir uma lei que punia os indolentes (*nomos argias*) [35]:

> Foi Âmasis quem estabeleceu para os Egípcios esta lei (*nomos*): todos os anos, cada um dos Egípcios deveria dar a conhecer ao nomarca de onde retirava o sustento. E quem o não fizesse ou não conseguisse provar que tinha uma vida honesta era punido com a morte. O ateniense Sólon levou do Egipto esta lei (*nomos*) e aplicou-a aos Atenienses, que perpetuamente a observam, pois é uma lei (*nomos*) irrepreensível.

---

[34] Sobre esta possibilidade, vide Leão (2005*b*) 8-12. O possível rasto de outras leis é também seguido por Stroud (1968) 75-83.

[35] Na colectânea de Ruschenbusch (1966) relativa às leis de Sólon, este passo corresponde a F 78a. Sobre o *nomos argias*, vide análise de Leão (2001*b*), cujos argumentos são aqui em parte recuperados.

Para além dos problemas cronológicos levantados pela entrevista com Âmasis, o relato de Heródoto tem ainda a agravante de sugerir que Sólon, na sequência desta viagem ao Egipto posterior ao mandato de arconte, teria introduzido mais uma lei no seu código, o que faria pressupor uma nova acção legislativa depois do regresso a Atenas, possibilidade que se afigura muito pouco provável. No entanto, deixando agora de lado os contornos desta complexa questão, interessa de momento que a análise se centre mais sobre o problema da paternidade do *nomos argias*. ([36]) Mesmo que não se aceite historicamente a entrevista de Sólon com Âmasis, há que considerar duas importantes implicações decorrentes do testemunho de Heródoto: que teria sido Sólon a introduzir essa norma no código ateniense e que ele teria encontrado no Egipto inspiração para a lei relativa à ociosidade. Ora acontece que, como atrás já se adiantava, a identificação do autor do *nomos argias* não é passiva, uma vez que existem importantes discrepâncias entre as fontes, como se pode ver, por exemplo, num par de ocorrências onde vem citada a autoridade do orador Lísias:

> E o indolente (*argos*) estará sujeito a sofrer uma acção pública movida por quem o desejar (*ho boulomenos*). Lísias, no discurso *Contra Nicides*, afirma que foi Drácon o autor desta lei (*nomos*) e que Sólon estabeleceu a de que o prostituto ficava arredado da tribuna. (Diógenes Laércio, 1.55)

> Lísias, no discurso *Contra Aríston*, afirma que Drácon foi o autor da lei (*nomos*) [sobre a indolência]; por outro lado, Sólon também a usou, mas fixando o castigo não, como aquele, na pena capital, mas sim na *atimia* e, quer fosse apanhado três vezes quer uma só, no pagamento de uma coima de cem dracmas. (*Lex. Cant.* 665.19)

Ambos os textos são pertinentes para a compreensão quer do *nomos argias* quer da *atimia*. Esta última consistia numa perda de direitos cívicos, que poderia ser parcial ou total, meramente pessoal ou até hereditária, tendo em conta a gravidade relativa do crime prati-

---

([36]) Sobre uma possível reconstituição das viagens de Sólon, antes e depois do arcontado, vide Leão (2001*a*) 246-250, 275-277.

cado (³⁷). Os passos não estão inteiramente de acordo, problema que pode dever-se quer a Lísias quer à interpretação feita pelos seus utilizadores. A segunda hipótese afigura-se mais provável, já que, noutros casos, o orador mostra ser bastante preciso (³⁸). A versão mais correcta deve corresponder ao segundo texto, já que aponta Drácon como o criador do *nomos argias*, para o qual estipulara a pena de morte, dureza que está de acordo com os dados da tradição, segundo a qual ele escrevera as suas leis 'com sangue'. É assim, de facto, que Plutarco se refere à legislação de Drácon em geral, num passo que também será vantajoso recordar, na medida em que reflecte e ajuda a esclarecer a natureza da relação entre a obra deste legislador e a de Sólon (³⁹):

> Em primeiro lugar, portanto, e com excepção da parte relativa ao homicídio, [Sólon] suprimiu todas as leis (*nomoi*) de Drácon, por causa da dureza e magnitude das penas. Na verdade, ele [Drácon] determinara quase só uma pena a aplicar em todos os delitos, a morte, a ponto de serem condenados à morte os réus acusados de ociosidade (*argia*), e de os que haviam roubado legumes ou fruta sofrerem a mesma punição que os ladrões de templos e os homicidas. Daí que, mais tarde, tenha ficado famosa a tirada de Demades de que Drácon havia escrito as suas leis (*nomoi*) com sangue e não com tinta.

O testemunho é bem expressivo da reputação de severidade extrema que acompanhava a figura de Drácon (ecoada no valor que ainda agora se atribui na linguagem corrente ao adjectivo 'draconiano'). No entanto, a justeza dessa tradição suscita algumas reservas, atendendo em especial ao facto de, conforme se viu (supra secção 1.4), a legislação numa matéria tão grave como o homicídio revelar, para a época, claros indícios de ponderada humanidade. Por isso sobreviveu

---

(³⁷) O significado exacto do princípio e a sua aplicação prática continuam a suscitar dúvidas entre os estudiosos. Cf. Hansen (1976), 54-98; MacDowell (1978), 73-75; Biscardi (1982), 84-86; Leão (2005c) 61-63.

(³⁸) Para mais, o transmissor do primeiro testemunho é Diógenes, que nem sempre constitui uma fonte segura.

(³⁹) *Sol.* 17.1-3. Além dos testemunhos já referidos, também Pólux (8.42) se pronuncia pela atribuição a Drácon do *nomos argias*. Ruschenbusch (1966), contudo, põe em causa a validade destas informações; cf. F 148a-e R.

quase intacta até ao fim da democracia ateniense. A tradição de dureza parece iniciar-se, de resto, tardiamente e não é improvável que remonte apenas ao tempo de Aristóteles e Demóstenes, precisamente à mesma altura em que Demades fazia a famosa afirmação transmitida por Plutarco («Drácon havia escrito as suas leis com sangue e não com tinta»)[40]. A aceitar-se esta hipótese, os outros exemplos de severidade abonados por Plutarco mais não seriam do que acrescentos sem valor. Contudo, ainda que o primeiro legislador ateniense não tenha estabelecido a pena de morte como forma de punir a ociosidade, o facto mais importante a registar agora é que a autoria do *nomos argias* lhe vem atribuída com bastante frequência.

Para lançar ainda maiores dificuldades sobre a análise, acontece que há um terceiro estadista que era apontado também como possível autor da lei em questão. Quem abona essa informação é novamente Plutarco, hasteando-se na opinião de outra fonte (*Sol.* 31.5):

> Porém, segundo a exposição de Teofrasto, não foi Sólon quem estabeleceu a lei relativa à ociosidade (*nomos argias*), mas sim Pisístrato, com a qual tornou a terra mais produtiva e a cidade mais tranquila.

A opinião de Teofrasto, veiculada pelo biógrafo de Queroneia, representa uma variante em relação à *communis opinio*. Para mais, a forma como Plutarco transmite o testemunho do estudioso antigo («não foi Sólon quem estabeleceu a lei relativa à ociosidade, mas sim Pisístrato») sugere que haveria outras fontes, para além do testemunho de Heródoto atrás evocado, que faziam de Sólon o autor desta regulamentação[41]. Menos claro é o motivo que terá levado Teofrasto a inclinar-se para ligar a discutida norma a Pisístrato. A justificação talvez seja de encontrar na influência da leitura globalmente positiva que o autor da *Constituição dos Atenienses* faz da obra do tirano ateniense, cuja governação é comparada a uma "idade de Cronos"[42]. Sendo um peripatético, talvez Teofrasto se tivesse deixado tentar pelas vantagens de harmonizar essa descrição da obra de Pisístrato,

---

[40] Nesse sentido se pronuncia Carawan (1998) 1-2.
[41] Embora não necessariamente com a problemática mediação de Âmasis.
[42] Cf. *Ath.* 16. Vide ainda infra 3.1.

apresentada no tratado aristotélico, com o espírito da lei relativa à ociosidade.

Embora esta perspectiva tenha a sua pertinência, seria no entanto errado dar-lhe preferência sobre as outras possibilidades oferecidas pela tradição. Ora sendo insistente a atribuição de leis erradas a Sólon, o facto de, neste caso, o *nomos argias* aparecer frequentemente ligado a Drácon talvez seja um indício da verdade [43]. Sólon poderia, aliás, ter mantido esta determinação do antecessor, obedecendo embora à preocupação de alterar a penalização e de enquadrar a lei dentro das funções do Areópago, enquanto «supervisor de tudo e guardião das leis» [44]. Por outro lado, se Sólon tivesse mantido esta norma do primeiro legislador, ainda que alterando a natureza da pena e colocando-a no campo de acção social do Areópago, isso permitiria explicar as confusões de autoria, já que a lei passara a figurar nas regulamentações de ambos os legisladores. Finalmente, porque esta disposição possui ainda aplicabilidade na área económica, isso complementaria (à falta de melhor termo) a dimensão 'moral' acima enunciada. Na verdade, não é infrequente que, na legislação soloniana, uma norma incida em mais do que uma área [45]. O mesmo Plutarco, de resto, acaba por fornecer argumentos que ajudam a sustentar esta interpretação [46]:

---

[43] Neste sentido se pronunciavam já Stroud (1968) 79-80; Wallace (1989) 62-64. Na mesma linha seguem de Bruyn (1995) 79-81; Braun (1998) 45-46.

[44] Plutarco, *Sol.* 19.2. Não é improvável que estas prerrogativas gerais incluíssem a vigilância dos costumes. De facto, algumas das leis de Sólon destinavam-se a controlar o comportamento dos cidadãos, como acontece, por exemplo, com as normas que puniam quem dissesse mal dos mortos (Plutarco, *Sol.* 21.1-2) ou formas abusivas de pederastia (Ésquines, 1.138-139).

[45] E.g. as medidas relativas aos vendedores de perfumes (Ateneu, *Deipnosoph.* 15.687a), às despesas excessivas de funerais (Plutarco, *Sol.* 21.5-7) e de casamentos (Plutarco, *Sol.* 20.6), bem como à obrigação de os filhos alimentarem os pais na velhice (Aristófanes, *Av.* 1353-1357). O mesmo se disse já em relação a Drácon, cuja lei sobre o homicídio poderia incluir disposições relativas ao adultério (*moicheia*).

[46] *Sol.* 22.3. A última parte do testemunho, relativa à punição dos ociosos, é colocada por Ruschenbusch (1966) entre as leis falsamente atribuídas a Sólon (= F 148e), embora talvez sem razões suficientes, se se aceitar como viável a hipótese de que ele teria adoptado essa disposição do seu antecessor.

Sólon, contudo, ao ajustar as leis (*nomoi*) à realidade mais do que a realidade às leis (*nomoi*) e ao constatar que a terra, pela sua natureza, bastava somente aos agricultores, não tendo capacidade para alimentar uma multidão indolente (*argos*) e ociosa (*scholastēs*), concedeu dignidade aos mesteres e atribuiu ao conselho do Areópago a função de averiguar (*episkopein*) onde é que cada um ia buscar o sustento e de punir os indolentes (*argoi*).

Ao Areópago caberia, portanto, a incumbência de exercer vigilância sobre os cidadãos, no sentido de identificar e punir as pessoas que levassem um modo de vida que não correspondesse aos seus recursos familiares ou profissionais. Ao salvaguardar a pólis contra os perigos da ociosidade, o legislador visaria estimular a economia, prevenindo também a pobreza e delinquência, que lhe andam associadas[47]. Se esta reconstituição estiver próxima da realidade efectiva e se o *nomos argias* tiver sido criado por Drácon, então esta norma teria seguido um caminho semelhante à lei sobre o homicídio, ao ver-se incorporada no código de Sólon, adaptada embora a um novo contexto. A aceitar-se esta hipótese, os exemplos facultados por Plutarco relativos à tradicional 'severidade draconiana' (supra *Sol.* 17.1-3) mais não seriam do que acrescentos sem valor. Ao menos, a única lei que se sabe ter sido seguramente de Drácon não autoriza esse juízo depreciativo. Para mais, não é improvável que a ideia de que todos os crimes eram punidos com a morte tenha derivado, em última análise, do facto de se conhecer de Drácon apenas a legislação relativa a casos de homicídio. E ainda que nada mais houvesse, bastaria isso para fazer desta figura, por direito próprio, o primeiro grande estadista ateniense.

---

[47] Ateneu (*Deipnosoph.* 4.168a), apoiando-se nos testemunhos de Fanodemo e de Filócoro, alude também a esta competência do Areópago. O mesmo se depreende de Isócrates (*Areopag.* 7.43-45), pese embora a propensão idealista do passo, permeado pelo tema da *patrios politeia*.

2.
Sólon

O delineamento da situação social e política da Ática na viragem do século VII para o VI constitui uma das áreas que mais discussão tem gerado. É compreensível o interesse que o problema desperta nos estudiosos deste período, pois as conclusões retiradas são muito importantes para o correcto entendimento das motivações e da natureza da actividade legislativa de Sólon. Será, portanto, vantajoso abordar previamente o problema, começando por evocar as principais leituras que têm sido aventadas e dedicar, numa segunda fase, maior atenção aos testemunhos antigos mais significativos sobre a matéria. [48]

2.1. Entre Drácon e Sólon

Pese embora a enorme importância da actividade legislativa de Drácon, discutida no capítulo anterior (supra 1.4 e 1.5), o certo é que a tensão regressaria brevemente à Ática, a ponto de serem necessárias novas medidas excepcionais. Se bem que as causas dessa agitação não sejam cabalmente esclarecidas pelas fontes, parece seguro que no centro da disputa estivessem o problema da terra e formas abusivas de

---

[48] Cada uma das teorias gerais enunciadas engloba variantes e combinações mais ou menos elaboradas, mas, por uma questão de economia expositiva, não se entrará nos particularismos de cada autor. Càssola (1964) é particularmente útil para a organização das diferentes tendências da crítica, mas Ferreira (1988); (1989) e Dillon & Garland (2000), 64-67, também fornecem conspectos proveitosos. Vide ainda Almeida (2003) 262. Em Leão (2001*a*), 230-238, é feita uma síntese global dos problemas em questão e dos principais contributos da crítica. Parte da argumentação usada neste último trabalho é recuperada na sinopse agora proposta.

concessão de crédito a pequenos camponeses. Historiadores e filólogos têm avançado inúmeras tentativas de reconstituição deste conturbado contexto social, económico e político, embora as explicações conheçam muitas variantes. Uma das vertentes críticas defende, por exemplo, a ideia da propriedade gentilícia e da servidão hereditária. Os que sustentam esta posição argumentam que, no tempo anterior a Sólon, toda a terra da Ática se encontrava concentrada nas mãos de duas ou três centenas de *genē* ('famílias' ou 'clãs') aristocráticos. Sendo inalienável, o solo não podia ser objecto de transacções entre esses *genē*, nem a nível comercial nem a título de herança ou legado testamentário. Os terrenos dos eupátridas (termo usado para designar a aristocracia tradicional) eram trabalhados por camponeses dependentes, a quem estavam vedados os direitos políticos. Com o tempo, alguns desses camponeses teriam conseguido atingir o estatuto de hectêmoros, que lhes permitia cultivar determinada porção de terra, mediante o pagamento de uma renda correspondente a 1/6 da colheita. Para indicar que os verdadeiros donos continuavam a ser os nobres, a terra encontrava-se marcada por *horoi* ('marcos'). Os partidários desta teoria não contemplam a existência da pequena propriedade nem o mecanismo da hipoteca, uma vez que a terra não era passível de venda. Na mesma senda, o estatuto de hectêmoro pressupõe uma relativa melhoria da situação dos camponeses dependentes, por comparação com o anterior estado de sujeição, ao qual não seriam obrigados a regressar, desde que pagassem a renda estipulada. Dentro ainda desta perspectiva, a acção de Sólon teria consistido em libertar a terra e os servos, eliminando os *horoi* que simbolizavam o exclusivismo aristocrático. Como tal, a terra tornava-se alienável e aos antigos servos abria-se a hipótese de alcançarem a propriedade dos campos que cultivavam e de conseguirem um efectivo alargamento dos direitos políticos.

Outra das teorias que conheceu um amplo tratamento é a do minifúndio alienável. Os seus defensores crêem que, já antes de Sólon, a terra se encontrava repartida em numerosos talhões de dimensão reduzida, pertencentes a uma classe de agricultores livres. Uma vez que a terra era alienável, podia ser sujeita a hipoteca e servir de garantia real em empréstimos contraídos pelo proprietário. No caso de este não conseguir honrar os compromissos assumidos, o credor passaria a dono. No entanto, o antigo proprietário continuava a trabalhar a terra que lhe pertencera, a menos que fosse vendido como escravo. Uma variante desta visão assenta em que o sistema de hipoteca não estivesse ainda muito desenvolvido, pelo que o procedimento em uso corresponderia à *prasis epi lysei*, ou seja, a uma espécie de 'venda com opção de resgate'. Desta forma, o credor entrava na posse do imóvel a partir do momento em que entregava o empréstimo solicitado; a terra só voltava ao antigo dono se, vencido o prazo acordado, este devolvesse os valores creditados. Quando o devedor não conseguia honrar os compromissos, o credor passava definitivamente a proprietário. Tanto no caso da hipoteca como no da *prasis epi lysei*, os *horoi* destinar-se-iam quer a tornar públicas as restrições que recaíam sobre a terra que servia de garantia real ao empréstimo quer a indicar o novo proprietário. Desta forma, para uns o hectêmoro é visto como o agricultor no momento em que se endivida, pelo que a renda seria o equivalente a uma espécie de juro anual sobre o empréstimo; para outros, ilustra o estado do devedor insolvente, que se vê na necessidade de contrair novo empréstimo sobre a própria liberdade (garantia pessoal) e, eventualmente, sobre a dos familiares. A fase final do processo corresponderia ao momento em que o devedor era vendido como escravo (temporário ou definitivo), para servir na Ática ou mesmo no estrangeiro. A acção de Sólon consistiria em libertar os cidadãos caídos na escravatura e em cancelar as hipotecas sobre os fundos e sobre as pessoas.

Há também a variante, relativamente bem sucedida, dos que, aceitando a existência da pequena propriedade fundiária, consideram que a terra era inalienável. A ser assim, não poderia, ao menos em termos teóricos, ver-se sujeita a um contrato de hipoteca. A concessão de empréstimos assentaria, desta forma, na garantia pessoal. No entanto, alguns dos defensores desta perspectiva admitem também que pudesse haver concessão de crédito baseado na garantia real sob a forma de uma *prasis epi lysei* fictícia. Por outras palavras, a transacção não ocorria *de iure*, uma vez que o proprietário não tinha capacidade jurídica para alienar a terra; no entanto, o credor passava *de facto* a ter a posse imediata do imóvel, ao ficar com o direito de o administrar e de recolher parte da colheita (o equivalente ao juro sobre o empréstimo). O direito à *lysis* seria hereditário e, até que o empréstimo fosse devolvido, os *horoi* marcariam as obrigações mútuas. Para este ramo da crítica, o hectêmoro é geralmente visto como o agricultor endividado e obrigado a entregar 1/6 da colheita, mas com possibilidade de solvência. A obra de Sólon consistiria no cancelamento das dívidas (e consequente restituição do controlo dos bens aos legítimos proprietários), bem como na libertação dos escravos, que deveriam ser em número reduzido, uma vez que a venda dos faltosos não permitiria ao credor apropriar-se definitivamente da terra. A maioria dos partidários desta teoria admite também que o legislador tenha tornado a terra alienável.

Há, por último, uma quarta hipótese, que não tem conhecido tanta aceitação, e segundo a qual a origem do problema reside na terra pública ocupada indevidamente pelos nobres. Os *horoi* representariam as marcas visíveis da usurpação e os hectêmoros seriam os antigos utilizadores desses terrenos comuns, que continuavam a trabalhar de forma dependente e com a obrigação de pagar um tributo aos aristocratas dominadores. A Sólon teria cabido a tarefa de acabar com esta situação injusta.

2.2. *Hektēmoroi, horoi*

Uma vez feita esta breve súmula das principais interpretações que têm sido apontadas para o problema agrário da Ática anterior a Sólon, será vantajoso ponderar com maior atenção as fontes, evocando para isso dois dos testemunhos antigos mais determinantes para a discussão. Um deles deriva do tratado aristotélico, *Constituição dos Atenienses* (2.1-3):

> Depois disto, aconteceu andarem em conflito os nobres (*gnōrimoi*) com a gente do povo (*plēthos*) durante muito tempo. Na verdade, a sua constituição (*politeia*) era oligárquica em todos os outros aspectos e, além disso, os pobres (*penētes*) eram servos dos ricos (*plousioi*) – eles mesmos, os seus filhos e as suas mulheres. Tinham a designação de pélatas (*pelatai*) e de hectêmoros (*hektēmoroi*), pois era esta a renda pela qual trabalhavam os campos dos ricos (*plousioi*). A terra toda encontrava-se na mão de um punhado de pessoas (*oligoi*); e se faltassem à entrega das rendas, tanto eles como os filhos ficavam sujeitos à escravidão (*agōgimoi*).

Para mais, os empréstimos eram feitos todos sob garantia pessoal (*daneismoi epi tois sōmasin*), até ao tempo de Sólon; foi ele o primeiro campeão do povo. Para as massas (*polloi*), o fardo mais penoso e mais insuportável da constituição (*politeia*) era aquela servidão. Não obstante isso, havia também outros focos de descontentamento, pois acontecia que eles, por assim dizer, não tomavam parte em coisa alguma.

O autor do tratado entende o problema em debate como uma luta entre facções distintas. De um lado, encontravam-se os privilegiados, quer pelo estatuto quer pela riqueza (*gnōrimoi, plousioi*); do outro, a massa dos pobres (*plēthos, penētes, polloi*).[49] O passo mostra-se também pouco favorável à hipótese da pequena propriedade fundiária, pois sustenta que a terra se encontrava «na mão de um punhado de pessoas (*oligoi*)», embora o autor possa estar a referir-se ao controlo efectivo da terra e não tanto à sua posse *de iure*. Aos pobres aplicava-se o nome de *pelatai* e de *hektēmoroi*. O primeiro vocábulo, que designa em linhas gerais 'o que se aproxima de outro' pode significar, em verso, simplesmente um 'vizinho', mas em prosa refere-se em especial ao que é 'dependente' ou 'trabalha para outrem'.[50] Será numa destas últimas acepções que a palavra é usada neste contexto, uma vez que aparece como sinónimo de *hekēmoroi*. Apesar de muito discutido, este

---

[49] A razão da dependência dos pobres (voluntária ou não) tem encontrado múltiplas explicações, que vão desde a insegurança posterior à decadência dos reinos micénicos até a alterações climatéricas, sobrepopulação da Ática, exaustão dos solos, alteração da agricultura tradicional, para referir apenas algumas das variantes. Em comum têm o facto de assentarem em reconstituições mais ou menos especulativas e de, não raro, confiarem excessivamente em deduções feitas a partir de realidades que poderiam ter sido diferentes do caso ateniense, como acontece com o testemunho de Hesíodo e de Teógnis. Pese embora o valor relativo de cada uma das interpretações, nenhuma delas se impõe totalmente.

[50] Fontes mais tardias usam-no como equivalente do *cliens* latino e os lexicógrafos atribuem-lhe o mesmo sentido que *thēs*, termo que designa o trabalhador assalariado, de condição livre (ou, pelo menos, que se encontra numa situação melhor do que a de um *dmōs* ou *doulos*); um terceiro equivalente encontra-se em *latris* (servo de um homem ou deus). Sólon (frg. 13.48 West) usa o verbo *latreuein* no sentido de 'trabalhar a terra'; não é improvável que possa haver aqui uma referência ao estatuto de hectêmoro, conforme parece implicar a glosa de Hesíquio a esta forma verbal, s.v. *latreuei*: «sendo livre, faz trabalho de escravo».

segundo termo deve ter um sentido próximo de 'homens da sexta-parte' e a principal dúvida na sua interpretação consiste em saber se essa porção era a que eles entregavam como renda ou se aquela que recebiam como soldo. Embora na tradução se tenha optado pela primeira interpretação, certo é que a frase também poderia ser entendida ao contrário: «era este o salário pelo qual trabalhavam os campos dos ricos».([51]) No entanto, esta perspectiva é menos provável, já que, pouco depois, se diz que os que faltassem ao pagamento das rendas estavam sujeitos a ser levados como escravos (*agōgimoi*), juntamente com a família. Esta informação mostra que o estatuto de hectêmoro se encontrava acima do de simples escravo; de outra forma, não faria sentido apontar um eventual agravamento da situação. Por outro lado, a nota de que, no tempo anterior a Sólon, todos os empréstimos eram feitos mediante a garantia pessoal (*daneismoi epi tois sōmasin*) sugere que o mecanismo da hipoteca não pudesse ser aplicado e que, portanto, a terra fosse inalienável.([52]) Finalmente, o autor sublinha ainda, a par da urgência do problema agrário, o facto de as massas reivindicarem maiores direitos políticos.([53])

Outro passo importante para o esclarecimento da situação é fornecido por Plutarco (*Sol.* 13.3-5):

> Entretanto, uma vez que o desequilíbrio entre os pobres (*penētes*) e os ricos (*plousioi*) havia atingido, por assim dizer, o clímax, a cidade encontrava-se num estado verdadeiramente crítico, de modo que a única via para assegurar a estabilidade e pôr termo às agitações parecia ser a instauração de uma tirania (*tyrannis*). Na verdade, todo o povo (*dēmos*) estava endividado para com os ricos (*plousioi*). É que ou cultivavam a terra e entregavam a estes a sexta parte do produto obtido – pelo que eram chamados *hektēmorioi* e tetas (*thētes*) – ou então contraíam dívidas sob garantia pessoal (*epi tois sōmasin*) e ficavam sujeitos à escravidão (*agōgimoi*) pelos

---

([51]) A ambiguidade é desfeita por Plutarco, no passo comentado a seguir (*Sol.* 13.3-5).

([52]) Daí a teoria da *prasis epi lysei* fictícia, atrás referida, e a hipótese de que Sólon terá inaugurado a era da pequena propriedade transaccionável.

([53]) A ideia de que as camadas populares «não tomavam parte em coisa alguma» será talvez um tanto exagerada. Sobre a natureza da participação política no período anterior a Sólon, vide infra 1.1 e 1.2.

credores. Uns levavam ali mesmo existência de servidão, outros eram vendidos para o estrangeiro. Muitos (*polloi*) chegavam mesmo a ser forçados a traficar os próprios filhos – nenhuma lei (*nomos*) o proibia – e a fugir da cidade, tal a dureza dos credores.

Em termos globais, a visão apresentada por Plutarco concorda com a que foi analisada a propósito do passo anterior. O biógrafo refere igualmente a enorme tensão social existente na cidade e que opunha pobres (*penētes*) e ricos (*plousioi*).[54] Utiliza, inclusive, o mesmo vocabulário, como acontece para designar o perigo de se cair na escravatura (*agōgimoi*). No entanto, parece admitir que a terra fosse usada como garantia real em empréstimos, sendo que a renda paga poderia constituir uma espécie de juro. Para mais, o passo favorece de certa forma a hipótese de que a garantia pessoal (*epi tois sōmasin*) seria outra modalidade disponível na obtenção de crédito e não a única, como implicava a *Constituição dos Atenienses*. Além disso e ao contrário do que se verificava no tratado aristotélico, Plutarco tem a vantagem de não ser ambíguo na definição dos hectêmoros: possuíam esse nome porque entregavam 1/6 da colheita.[55] A situação

---

[54] Imediatamente antes (*Sol.* 13.1-2), Plutarco coloca essa agitação no seguimento do golpe de Cílon e do julgamento dos Alcmeónidas, leitura que deve estar correcta (cf. [Aristóteles], *Ath.* 2.1). No entanto, o mesmo não se poderá dizer da ideia, expressa no mesmo passo, de que a luta interna assentava numa divisão regional, a que correspondiam determinadas tendências políticas: «ora as gentes das montanhas eram as mais propensas à democracia, enquanto as da planície preferiam a oligarquia; já o terceiro grupo, o das gentes da zona costeira, dava primazia a uma forma de governo (*politeia*) intermédia e mista». Para além da discutível inclinação política destas facções, a emergência de grupos regionais é uma realidade mais natural na sociedade ática posterior às reformas de Sólon, já que pressupõe uma consciência cívica mais apurada (cf. o mesmo Plutarco, *Sol.* 29.1; Heródoto, 1.59.3; [Aristóteles], *Ath.* 13.4-5). No período anterior, as lutas entendem-se melhor num cenário de conflitos entre poderosos clãs aristocratas (como se depreende do golpe de Cílon), ou então entre os nobres (que constituíam a maioria dos ricos) e a restante população (sobre quem pesava a pobreza). Vide infra 3.1.

[55] O uso da ligeira variante vocabular *hektēmorioi* não implica uma realidade diferente e a comparação com os *thētes* é uma forma de esclarecer o sentido do termo, equivalente, portanto, aos *pelatai* referidos na *Constituição dos Atenienses*. Ainda assim, alguns estudiosos defendem que os hectêmoros entregavam 5/6 da colheita ou então que a taxa ia crescendo de 1/6 até ao máximo de 5/6, mas essa hipótese afigura--se claramente irreal. Se os agricultores contraíram dívidas por estarem em dificul-

era claramente favorável à instauração da tirania, mas, tal como acontecera com o golpe de Cílon, não será ainda essa a opção dos Atenienses. Em vez disso, irão promover profundas reformas sociais, económicas e mesmo constitucionais. A mudança interessava tanto às camadas desfavorecidas como aos aristocratas, receosos do pior, uma vez que já se agitavam cenários revolucionários, do tipo de cancelamento geral das dívidas e redistribuição da terra.[56] É neste quadro carregado que Sólon ocupará o cargo de arconte com poderes extraordinários.

2.3. Sólon e o mandato de arconte em 594/3

O papel de mediador entre as partes em conflito só poderia ser desempenhado por alguém com experiência e profunda sensibilidade política, capaz, por esse motivo, de inspirar confiança às diferentes facções. Ora na viragem do século VII para o século VI, Sólon congregava em si determinado número de características e um percurso pessoal que faziam dele o candidato natural à liderança política neste delicado contexto de *stasis* ou conflito interno. Por isso, talvez se justifique a tarefa de ensaiar uma possível reconstituição do seu *curriculum*, embora sem esquecer as reservas que uma operação desta natureza comporta.[57] Sólon provinha de uma família aristocrática e, motivado ora por necessidades económicas ora pelo desejo de conhecimento, empreendera ainda novo uma série de viagens, onde pudera contactar com outras culturas e personalidades. Essa experiência ter-lhe-á desenvolvido (ou acentuado) um certo sentido prático e mostrado as oportunidades económicas derivadas do comércio e da abertura a novos mercados, bem como a necessidade de adaptar a legislação à realidade social emergente. Em Atenas, a intervenção oportuna

---

dades, a taxa de 1/6 sobre a mesma safra que se revelara insuficiente já seria pesada o bastante para os poder conduzir a um agravamento da situação.

[56] Cf. Plutarco, *Sol.* 13.6. O cenário de instabilidade encontra-se igualmente expresso em alguns dos poemas de Sólon (e.g. frg. 4 e 13 West).

[57] A problemática à volta dos dados biográficos de Sólon encontra-se discutida em pormenor em Leão (2001a), 239-279. Neste ponto, serão apenas evocadas as conclusões gerais decorrentes dessa complexa discussão.

e decisiva no processo relativo à disputa de Salamina com Mégara tê-lo-á lançado definitivamente como grande figura pública.([58]) O apoio procurado em Delfos para legitimar o domínio da ilha permitiu-lhe introduzir-se na área de influência do santuário e desenvolver as capacidades diplomáticas na altura de propor (e talvez convencer) a Anfictionia a reforçar o seu poder junto do oráculo de Apolo, contrariando os propósitos expansionistas de Cirra. Para mais, há a juntar ainda as ideias veiculadas nos poemas que, além de fazerem o diagnóstico dos males da sociedade, poderiam constituir também uma espécie de promessa política velada, que criara expectativas diferentes nas facções rivais.([59]) Em todo o caso, e apesar de esta reconstituição dos eventos que levaram Sólon ao arcontado estar globalmente de acordo com os indícios presentes nas fontes, há que reconhecer que, em questões de pormenor, se mantém especulativa.([60]) Em todo o caso, afigura-se seguro sustentar que, aos olhos dos restantes atenienses, Sólon aparecia como pessoa madura, experiente, respeitada e consensual, a ponto de merecer a confiança generalizada.

Tratadas estas questões preliminares, é altura de discutir os dados essenciais de um problema central para o estudo e avaliação da figura de Sólon: a datação do arcontado. Apesar de os testemunhos antigos permitirem fixar o ano com bastante precisão, as duas principais fontes divergem ligeiramente entre si, facto que tem causado muita discussão entre os estudiosos. Não se justifica retomar todos os pormenores da discussão, mas somente recordar os dois passos em questão e as linhas

---

([58]) A luta entre Mégara e Atenas por causa do domínio de Salamina constituiu um processo moroso e complexo, se bem que a motivação básica seja clara: a importância estratégica da ilha. As fontes nem sempre coincidem quanto aos protagonistas do momento nem quanto à forma como os eventos foram conduzidos. Contudo, parece seguro afirmar que o diferendo se integra no processo de desenvolvimento do comércio marítimo na bacia oriental e ocidental do Mediterrâneo, que, em meados do século VII, se tinha já espalhado como actividade próspera e autónoma, a ponto de permitir a fundação de colónias comerciais ao lado das agrícolas.

([59]) E.g. frg. 4, 4a, 4c e 15 West. David (1985) analisa toda a actuação de Sólon precisamente à luz desta possibilidade, a ponto de afirmar, com algum exagero, que o legislador foi o primeiro demagogo da história ateniense.

([60]) Até porque, mesmo sem embarcar num cepticismo exagerado, resta saber até que ponto as fontes antigas não acusarão a marca de uma realidade posterior, que elas já projectavam erradamente no tempo do antigo estadista.

de investigação fundamentais que deles derivaram. O primeiro, e mais preciso, é transmitido por intermédio de Diógenes Laércio:([61])

> [Sólon] floresceu por alturas da quadragésima sexta Olimpíada, no terceiro ano da qual foi arconte em Atenas, tal como afirma Sosícrates. Foi nessa altura que ele promulgou as leis (*nomoi*).

A data fornecida por Diógenes, esteando-se em Sosícrates, situa a *akmē* (ou *floruit*) de Sólon na 46ª Olimpíada (= 596-592) e o arcontado no terceiro ano da mesma Olimpíada, por conseguinte em 594/3. Refere, ainda, que foi no ano do arcontado que as leis foram promulgadas. Temos, portanto, uma datação precisa do mandato de Sólon e também a informação concomitante de que a *nomothesia* ou actividade legislativa ocorreu durante o mesmo período. Sosícrates era uma autoridade reconhecida no tratamento da vida e obra dos Sete Sábios, contemporâneo de Apolodoro (de quem a informação talvez derive), e parece ter usado nos seus trabalhos as melhores fontes disponíveis. Assim, na fixação do mandato de Sólon, deve ter utilizado a lista oficial de arcontes, pelo que a conjugação destes factores o torna numa fonte bastante fiável.([62]) Surge, no entanto, um problema quando se procura harmonizar esta data com a que se pode calcular a partir da *Constituição dos Atenienses*, num ponto em que se menciona a forma como Pisístrato, depois de a si mesmo se haver ferido, conseguiu que os Atenienses lhe atribuíssem uma guarda pessoal (*Ath.* 14.1):

> Depois de ter recebido os chamados porta-maças, valeu-se do seu apoio para se sublevar contra o povo (*dēmos*) e tomar a Acrópole, no trigésimo segundo ano após a legislação [de Sólon], durante o arcontado de Cómeas.

De acordo com este segundo testemunho, Pisístrato teria tomado o poder pela primeira vez no arcontado de Cómeas (561/0), no trigé-

---

([61]) 1.62. As restantes fontes são ponderadas criticamente por Cadoux (1948), 93-99, numa análise bem conduzida e que continua válida, pesem embora os desenvolvimentos entretanto feitos pela crítica.
([62]) Vide considerações de Meiggs & Lewis (1989) 9-12; Alessandrì (1989) 192 e n. 4.

simo segundo ano após a *nomothesia* de Sólon, que, desta forma, seria colocada em 592/1. Há, portanto, uma ligeira diferença em relação à data avançada por Sosícrates, cujo cálculo, conforme atrás se disse, assentará na lista de arcontes. Ora o autor do tratado aristotélico também deveria conhecer este documento oficial, pelo que a divergência causa alguma perplexidade e, a ser insanável, leva a que se tenha de optar entre ele e Sosícrates. Houve, entre os estudiosos deste período, diferentes tentativas para resolver o dilema, tendo a mais convincente sido apresentada por HAMMOND.[63] A sua argumentação deriva do pressuposto de que o tratado aristotélico, ao referir as reformas de Sólon, distinguiu entre medidas económicas e constitucionais, juntando mesmo uma nota cronológica (*Ath.* 10.1):

> Portanto, entre as leis (*nomoi*) [de Sólon] parecem ser estes os traços democráticos; mas, antes da legislação (*nomothesia*), procedeu ao cancelamento das dívidas e, em seguida, ao aumento das medidas, dos pesos e ainda da cunhagem.

Assim e ainda segundo HAMMOND,[64] o autor do tratado identificaria dois períodos na acção de Sólon: no primeiro (594/3), que coincide com o arcontado, procederia à *seisachtheia* e às medidas de carácter económico; no segundo (592/1), implementaria o grosso da reforma constitucional. Na verdade, tanto a *Constituição dos Atenienses* como Plutarco (*Sol.* 15-16) pressupõem uma ordem de actuação semelhante, mas não implicam que houvesse um lapso de tempo determinado entre a *seisachtheia* e a *nomothesia*, de forma a preencher os dois anos que fazem a diferença. Em todo o caso, apesar de não se impor, a leitura de HAMMOND é verosímil e tem a vantagem de harmonizar as duas datações, além de permitir que o extenso pacote de medidas de Sólon não tivesse de ser aplicado na íntegra durante o ano do mandato. Ainda assim, há que distinguir entre a legislação de Sólon e o período necessá-

---

[63] A proposta é feita, inicialmente, num estudo intitulado "The *seisachtheia* and the *nomothesia* of Solon", *JHS* 60 (1940), 71-83, e republicado, com acrescentos, em Hammond (1973) 145-169. As remissões serão feitas de acordo com o segundo trabalho.

[64] (1973) 150-152. Para mais pormenores sobre a discussão do problema da datação do arcontado, vide Leão (2001*a*), esp. 272-274.

rio à execução prática das leis criadas. Não é improvável que a primeira coincidisse com o ano do arcontado (594/3), enquanto a aplicação das leis poderia, talvez, ter-se prolongado durante algum tempo mais.[65]

2.4. Medidas de emergência

Pese embora a pertinência relativa das últimas hipóteses discutidas na secção anterior, não haverá grande interesse em que os estudiosos modernos insistam em demasia na busca de uma ordem temporal definida para as reformas de Sólon, pois afigura-se improvável que os próprios antigos tivessem uma consciência clara da forma como as regulamentações se sucederam.[66] O que poderá estar por detrás dos testemunhos da *Constituição dos Atenienses* e de Plutarco (bem como das respectivas fontes) é uma organização moderadamente lógica dos acontecimentos. Em suma, se o estatuto do hectêmoro foi uma das principais causas responsáveis pela designação de Sólon como arconte e mediador, seria natural que ele começasse por atender às questões ligadas a esse foco de descontentamento. Por outro lado, se o legislador baseou a futura classificação dos cidadãos no cálculo dos seus rendimentos, parecerá igualmente defensável que, antes dessa operação, tenha procedido à reforma das medidas.

Na sequência deste entendimento, esta secção será subdividida numa abordagem faseada às disposições de emergência – a *seisachtheia* e a reforma metrológica –, porquanto estas primeiras diligências visavam criar condições para a implementação de outras mudanças mais profundas. Convém, no entanto, salientar que a distinção entre medidas de natureza social, económica e constitucional poderá obedecer mais à necessidade moderna de organizar em vários campos a acção de Sólon do que à real vontade ou consciência do legislador.

---

[65] É esta a interpretação sustentada por Wallace (1983), 81-95. De qualquer daz formas, o paralelo de Drácon mostra que era possível haver um legislador com poderes extraordinários a operar durante o arcontado de outra pessoa, pois Drácon não ocupou o posto de arconte.

[66] A menos que entendessem ver essa ordem na maneira como as leis vinham publicadas nos *axōnes*. Ponderar observações de Rhodes (1981) 163-164. Nesta secção, é recuperada parte da argumentação de Leão (2001*a*) 282-297.

2.4.1. *Seisachtheia*

A compreensão da *seisachtheia* liga-se directamente à forma como se interpreta o problema dos hectêmoros e da realidade agrária ática na viragem do século VII. Ora a leitura destes factores está longe de ser consensual, de modo que a cada teoria corresponderá uma resposta diferente, conforme ficou visível na análise feita na parte inicial deste capítulo (supra secções 2.1 e 2.2). Em vez de retomar de forma sistemática as inúmeras hipóteses aventadas pelos investigadores, a análise irá centrar-se agora em dúvidas mais concretas e decorrentes da ponderação dos testemunhos antigos. Destes, o mais importante – por ser contemporâneo dos acontecimentos – é a poesia de Sólon, de cujos dados derivam, explicitamente, duas fontes determinantes: a *Constituição dos Atenienses* e Plutarco. A estes elementos há ainda que acrescentar os *axōnes* com as leis de Sólon, que terão permanecido acessíveis durante bastante tempo e podiam, por conseguinte, ser consultados para aferir a natureza das reformas do legislador.[67]

A análise irá assim iniciar-se com a ponderação de um passo da *Constituição dos Atenienses* onde vem citado um fragmento importante dos versos do antigo legislador (= frg. 36 WEST), e do qual se transcreve apenas a parte que interessa directamente ao problema em ponderação (*Ath.* 12.4):

> E ainda, a propósito da abolição das dívidas e dos que, sendo antes escravos, haviam sido libertados através da *seisachtheia*, [Sólon afirma]:
> > Mas eu, dos objectivos com que reuni
> > o povo (*dēmos*), algum há que deixei por atingir?
> > Pode testemunhá-lo na justiça do tempo
> > a mãe suprema dos deuses olímpicos,
> > 5   a melhor, a Terra negra, de quem eu, outrora,
> > os *horoi* arranquei, por todo o lado enterrados:
> > dantes era escrava (*douleuousa*), agora é livre (*eleutherē*).

---

[67] A fiabilidade destas fontes de informação não é uniformemente aceite pelos estudiosos. Num trabalho recente, Rhodes (2006*a*) reafirma, com argumentos seguros e ponderados, a validade destes testemunhos para a reconstituição da actividade de Sólon. Sobre o acesso ao suporte físico (*axōnes* e *kyrbeis*) onde teriam sido publicadas as leis de Sólon, vide Leão (2001*a*) 329-340.

Muitos (*polloi*) a Atenas, pátria fundada pelos deuses,
reconduzi, vendidos ora injustamente
10 ora com justiça. Uns, ao jugo
das dívidas fugiam – e já nem a língua ática
falavam, por tanto andarem errantes;
outros, na própria casa servidão (*douliē*) vergonhosa
sofriam, trémulos aos caprichos dos senhores;
15 eu os tornei livres (*eleutheroi*).

O facto de se haver preservado o testemunho directo de Sólon sobre parte das suas medidas é particularmente feliz, pelo que interessa ponderá-lo mesmo antes de se ver a forma como o autor do tratado aristotélico o terá entendido. Nestes versos, o legislador está a fazer a apologia das suas reformas, afirmando ter cumprido tudo quanto havia prometido ao *dēmos*.[68] Em sua defesa, evoca o testemunho do solo ático, aqui personificado na mãe dos deuses olímpicos, e a quem Sólon afirma ter libertado. À primeira vista, as palavras do reformador são bastante claras: o sinal visível da servidão a que ele se refere corresponde aos *horoi*, enterrados por toda a parte, pormenor que salienta o carácter generalizado da situação de dependência descrita. Parece, portanto, legitimada a interpretação destes *horoi* enquanto 'marcos de hipoteca'.

No entanto, esta leitura linear e altamente significativa enfrenta dificuldades de algum peso. A primeira é de ordem arqueológica. Apesar de Sólon referir os *horoi*, não foi descoberto nenhum marco de hipoteca que fosse anterior, na melhor das hipóteses, à Guerra do Peloponeso. Uma forma de contornar esta objecção seria admitir que os *horoi* primitivos fossem de madeira ou simplesmente inscrições pintadas em pedra e que, por isso, o seu rasto tenha desaparecido com o tempo. Contudo, mais significativo do que o argumento *ex silentio* é o facto de o estadista, noutro fragmento, fazer uso do mesmo termo, mas com uma acepção desta vez inequívoca (vv. 9-10 do frg. 37 WEST): «Eu, porém, no meio deles / qual *horos* me postei». Para descrever a difícil situação de mediador num momento de grande tensão, Sólon

---

[68] No v. 2, este termo deve abranger todo o povo e não apenas a massa dos que passavam por dificuldades, como parece ser o caso da ocorrência no v. 22 do mesmo fragmento.

compara-se a si mesmo a um *horos*, cujo sentido é aqui certamente o de 'marco divisório' e não 'marco de hipoteca', conforme se defendia para o caso anterior. Ainda assim, há que reconhecer que existe certa afinidade temática entre os dois fragmentos. Em ambos, o reformador procura defender a sua actividade e responder às vozes dos críticos; para mais, no frg. 37 WEST, a comparação com a 'estrema' remete para uma situação de agitação civil (*stasis*) e esta ideia, aliada à garantia de haver mantido a imparcialidade, aparece igualmente no frg. 36 WEST (especialmente nos vv. 20-27). É, por conseguinte, legítima a tentação de atribuir a *horos* o mesmo significado nos dois passos, desde que se harmonize com o contexto onde se dão as ocorrências.

Pondere-se, em primeiro lugar, o sentido mais evidente, que é a interpretação literal. Que Sólon se veja a si mesmo como um marco divisório no meio de dois campos confinantes representa uma imagem coerente com o tom geral do frg. 37 WEST. No entanto, o mesmo não se poderá dizer dos vv. 5-7 do frg. 36 WEST: a hipótese de os *horoi* designarem, neste passo, as estremas revela-se altamente improvável, pois arrancá-los, além de ilegal, equivaleria a usurpar a terra aos legítimos proprietários com o intuito de proceder à sua redistribuição. Tal medida tornaria a acção de Sólon muito mais revolucionária do que geralmente se pensa e, além disso, iria contra as próprias declarações do legislador.[69] A outra possibilidade interpretativa comum remete para o domínio literário. Noutros poemas, Sólon alia a ideia de instabilidade social à servidão resultante da violência e desrespeito da lei.[70] Assim, a remoção dos *horoi*, que designariam metaforicamente todas as divisões internas da Ática, equivaleria a recuperar a liberdade, espelhada na união do povo.[71]

A aceitar-se esta última leitura, a explicação quer do estatuto de hectêmoro quer da própria *seisachtheia* como remoção dos marcos da hipoteca sofreria um rude golpe, já que perderia o único ponto de apoio contemporâneo dos acontecimentos. No entanto, também esta interpre-

---

[69] Cf. frg. 34 WEST.

[70] E.g. frg. 4 WEST, especialmente vv. 5-25.

[71] Desta forma, o sentido de *xynēgagon dēmon* (vv. 1-2 do frg. 36 West) seria 'unifiquei o povo' e não 'reuni o povo em assembleia'. É esta a linha argumentativa desenvolvida por Harris (1997), 104-107, salientando a vantagem desta compreensão literária dos *horoi* no frg. 36, que permitiria explicar Sólon através de Sólon.

tação enfrenta as suas dificuldades. Antes de mais, nada obriga a que *horos* tenha exactamente o mesmo sentido em passos distintos. De outra forma, *dēmos*, que só no frg. 36 WEST, aparece por duas vezes (vv. 2 e 22), também não poderia designar 'o conjunto do povo' no primeiro caso e a 'massa dos desprivilegiados' no segundo, conforme sugere o contexto. Assim, neste mesmo fragmento, se é inaceitável a interpretação literal de *horos* enquanto 'marco divisório' não deixa de ser pertinente a sua *interpretação literal* enquanto 'marco de hipoteca'. Poderia pôr-se em causa esta leitura se o contexto a desaconselhasse, mas dá-se precisamente o oposto. A 'servidão' (*douleuousa*) referida no poema não consiste apenas no estado de sujeição próprio de uma sociedade que não respeita as leis; corresponde, pelo contrário, a exemplos muito concretos de escravidão. Sólon afirma ter atendido a várias dessas situações decorrentes de uma situação económica precária: aos que foram vendidos como escravos (vv. 8-10); aos que voluntariamente se exilaram, para fugirem ao jugo das dívidas (vv. 10-12); aos que, mesmo na Ática, suportavam ignóbil servidão (vv. 13-14). Ora todas estas realidades se podem ligar ao mecanismo de endividamento e dependência progressivos, de que os *horoi* representam a fase em que a terra está, de alguma forma, 'escravizada' por obrigações, conforme se viu nas várias hipóteses enunciadas anteriormente (supra secções 2.1 e 2.2).

Depois de se ponderar a visão que, na sua poesia, Sólon fornece da actividade que havia desenvolvido, interessa agora analisar a forma como outros autores antigos entenderam esses mesmos versos. As palavras com que, na *Constituição dos Atenienses*, se introduz o frg. 36 WEST mostram que a *seisachtheia* vem identificada com o cancelamento das dívidas e com a libertação dos escravos, certamente não de todos, mas apenas dos que haviam caído na servidão por causa da contracção de empréstimos. Um pouco antes, o autor do tratado pronunciava-se na mesma linha, mas com maior cópia de informações (*Ath.* 6.1):

> Depois de assumir o domínio da situação, Sólon libertou (*ēleutherōse*) o povo (*dēmos*) tanto no presente como para o futuro, ao proibir os empréstimos sob garantia pessoal (*daneizein epi tois sōmasin*). Promulgou também leis (*nomoi*) e procedeu ao cancelamento das dívidas, tanto das privadas como das públicas, medida a que dão o nome de *seisachtheia*, uma vez que [os Atenienses] se desfizeram de um fardo.

A organização deste capítulo da *Constituição dos Atenienses* indicia um certo descuido, visível no facto de se introduzir uma referência à legislação no meio de questões económicas.[72] Ao contrário do passo anteriormente comentado, onde se abarcava com a *seisachtheia* o cancelamento das dívidas e a libertação dos que, por esse motivo, haviam caído na escravatura, aqui o 'alijar do fardo' parece circunscrever-se à primeira medida, salientando agora que as dívidas abrangidas eram tanto as públicas como as privadas. Desta forma, a libertação de escravos e a proibição de contrair empréstimos sob garantia pessoal seriam duas medidas complementares da *seisachtheia*, se bem que independentes.

A questão de saber ao que, na prática, corresponderam estas determinações, constitui outra fonte de problemas. Quanto às dívidas, é improvável que a abolição decretada abrangesse todo e qualquer tipo de empréstimos;[73] seria mais natural que o cancelamento se cingisse às circunstâncias ligadas ao estatuto do hectêmoro, mas não há certezas a esse nível.[74] O mesmo se pode afirmar a respeito do problema da libertação dos escravos, já que muitos pormenores ficam na sombra, como, por exemplo, a fonte de financiamento que terá permitido a Sólon resgatar essas pessoas.[75] Para os que ainda se encontravam na Ática, a resposta talvez se encontre na extinção dos encargos que os haviam levado à perda da liberdade, mas a dúvida mantém-se para os que haviam sido vendidos para o estrangeiro. Seria muito difícil não só localizá-los, como ainda convencer os senhores do momento a deixá-los partir, tanto mais se fosse sem uma compensação económica. Em todo o caso, as fontes são omissas quanto ao esclarecimento destes

---

[72] Rhodes (1981), 127-128, defende esta redacção com o argumento de que o autor do tratado, à imagem do que já antes fizera (*Ath.* 2), começa por discutir o problema económico, mas aproveita para anunciar de antemão o tema político que irá desenvolver posteriormente.

[73] Já Mühl (1953) não hesitava em reputar de anacrónica esta abolição das dívidas, que considerava ser uma interpretação posta a circular pelos democratas radicais dos séculos v-iv. Assim também Rosivach (1992) 154.

[74] De resto, a mesma dúvida estende-se ao tipo de débitos que poderiam ter sido contraídos numa sociedade onde a moeda ou não existiria ou não estaria ainda muito difundida (cf. infra 2.4.2).

[75] Wallace (2007), 59, aventa a hipótese de que os recursos tenham vindo talvez das reservas em prata do Estado.

pormenores. Por último, a proibição, no presente e para o futuro, de se contrair empréstimos sob garantia pessoal integra-se bem no espírito da *seisachtheia*, pois visava impedir que a situação a que agora se punha cobro voltasse a acontecer.[76] Alguns estudiosos crêem que esta medida acabou por prejudicar os pequenos camponeses, ao cortar--lhes a única fonte de crédito que ainda possuiriam, mas é uma hipótese improvável. Efectivamente, a possibilidade de obter crédito sob garantia pessoal só na aparência poderia considerar-se uma vantagem, pois abria apenas o caminho à exploração, pelo que a sua proibição foi certamente positiva, ao menos a médio e longo prazo.[77]

Antes de se avançar para a reforma metrológica, convirá ver ainda o que Plutarco diz sobre a *seisachtheia* (*Sol.* 15.2):

> E quanto ao que os autores modernos dizem do facto de os Atenienses urbanamente disfarçarem as realidades penosas, atenuando-as com termos agradáveis e benéficos (às prostitutas chamam 'companheiras', aos impostos 'contribuições', 'vigilantes' às guarnições das cidades, 'casa' ao cárcere), parece que terá sido Sólon o primeiro a usar a habilidade, pois chamou *seisachtheia* à

---

[76] No entanto, o reformador não proibiu o mecanismo do crédito em si, como se depreende da lei relativa ao juro (Lísias, 10.18 = frg. 15b Ruschenbusch). Harris (2006), 249-269, [= "Did Solon abolish debt-bondage?" *CQ* 52 (2002) 415-430] estabelece uma distinção perspicaz entre escravatura por dívidas ("enslavement for debt") e vinculação por dívidas ("debt-bondage"). O primeiro princípio aplicar-se-ia a casos em que o devedor se tornava juridicamente escravo *ad infinitum* do credor; o segundo corresponderia a situações de dependência relativa em que o devedor dava como garantia de um empréstimo o próprio trabalho ou o de alguém que estivesse ao seu serviço, sendo que essa vinculação terminaria assim que a dívida fosse ressarcida pelo trabalho prestado. Na opinião do estudioso, Sólon proibiu a escravatura por dívidas, mas não a vinculação por dívidas, que continuaria a existir em tempos posteriores e que poderia acarretar limitações nos direitos de cidadania do vinculado em favor do credor. Analisa para isso vários exemplos na Antiguidade (como o mecanismo do *nexum*, referido na Lei das Doze Tábuas VI.1), mas as fontes aduzidas para o caso ático afiguram-se, apesar de tudo, ambivalentes. Mesmo que a vinculação por dívidas continuasse a existir *de facto* na sociedade posterior a Sólon, isso não implica necessariamente que fosse acompanhada, *de iure*, por uma degradação do estatuto de cidadão.

[77] De resto, poderão derivar dessa medida as condições que levaram Pisístrato a criar uma linha de crédito para lavradores em dificuldade (cf. *Ath.* 16.2). Vide infra 3.3.1.

extinção das dívidas. Esta foi, na verdade, a sua primeira medida: determinou que as dívidas existentes fossem abolidas e que, de futuro, ninguém pudesse emprestar dinheiro sob garantia pessoal (*epi tois sōmasi daneizein*).

Ao mencionar o costume ateniense de referir realidades incómodas ou desagradáveis através de eufemismos, o biógrafo faz remontar esse uso a Sólon, que terá inaugurado a tradição. Plutarco sugere, assim, que a designação metafórica ('alijar do fardo') do primeiro pacote de regulamentações é uma criação do próprio estadista, embora a palavra não ocorra nos seus poemas.[78] Indica, ainda, que esta primeira acção do novo legislador consistiu na abolição das dívidas e na proibição de empréstimos sob garantia pessoal. Tanto a *Constituição dos Atenienses* como Plutarco obtiveram a informação, certamente, na poesia de Sólon. O autor do tratado aristotélico cita na íntegra o frg. 36 WEST e o biógrafo reproduz com ligeiras alterações a parte relativa aos *horoi* (vv. 6-7, que relaciona com a terra hipotecada) e à libertação e repatriação dos escravos por dívidas (vv. 11-14). Salienta, assim, que estas realidades se encontravam todas ligadas. Os investigadores que não aceitam que o mecanismo da hipoteca estivesse operacional em fins do século VII, objectam que a *Constituição dos Atenienses* falseou o sentido do poema do legislador, entendendo-o à luz da realidade do século IV. Essa interpretação errada influenciaria Plutarco e, juntamente com ele, muitos dos estudiosos modernos. Na verdade, os dados disponíveis não permitem negar categoricamente que as coisas não se tenham passado da forma descrita, mas é também forte a possibilidade de que os dois autores antigos tenham feito a melhor leitura, até porque disporiam de mais informação do que nós.[79]

---

[78] No passo anteriormente transcrito da *Constituição dos Atenienses* (*Ath.* 6.1), parece sugerir-se que o nome terá sido uma invenção dos Atenienses em geral, hipótese que encontra algum apoio no facto de, mais adiante (*Sol.* 16.5), Plutarco afirmar que *seisachtheia* foi a designação atribuída pelos concidadãos ao sacrifício comum que oficializava a aceitação dessa medida inicialmente impopular.

[79] Em todo o caso, há pelo menos uma interpretação seguramente marcada pela realidade do século IV, que é a perspectiva que Andrócion tinha da *seisachtheia*, a qual será retomada na próxima secção (2.4.2), a propósito da questão monetária.

Em suma, a natureza exacta da *seisachtheia* continua aberta a dúvidas. Ainda assim, as fontes mais pertinentes para a análise da questão permitem sustentar que, com este pacote de medidas, Sólon terá procedido à abolição das dívidas ligadas em especial ao crédito concedido a pequenos proprietários rurais, provavelmente na forma dos produtos agrícolas necessários à sementeira. Proibiria também, com a mesma acção, os empréstimos sob garantia pessoal e faria libertar (dentro do possível) quantos haviam caído na servidão devido a crédito mal parado. Certo é, pelo menos, que terá suprimido o estatuto de hectêmoro, já que nunca mais se ouve falar dele fora deste contexto. No entanto, a natureza exacta das circunstâncias que acompanharam esta última decisão mantém-se incerta, com excepção do facto de o legislador se ter negado a fazer uma redistribuição geral da terra.[80]

2.4.2. *Reforma das medidas, pesos e moeda*

O tom geral da *seisachtheia* obedecia ao objectivo de relaxar um pouco a tensão das dificuldades que oprimiam um importante sector da população. Porém, ainda no âmbito das disposições de emergência, Sólon implementou mudanças que visavam estimular a economia e servir de base à futura reforma constitucional. Também desta vez, a questão não é pacífica, pois as fontes literárias e arqueológicas apresentam significativas variantes. Entre as primeiras, o passo determinante (e dos mais polémicos na história deste período) corresponde a uma das alturas em que o autor da *Constituição dos Atenienses* faz uma apreciação geral da obra de Sólon (*Ath.* 10.1-2):

> Portanto, entre as leis (*nomoi*) [de Sólon], parecem ser estes os traços democráticos (*dēmotika*); mas, antes da legislação (*nomothesia*), procedeu à abolição das dívidas e, em seguida, ao aumento (*auxēsis*) das medidas (*metra*), dos pesos (*stathma*) e ainda da cunhagem (*nomisma*). Pois foi sob a sua direcção que as medidas (*metra*) se tornaram maiores do que as de Fídon, e a mina que anteriormente tinha o peso (*stathmon*) de setenta dracmas passou a preencher as cem. A antiga moeda-padrão era o didracma.

---

[80] Conforme parece legítimo deduzir-se da sua poesia (frg. 34 West).

Fixou também os pesos (*stathma*) de acordo com a cunhagem (*nomisma*), sendo o talento equivalente a sessenta e três minas e distribuindo as três minas [adicionais] pelo *statēr* e pelas outras unidades de peso (*stathma*).

A frase inicial não suscita problemas de interpretação, uma vez que sumaria apenas o sentido do capítulo 9 da obra, que se centra sobre os traços das leis de Sólon que, na opinião do autor, se poderiam descrever como *dēmotika*. A declaração seguinte estabelece o nexo temporal ou pelo menos a ordem lógica da acção do legislador: assim, a *nomothesia* foi precedida, em primeiro lugar, pela *seisachtheia* e, depois, pela reforma metrológica agora em análise. As alterações introduzidas no padrão metrológico até aí em vigor implicam um aumento (*auxēsis*) em três domínios distintos, ainda que relacionados entre si: nas medidas de capacidade (*metra*), nos pesos (*stathma*) e, finalmente, na moeda (*nomisma*).[81] É aqui que as dificuldades começam a acentuar-se, sobretudo com a explicação que o autor do tratado fornece para cada uma dessas áreas. Antes de avançar na análise da questão, haverá alguma vantagem em recordar uma realidade que, sendo bem conhecida dos estudiosos, poderá induzir em erro o leitor menos atento: ou seja, o facto de, em grego, a nomenclatura metrológica (cujas denominações básicas são a dracma, a mina, o *statēr* e o talento) poder designar quer as unidades de peso quer as unidades monetárias.[82] Daqui resulta uma ambiguidade suplementar no texto da *Constituição dos Atenienses*, que não facilita, naturalmente, a sua compreensão, mas da qual é necessário estar bem consciente.[83]

Quanto aos *metra*, o passo é bastante explícito: Sólon tornou as medidas de capacidade superiores às que haviam sido definidas por Fídon. A este Fídon, originário de Argos, a tradição atribui, de forma

---

[81] Segue-se, em linhas gerais, a divisão do texto proposta por Kraay (1968), estudo que, pesem embora os anos decorridos desde a sua publicação, continua a revelar-se de leitura muito proveitosa.

[82] Caso semelhante ocorre com 'pound', em inglês. Vide a tabela comparativa destes valores em Chambers (1973) 4-5.

[83] Para tornar menos equívoca a discussão, o contexto específico de utilização dos termos será esclarecido pelo acrescento de 'peso' ou 'moeda' à nomenclatura usada.

variável, a criação de medidas, pesos e de uma cunhagem, portanto uma actividade muito semelhante à de Sólon, mas anterior, já que a data mais consensual para situar esta figura é a primeira metade do século VII.([84]) Embora Heródoto([85]) ateste que Fídon fixou as medidas somente para o Peloponeso, não é improvável que a *Constituição dos Atenienses* ou as suas fontes estivessem no caminho certo ao inferirem que a Ática se serviria do mesmo padrão no período anterior a Sólon. Por conseguinte, será de aceitar que o legislador tenha procedido à *auxēsis* das medidas de capacidade, nos termos referidos na obra aristotélica.

Relativamente aos *stathma*, o testemunho relata que Sólon aumentou a mina-peso de setenta dracmas-peso para cem. A correcta apreciação deste passo tem dividido os investigadores, uma vez que os dados se prestam a uma dupla leitura: ou a mina manteve o peso anterior, passando a corresponder a cem dracmas mais leves ou, pelo contrário, seria a dracma a manter o valor antigo, pelo que a mina sofreria um reforço equivalente a trinta dracmas suplementares.([86]) A complicar o quadro, dá-se a coincidência (ou não) de setenta dracmas eginéticas terem basicamente o mesmo peso que cem dracmas atenienses, pelo que a conclusão natural consistiria em supor que Sólon substituiu o padrão eginético em vigor pelo ático: a diferença seria, assim, de carácter quantitativo e não qualitativo. Contudo, parece mais coerente com a ideia de *auxēsis* que a mina tenha sido reforçada com o peso de trinta dracmas, embora o passo seja inconclusivo.([87]) Em todo o caso, as objecções prendem-se mais com a natureza exacta da alteração do que com a sua real existência.

Relativamente ao *nomisma* (dinheiro em geral ou a cunhagem propriamente dita), a declaração é um pouco elíptica, já que o autor do tratado afirma somente que a antiga moeda-padrão era o didracma. No entanto, um leitor do século IV, para quem a moeda de referência era o

---

([84]) Há que reconhecer que a afinidade entre o caso de Fídon e o de Sólon é um tanto insidiosa.

([85]) 6.127.3. Vide ainda Éforo, 70, 115, 176; *EM* [612.57] s.v. *obeliskos*. Cf. Rhodes (1981) 165.

([86]) Conforme se verá adiante, a versão de Andrócion é mais clara, o que não implica que seja preferível à da *Constituição dos Atenienses*.

([87]) Vide Kraay (1968) 3-4; Chambers (1973) 5-6; Fischer (1973) 4-9.

tetradracma, não sentiria essa dificuldade e a implicação deveria também ser clara: Sólon havia sido o responsável pela passagem do padrão do didracma para o do tetradracma. A alteração permitiria, assim, aplicar igualmente a esta área a noção de *auxēsis*. Para mais, a afirmação é confirmada pelos achados arqueológicos, uma vez que as primeiras moedas atenienses eram didracmas. O verdadeiro problema reside na atribuição desta reforma monetária ao legislador, facto que implica, de resto, que a cunhagem em Atenas pudesse ser inclusive anterior a Sólon. Sobre esta questão importa reflectir de forma um pouco mais alargada.

O termo técnico com que usualmente se designam as primeiras moedas áticas é *Wappenmünzen*, ou seja, 'moedas heráldicas', porque os motivos que as caracterizam têm, por vezes, sido interpretados como as insígnias familiares ou pessoais dos que se encontravam no poder e possuíam, de tempos a tempos, o controlo da emissão monetária.[88] Vários indícios sugerem que sejam uma criação ateniense. Entre eles, encontra-se o facto de os achados apontarem a Ática como área de circulação e de alguns dos tipos figurados serem marcadamente atenienses, como a coruja, o *Gorgoneion* de Atena e a ânfora, que remete para um dos principais produtos que a cidade tinha para exportação: o azeite. O estilo de fabrico denota ainda que houve uma série de emissões ao longo de várias décadas.[89] Encontraram-se também tetradracmas entre as *Wappenmünzen*, que se pensa serem os precursores imediatos das emblemáticas moedas que, no anverso, têm a cabeça de Atena e, no reverso, a imagem da coruja juntamente com o ramo de oliveira e a inscrição AΘE. Para o estudo de Sólon, o ponto crucial reside na datação das peças mais antigas, tarefa complexa e que depende em grande parte do estabelecimento do *terminus ante quem*, representado pela datação de outros elementos presentes no lugar onde elas foram descobertas. Ora, contrariamente ao que se pensava na primeira metade do século XX, a maioria dos numismatas mais recentes é de opinião que tanto as *Wappenmünzen* como as moedas com o símbolo da coruja foram emitidas durante a tirania dos Pisistrátidas. Ou seja,

---

[88] Descrição e catálogo de *Wappenmünzen* em Hopper (1968); vide ainda Raven (1968); Kraay (1976) 56-60; Rhodes (1981) 164-169; Kroll & Waggoner (1984) 326-333; Howgego (1995) 1-23.

[89] Kraay (1976) 57-58.

para as primeiras, aponta-se uma data não muito anterior a meados do século VI e, para as últimas, um período a rondar 525 (vide infra 3.3.4). Portanto, segundo o estado actual dos conhecimentos, torna-se muito duvidoso que Sólon tenha procedido a uma cunhagem, pelo que, se é a peças cunhadas e não a unidades de peso aquilo a que se refere o relato da *Constituição dos Atenienses*, então a sua informação não parece digna de confiança neste ponto em particular. ([90])

Resta ainda a última declaração do passo em análise. Entram de novo em linha de conta os pesos, mas de uma forma especial, ou seja, na relação que estabelecem com a cunhagem. Uma vez mais, a interpretação é ambivalente: ou o talento passava a ter um peso superior em 5% (correspondendo a sessenta e três minas e não às usuais sessenta) ou então seriam as minas que sofriam um decréscimo de 5%, de modo que passavam a ser necessárias três minas suplementares para obter um talento normal. A interpretação varia com os estudiosos do problema, mas não é improvável que, com os 5% em questão, o tratado aristotélico se esteja a referir ao custo da operação de cunhagem. Portanto, ou as minas-moeda saíam ligeiramente mais leves (pelo que de sessenta minas-peso se produziam sessenta e três minas-moeda) ou mantinham o mesmo peso e teriam de ser entregues três minas-peso adicionais para suportar as despesas. ([91]) Em todo o caso, esta determinação, porque depende da cunhagem, também não poderá atribuir-se a Sólon.

Antes de terminar esta secção, seria interessante recordar a perspectiva de Andrócion (*FGrHist* 324 F 34), tal como é transmitida por Plutarco (*Sol.* 15.3-4):

> No entanto, alguns, entre os quais se encontra Andrócion, escreveram que os pobres (*penētes*) se contentaram em ficar aliviados não com a abolição das dívidas, mas antes com a moderação das taxas de juro, chamando *seisachtheia* a esta acção humanitária e ao concomitante aumento (*epauxēsis*) das medidas (*metra*) e do valor da moeda (*nomisma*). Na verdade, fez a mina de cem

---

([90]) Kagan (1982) encontra-se entre a minoria dos estudiosos que defendem a tradição literária.

([91]) Ou então as três minas suplementares eram simplesmente distribuídas pelas sessenta minas-moeda, de acordo com o espírito geral da *auxēsis*. Discussões do problema em Kraay (1968) 6-8; Chambers (1973) 7-8; Rhodes (1981) 167-168.

dracmas, quando dantes era de setenta e três, de forma que, ao entregarem idêntica soma em número mas inferior no valor, os devedores ficavam muito beneficiados, enquanto os credores em nada saíam prejudicados.

Há uma diferença fundamental entre este relato e o da *Constituição dos Atenienses*: segundo esta, a reforma metrológica consistiu numa das acções de emergência que acompanharam a *seisachtheia*; para Andrócion, as alterações nas medidas e na moeda constituem a própria essência da primeira acção do legislador. De resto, o atidógrafo, de acordo com a versão veiculada por Plutarco, deixa na sombra os pormenores relativos aos *metra* e salienta somente a moderação das taxas de juro, preferindo esta interpretação da *seisachtheia* à revolucionária abolição das dívidas. Tal como o autor do tratado aristotélico, Andrócion sabia que, segundo a tradição, Sólon havia aumentado alguma coisa de setenta para cem. A *Constituição dos Atenienses* parece interpretar essa alteração como um reforço do número de dracmas-peso na mina-peso, portanto como um acréscimo do metal envolvido; já o atidógrafo interpretou-a como aumento do número de dracmas-moeda na mina-moeda, facto que, sendo usada a mesma quantidade de metal, correspondia a uma desvalorização.[92]

Em síntese: no que diz respeito à reforma metrológica, não parecem existir razões de peso para se duvidar da tradição literária, segundo a qual Sólon havia procedido a um aumento das medidas de capacidade e dos pesos de referência.[93] Já quanto à informação de que o legislador teria procedido a uma emissão de moedas, não se pode afirmar com segurança que esteja errada; contudo, as descobertas arqueológicas até hoje disponíveis não permitem confirmar esse dado e sugerem mesmo fortemente a possibilidade contrária.[94]

---

[92] Cf. Kraay (1968) 8-9; Chambers (1973) 9.

[93] Que, de resto, aparecem referidos no decreto de Tisâmeno (Andócides, 1.83: «O povo decretou, de acordo com a moção de Tisâmeno, que os Atenienses orientarão o governo segundo a tradição ancestral (*kata ta patria*), empregando as leis (*nomoi*), medidas (*metra*) e pesos (*stathma*) de Sólon». Crawford (1972), 5-8, esp. 7 e n. 9, entende, pelo contrário, que este documento marca um passo importante na criação do mito de que haveria medidas e pesos fixados por Sólon.

[94] Causa alguma perplexidade a notícia, dada por Plutarco (*Sol.* 23.3 = frg. 77 Ruschenbusch), segundo a qual Sólon havia estabelecido, para o cálculo das vítimas

As regulamentações de emergência e de estímulo à economia contaram ainda com outro tipo de acções concretas, como é o caso das leis relativas aos produtos que se poderiam exportar e aos que estavam sujeitos a restrições. No entanto, a discussão destes problemas faria mais sentido numa análise sistemática do código de Sólon. Para já, ponderada a questão da *seisachtheia* e da reforma metrológica, chegou a altura de serem consideradas as alterações de natureza constitucional.

2.5. Reforma constitucional

Antes de se avançar para a abordagem da *politeia* ou 'constituição' de Sólon, convém tecer algumas considerações prévias sobre alguns dados essenciais a ter em conta. Em primeiro lugar, quando se fala de uma constituição de Sólon, não se pode pensar num documento escrito, onde o legislador definisse claramente a natureza e competências das várias magistraturas e órgãos de determinada forma de governo. Tal documento não existia nem poderia existir, porque no início do século VI ainda não se encontrava estabelecido o conceito de *politeia*, uma vez que as reflexões determinantes seriam feitas somente no século V e sobretudo no IV. ([95]) Por este motivo, não causa surpresa que a constituição de Sólon tenha sido 'descoberta' apenas quando o desenvolvimento teórico motivou a indagação sobre as antigas formas de governo. A tarefa não era fácil, pois obrigava a inferir a natureza dessa *politeia* a partir de informações dispersas, em especial as leis e a poesia do antigo estadista, afinal as mesmas fontes primárias para o conhecimento dos condicionalismos sociais, políticos e económicos

---

sacrificiais, a equivalência de um carneiro, de uma dracma e de um medimno de grão. Esta lei, a ser genuína, permitiria provar que o legislador se servira da moeda para proceder à avaliação dos produtos agro-pecuários. Em todo o caso, a informação é dúbia, porque Plutarco acreditava que Sólon fora autor de uma cunhagem e, ainda que a lei existisse, o reformador poderia usar o termo dracma na acepção de 'peso' e não de 'moeda'.

([95]) De resto, como salienta Jacoby (1949), 333-334 n. 21, os antecedentes mais próximos de uma 'constituição' no sentido moderno só apareceram quando Alexandre e os seus sucessores prepararam *diatagmata* ('ordenações') específicos para várias cidades. Nesta secção, recupera-se o essencial da argumentação desenvolvida em Leão (2001*a*) 300-328.

que caracterizaram aquele período recuado da história da Ática. Mesmo que, por exemplo, não existisse um documento que oficializasse a criação de um órgão como a *Boulē* dos Quatrocentos, tal não impede que Sólon houvesse instituído efectivamente este conselho, uma vez que a sua existência poderia ter sido deduzida a partir de leis que determinassem as suas atribuições. Por outras palavras, uma parte da obra do legislador teve certamente repercussão política, modificando as competências dos vários órgãos e, neste sentido, pode dizer--se que alterou a estrutura governativa da Ática, criando, assim, uma nova constituição. [96] Infelizmente, também nesta área as certezas não são possíveis, até porque, para se avaliar correctamente a acção de Sólon, seria necessário conhecer a realidade política existente antes das suas reformas, empresa que enfrenta dificuldades ainda maiores (vide supra secções 1.2 e 1.3). Ainda assim, tal diagnóstico sobre a natureza das fontes disponíveis não impede que se procure delinear um quadro relativamente claro dos órgãos de governo da Ática, resultantes da acção de Sólon e que, em boa parte, se manterão activos ao longo dos séculos seguintes.

2.5.1. *As quatro classes censitárias*

Antes de abordar a forma como Sólon terá organizado as magistraturas e órgãos de governo, importa discutir os critérios básicos de acesso a esses mesmos postos, ou seja, os requisitos necessários para que os cidadãos tivessem direito a partilhar o poder. Aliás, é a este nível preliminar que se situa uma das mais importantes intervenções do legislador, como informa a *Constituição dos Atenienses* (*Ath.* 7.3-4):

> Tendo em conta o rendimento (*timēma*), dividiu [os cidadãos] em quatro classes, tal como já antes acontecia: *pentakosiomedimnoi*, *hippeis*, *zeugitai* e *thētes*. Distribuiu as magistraturas mais

---

[96] Para uma ideia da polémica gerada à volta deste assunto, vide Hignett (1952) 25-27; Ruschenbusch (1966) 25-26; Day & Chambers (1967) 71-75; Finley (1977) 54-55; Hansen (1993) 55; Dillon & Garland (2000) 72-73; Wallace (1989), 49-52, e (2007) 60-72.

importantes pelos *pentakosiomedimnoi*, *hippeis* e *zeugitai*, a saber, os nove arcontes, os *tamiai*, os *pōlētai*, os Onze e os *kōlakretai*, atribuindo a cada um a magistratura correspondente à dimensão do rendimento (*timēma*); porém, à classe dos *thētes* concedeu somente que fizesse parte da *ekklēsia* e dos *dikastēria*. Deveria pertencer à classe dos *pentakosiomedimnoi* quem, da sua propriedade, retirasse quinhentas medidas ao todo, entre produtos secos e líquidos, e à classe dos *hippeis* quem produzisse trezentas medidas, embora alguns identifiquem estes [últimos] com quem fosse capaz de manter um cavalo. [...] Em todo o caso, faz mais sentido que eles fossem divididos de acordo com as medidas [de produção], à imagem dos *pentakosiomedimnoi*. À classe dos *zeugitai* pertenciam os que somavam duzentas medidas ao todo. Quanto aos restantes, integravam os *thētes* e não tomavam parte nas magistraturas.

O autor do tratado afirma que Sólon organizou o corpo de cidadãos de acordo com a riqueza (*timēma*) de cada um, dando assim origem a um sistema de natureza timocrática. Além disso, dá a entender que os cálculos assentavam unicamente na quota de produção agrícola. Esta afirmação suscita problemas de vária ordem, que as fontes deixam por esclarecer: antes de mais, a aparente equivalência entre produtos secos e líquidos. Ora para além de, em termos de capacidade, o *medimnos* de grão não ser igual ao *metrētēs* de azeite ou de vinho, também o valor real destes dois produtos deveria ser superior ao do cereal, pese embora a relativa escassez deste último na Ática. Por outro lado, o passo reforça a importância da posse da terra no acesso ao poder, uma vez que a classificação censitária parece não ter em linha de conta outras formas de riqueza que não sejam a agrícola. Ficariam, assim, de fora, importantes áreas económicas como a pecuária, a indústria e o comércio. Esta situação causa perplexidade porquanto a tradição admitia a hipótese de Sólon se ter dedicado ao comércio (supra 2.3). E se é certo que esses dados podem ser olhados com uma ponta de cepticismo, também há que reconhecer que, na poesia, o estadista alinha a agricultura a par de outras profissões, sem lhe atribuir um papel preponderante. [97]

---

[97] Cf. frg. 13 West, vv. 43-62.

No seguimento destas objecções, alguns estudiosos têm procurado inferir a abertura a outras áreas económicas a partir de um passo de Plutarco (*Sol.* 23.3 = frg. 77 RUSCHENBUSCH): «Na verdade, para o cálculo do valor (*timēmata*) das vítimas sacrificiais, ele fixou a equivalência de um carneiro ou de uma dracma a um *medimnos* [de grão]». Porém, esta hipótese enfrenta, desde logo, as dificuldades relativas ao facto de implicar que a moeda já fosse corrente em Atenas nos inícios do século VI, suposição que, até agora, não encontrou apoio seguro nos achados arqueológicos (supra 2.4.2). No entanto, e apesar das dúvidas sobre os valores dos produtos nessa época recuada, certamente que existiria um qualquer tipo de tabela comparativa que permitisse estabelecer a relação entre eles, instrumento fundamental mesmo em rudimentares economias baseadas na troca directa. Portanto, o facto de a *Constituição dos Atenienses* referir que, na distinção das classes, eram tomados como referência os «produtos secos e líquidos», não impede que outras formas de riqueza pudessem ser tidas em conta, através de um sistema de equivalências.[98] Ainda assim, a única coisa que parece poder deduzir-se com segurança consiste na já referida importância que a posse de terra tinha na consideração social e, por consequência, na prossecução de ambições políticas. Não causaria espanto, por conseguinte, que o solo pátrio fosse um bem muito disputado.

Antes de ponderar cada uma destas classes em particular, haverá vantagem em comentar brevemente o facto de o autor do tratado dar a entender que elas seriam anteriores às reformas de Sólon. Ao focar o mesmo assunto, Plutarco não fornece qualquer indício nesse sentido;[99] ainda assim, a *Constituição dos Atenienses* deve estar correcta, na medida em que somente a designação dos *pentakosiomedimnoi* denota uma criação recente e feita de acordo com o espírito da reforma de Sólon, enquanto que *hippeis*, *zeugitai* e *thētes* sugerem o aproveitamento de uma nomenclatura já existente. Por este motivo,

---

[98] Basta recordar, a título meramente ilustrativo, o episódio muito conhecido (*Il.* 6.212-236) em que Glauco troca as armas com Diomedes e ao valor do metal envolvido (ouro, bronze) é dada a equivalência em cabeças de gado (cem bois e nove, respectivamente).

[99] *Sol.* 18.1-2. Estranhamente, na *Política* (1274a19-21), Aristóteles enuncia as classes numa ordem errada, colocando os *hippeis* depois dos *zeugitai*.

importa reflectir um pouco sobre a etimologia destes quatro termos e do seu possível significado. ([100])

A interpretação do nome da classe mais elevada (*pentakosiomedimnoi*) não levanta dificuldades. É constituído por dois elementos (*pentakosioi* + *medimnos*) e o seu significado equivale a qualquer coisa como 'os [cidadãos] das quinhentas medidas'. A única dúvida reside, como atrás se comentou, no sentido de *medimnos*, já que o termo ocorre sempre em correlação com cereal, pelo que não corresponde exactamente aos «produtos secos e líquidos», cuja soma era, segundo o tratado aristotélico, usada no cálculo. Por este motivo, talvez não seja totalmente improvável a hipótese de que a medida-padrão tenha sido pensada, inicialmente, como sendo o grão. ([101]) Acabaria, no entanto, por sofrer rapidamente uma adaptação, englobando outros produtos agrícolas e talvez também outras formas de riqueza, para além da representada pelos frutos da terra. ([102])

Quanto à segunda classe (*hippeis*), o problema coloca-se não tanto no sentido literal do termo ('cavaleiros'), mas antes nas possíveis implicações sociais, políticas, económicas e militares dele decorrentes. De resto, o próprio texto da *Constituição dos Atenienses* evoca parte da polémica (que já remontaria ao tempo de composição do tratado), ao registar a opinião dos que viam na origem daquele nome uma razão económica, isto é, que os *hippeis* eram as pessoas com posses suficientes para manter um cavalo. Ainda assim, outros estudiosos preferem a leitura militar, segundo a qual os *hippeis* correspondiam à classe

---

([100]) Não se entrará na questão relativa ao cálculo da área de terra necessária para a obtenção dos rendimentos próprios de cada classe, pois, além de difícil, essa tarefa depende de factores (como a taxa de produtividade por hectare) que não é possível dominar com segurança. Ainda assim, certos estudiosos propuseram algumas estimativas. Uma das mais recentes é da responsabilidade de Foxhall (1997) 129-132.

([101]) Isso mesmo defende Foxhall (1997) 130-131. Ehrenberg (1968), 64, aventa a hipótese de que o *medimnos* fosse simplesmente o símbolo da avaliação anterior à introdução da moeda, tal como acontecia com os 'bois' em Homero.

([102]) Há que notar, porém, que as classes censitárias de Sólon se mantiveram operacionais pelo menos até ao século IV, o que não implica que não tenham sido sujeitas a acertos, facto que dificulta a correcta identificação da sua natureza na altura em que foram criadas, já que o autor da *Constituição dos Atenienses* poderia estar, precisamente, a ler o passado à imagem de uma realidade sua contemporânea. Cf. Rhodes (1981) 142 e 145-146. Sobre a distribuição regional dos *pentakosiomedimnoi*, vide Thompson (1970).

aristocrática dos cavaleiros. Em boa verdade, estas perspectivas não têm de ser mutuamente exclusivas, uma vez que, se os cavaleiros tinham de se equipar a si mesmos, então é porque tinham possibilidades financeiras para suportar os encargos inerentes ao estatuto de cavaleiro. O autor do tratado aristotélico acha preferível que este e os restantes *telē* mais baixos tivessem sido definidos em termos de rendimentos, à imagem do que acontecera com a primeira classe.([103]) Ainda assim, não é forçoso supor uma contradição relativamente ao significado anterior do termo. Se, como parece defensável, o nome *hippeis* já existia antes de Sólon, designando determinado estatuto económico e militar (e, por extensão, também social), o papel do legislador terá consistido em definir as prerrogativas políticas desse grupo a partir do critério geral aplicado às restantes classes: o rendimento pessoal que, neste caso, teria de atingir as trezentas medidas.([104])

O que se disse a respeito da adaptação da nomenclatura da classe anterior é válido também para os *zeugitai*. Por esse motivo, a respectiva análise vai centrar-se apenas sobre a possível etimologia e significado do termo. *Zeugitai* é um dos derivados de *zeugos* ('parelha de animais') e daí que uma das interpretações seja naturalmente de carácter económico: os *zeugitai* corresponderiam aos cidadãos 'possuidores de uma junta de bois'.([105]) Existe ainda a leitura militar, que consiste em relacionar esta classe com *zygon* ou *zygos* ('jugo', 'canga'), vocábulos que, entre outras acepções, são usados para referir os membros de uma falange de hoplitas em formação, os quais, estacionados uns ao lado dos outros, dariam a impressão de estar todos debaixo do mesmo jugo, à imagem das parelhas de animais.([106]) Ora de acordo com o que se disse para os *hippeis*, também aqui há razões para crer que as duas interpretações podem ser complementares e que, com Sólon, *zeugitai* terá passado a designar especificamente a classe cujo rendimento chegava às duzentas medidas.

([103]) Esta afirmação tem levado alguns investigadores a aventar a hipótese de que as qualificações quantitativas tenham sido deduzidas tardiamente por sugestão do termo *pentakosiomedimnoi*. E.g. Foxhall (1997) n. 97.

([104]) Vide Hignett (1952) 100-101; Rhodes (1981) 138 e 143.

([105]) Cf. Chantraine (1980) s.v. *zeugos*.

([106]) Whitehead (1981) analisa criticamente os testemunhos antigos e as várias interpretações dos estudiosos modernos, preferindo claramente a leitura militar do termo.

Por último, nos *thētes* tem-se geralmente reconhecido um estatuto comparável ao que lhes é atribuído em Homero e Hesíodo,([107]) ou seja, alguém que a nível social, económico e militar se encontrava numa posição muito humilde. Ora, na classificação censitária definida por Sólon, *thētes* eram os cidadãos cujo rendimento se situava abaixo das duzentas medidas e a eles terá o estadista atribuído uma importância política que até então desconheciam. Segundo o autor da *Constituição dos Atenienses*, o legislador concedeu-lhes o direito de participar na *Ekklēsia* e de apelar sobre as decisões dos magistrados. ([108])

A grande novidade destas classes censitárias consistiu em fazerem com que o acesso ao poder dependesse unicamente da riqueza dos cidadãos e não tivesse em consideração, como até aí, o nascimento. Em consequência, os mais altos cargos ficavam ao alcance de pessoas que não pertenciam à aristocracia, embora, na prática, talvez não fossem muitos os que, fora do círculo dos nobres, estivessem em condições de preencher os requisitos económicos necessários. Mas, no plano dos princípios, a evolução era digna de nota. Ora quanto às prerrogativas políticas de cada classe, o passo do tratado aristotélico fornece mais algumas informações, que interessaria discutir antes de se avançar para os principais órgãos que caracterizavam a constituição de Sólon. No que diz respeito aos *thētes*, o autor do tratado afirma claramente que não tinham acesso às magistraturas. ([109]) Entre as magistraturas mais importantes, a de *tamiai* (tesoureiros de Atena) estava reservada aos *pentakosiomedimnoi*. ([110]) Os postos de menor responsabilidade eram acessíveis às três primeiras classes: os *pōlētai* (encarre-

---

([107]) E.g. *Od.* 4.644; *Op.* 602.

([108]) Não é improvável que os *thētes* constituíssem a massa dos cidadãos e que, ao usar o termo *dēmos* nos poemas, Sólon se referisse preferencialmente a esta classe, se bem que a palavra não tenha exactamente o mesmo sentido em todas as ocorrências (cf. frgs. 4.7, 23; 5.1; 6.1; 9.4; 36.2, 22; 37.1, 7 West).

([109]) Embora sustente que participavam na *Ekklēsia* e nos *dikastēria* (cf. infra 2.5.4).

([110]) Cf. *Ath.* 8.1 e 47.1. A preocupação de reservar este cargo financeiro ao *telos* dos mais ricos é compreensível, na medida em que o receio de ver confiscado um património que produzia quinhentas medidas constituía um forte dissuasor de irregularidades. É possível que os arcontes, mencionados antes dos *tamiai*, fossem recrutados também entre a classe mais rica, mas sobre essa hipótese se falará na secção seguinte (2.5.2). Vide ainda Staveley (1972) 36.

gados de contratos oficiais e de vender propriedades confiscadas), [111] os Onze (executores oficiais) [112] e os *kōlakretai* (tesoureiros do erário público). [113]

2.5.2. *Os Arcontes e o Areópago*

A reconstituição do tipo de governo da Ática anterior ao tempo de Sólon só não é totalmente especulativa porque existem algumas indicações nas fontes, em especial no terceiro capítulo da *Constituição dos Atenienses*. Ainda assim, pode levantar-se a dúvida, legítima, de saber até que ponto o autor desta obra teria à sua disposição dados fidedignos sobre uma época tão recuada, pese embora o prévio trabalho dos atidógrafos. [114] Uma hipótese com alguma verosimilhança é a de que o processo de criação de magistraturas tenha acompanhado a progressiva perda de poderes dos monarcas, processo esse no qual o marco mais significativo seria o surgimento, em data incerta, do primeiro arconte. É discutível se o *basileus*, o polemarco e o arconte começaram por ter mandatos vitalícios, que acabariam por ser reduzidos mais tarde a períodos de dez anos, mas parece menos incerto que, a partir de 683/2, o cargo tenha passado a ser anual, como sugere o facto de a lista de arcontes epónimos recuar até esse ano. [115] Contudo, o dado mais importante reside no facto de, inicialmente, o acesso a essa magistratura obrigar a que o candidato aliasse a ascendência nobre à riqueza (*Ath.* 3.1). Ora a novidade da classificação censitária de Sólon consistia em abrir o cargo a todos os cidadãos que preenchessem o critério da riqueza, mesmo que não integrassem a ordem dos Eupátridas. As fontes não deixam claro se os arcontes provinham somente de entre os *pentakosiomedimnoi* ou se os *hippeis* podiam aceder ao mesmo posto.

---

[111] *Ath.* 47.2-3.
[112] *Ath.* 52.1.
[113] Cf. *FGrHist* 324 F 36 de Andrócion, onde estes magistrados são referidos em ligação com o fundo naucrárico.
[114] Mas tal como afirma Rhodes (2006a), 259, de forma categórica, o relato que a *Constituição dos Atenienses* apresenta sobre as reformas de Sólon é história e não simples mito.
[115] Vide Stahl (1987) 155-160.

Joga a favor da segunda possibilidade a informação de que o arcontado foi aberto aos *zeugitai* em 457 (*Ath.* 26.2), pelo que seria legítimo deduzir que, até aí, estaria ao alcance dos dois primeiros *telē*. [116]

Ora relativamente a esta e às outras magistraturas, o tratado aristotélico acrescenta alguns pormenores processuais que interessa ponderar (*Ath.* 8.1-2):

> Ele estabeleceu que as magistraturas fossem tiradas à sorte a partir de uma lista seleccionada previamente (*klērōtai ek prokritōn*) por cada uma das tribos. Para os nove arcontes, cada tribo propunha dez candidatos, tirando à sorte entre eles; daí se mantém ainda a prática de cada uma das tribos sortear dez homens e, depois, escolher também à sorte entre estes. A prova de que ele determinou que [as magistraturas] fossem tiradas à sorte entre as classes censitárias encontra-se na lei relativa aos *tamiai*, que ainda hoje se mantém em vigor: ela dispõe, de facto, que os *tamiai* sejam sorteados entre os *pentakosiomedimnoi*. Foi, portanto, desta forma que Sólon legislou no respeitante aos nove arcontes. No passado, era o conselho do Areópago que, depois de convocar e de examinar soberanamente [os candidatos], conduzia ao poder os mais capazes, distribuindo-os por cada uma das magistraturas, durante um ano.

Este passo é muito discutido a propósito da *klērōsis ek prokritōn*, mecanismo que, segundo o autor do tratado, teria sido instituído por Sólon e que combinava a tiragem à sorte com a pré-selecção de um número reduzido de candidatos. Assim, para o arcontado, elegiam-se previamente dez cidadãos por cada uma das quatro tribos iónicas tradicionais, o que perfazia um total de quarenta; de entre estes, na segunda fase do processo, tiravam-se à sorte os nove arcontes. [117] Para além

---

[116] Há que reconhecer, no entanto, que é uma dedução *ex silentio* das fontes. Se a *Constituição dos Atenienses* refere (*Ath.* 7.3) as magistraturas de acordo com a sua prioridade, o arcontado, que vem antes dos *tamiai*, também deveria estar reservado aos *pentakosiomedimnoi*. Vide Wade-Gery (1958) 101 e n. 2; Staveley (1972) 33.

[117] Sobre as dificuldades existentes em harmonizar esta informação com a que Aristóteles faculta na *Política* (1273b35-1274a3), onde se fala somente de *hairesis* ('eleição directa') dos magistrados, vide Leão (2001*a*), 163-167. Nesse estudo, defende-se que não há necessariamente contradição entre os dois testemunhos, mas a questão é muito controversa e joga, inclusive, contra a atribuição da autoria da *Constituição dos Atenienses* a Aristóteles. Apesar de o problema ser muito debatido,

das dúvidas relativas às inovações empreendidas por Sólon, tem também gerado polémica a forma como o autor do tratado descreve a anterior forma usada para escolher os magistrados. O processo retratado leva a crer que o Areópago se encarregava de convocar os candidatos e de proceder ao seu exame, no sentido de ver qual o mais apto a ocupar o posto que o mesmo conselho tinha a incumbência de confiar a cada um deles. Esta maneira de actuar tem algumas afinidades com o dispositivo usado mais tarde, conhecido por *dokimasia*, que permitia decidir, depois da eleição do magistrado, se ele era ou não apto a desempenhar o cargo. Aparentemente, antes de Sólon, o Areópago podia fazer esse escrutínio ainda na fase de selecção de candidatos; isto, aliado ao facto de designar directamente os magistrados, fazia com que este conselho controlasse na prática os órgãos de governo.([118]) Um tal cenário estaria de acordo com a ideia de que o Areópago possuía, de início, amplos poderes, mas trata-se de uma hipótese que não é propriamente segura.([119])

Na verdade, o debate à volta da origem e competências iniciais do Areópago já remonta à Antiguidade e também essa questão envolvia a figura de Sólon. E como seria de prever, o passo onde a *Constituição dos Atenienses* aborda o problema não é menos controverso (*Ath*. 8.4):

> Criou a *Boulē* dos Quatrocentos, cem membros por cada tribo; ao conselho do Areópago atribuiu a função de salvaguardar as leis (*nomophylakein*), tal como, de início, começara por ser

---

não é impossível que a *Constituição dos Atenienses* assente, neste ponto, em fontes mais seguras do que a *Política* e que, portanto, o mecanismo da *klērōsis ek prokritōn* tenha sido criado por Sólon, embora neste período a tiragem à sorte não possuísse obviamente o peso que viria a ter na democracia radical do século v. Vide Rhodes (2006a) 253-254; Wallace (2007) 62.

([118]) Ostwald (1986), 14, aceita que este dispositivo semelhante à *dokimasia* da Época Clássica possa ser anterior a Sólon; pensa, no entanto, que a avaliação se daria após a eleição dos candidatos, feita pela assembleia popular. Contorna, assim, a dificuldade representada pelo facto de Aristóteles, na *Política* (1273b41-1274a3; 1274a15-17), afirmar que Sólon não introduziu alterações na forma de eleger os magistrados.

([119]) Oportunas as observações de Hignett (1952), 78-79, 321-322. Wallace (1989), 44, espelhando o seu usual cepticismo em relação às informações veiculadas pela *Constituição dos Atenienses* no respeitante ao Areópago, considera *Ath*. 8.2 simplesmente uma ficção, originada provavelmente por algum panfleto partidário.

supervisor (*episkopos*) da constituição (*politeia*). Supervisionava a maioria e os mais importantes assuntos da cidade e castigava os infractores, tendo autoridade para aplicar multas e castigos (depositava essas multas na Acrópole, sem ter de registar a causa da sua aplicação); julgava os que haviam conspirado para derrubar o governo popular (*dēmos*), pois Sólon tinha estabelecido uma lei que instituía o direito à denúncia (*nomos eisangelias*) para casos destes.

O autor do tratado começa por afirmar que Sólon criou uma *Boulē* de Quatrocentos membros, cem por cada tribo, questão que será retomada mais adiante (vide infra 2.5.3). De momento, porém, interessa analisar somente a forma como são definidos os amplos poderes do Areópago no tempo de Sólon. Em primeiro lugar, tinha a tarefa de ser «guardião das leis» (*nomophylakein*);[120] sobre a afirmação seguinte, de que no passado o Areópago estivera encarregado de proteger (*episkopos*) a constituição, repousa a suspeita legítima de ser uma adição posterior destinada a harmonizar este relato com o que ficara dito nos capítulos 3 e 4 da *Constituição dos Atenienses*, que são considerados por muitos autores como uma interpolação.[121] À salvaguarda das leis, junta-se, depois, a supervisão geral do governo da cidade, seguindo-se competências judiciais: punir os infractores e aplicar multas e castigos.[122] Ora, antes de se avançar para a última parte do texto, convém salientar o facto de que, ao descrever a organização do governo da Ática no período anterior a Sólon (*Ath.* 3.6), o autor do tratado aristotélico já atribuía ao Areópago um quadro de funções muito semelhante ao que agora desenha.[123] Tal proximidade, inegável, tem sido interpretada de maneira diversa pelos investigadores. Uns, por exemplo, vêem nela mais um indício de que Sólon não alterou as competências deste conselho, nem, por extensão, a

---

[120] O teor geral desta afirmação encontra-se registado noutros pontos da mesma obra: cf. *Ath.* 3.6; 4.4; 25.2. No mesmo sentido se pronuncia Plutarco, *Sol.* 19.2.

[121] Vide conspecto das tendências da crítica em Rhodes (1981) 53-54, 84-88 e 155.

[122] Aparentemente, gozava de uma enorme autonomia para efectuar essas punições, já que não tinha de registar a respectiva justificação.

[123] O paralelo é evidente mesmo a nível do vocabulário e do arranjo formal. Wallace (1989), 41-42, analisa as diferenças de pormenor.

forma de governo; ([124]) outros entendem que a coincidência dos relatos coíbe pura e simplesmente a aceitação histórica da exposição. ([125]) Na verdade, não se pode deixar de admitir que existe uma certa preocupação de harmonizar os dois passos, mas talvez o mais provável seja que *Ath.* 3.6 tenha sido moldado à imagem de *Ath.* 8.4. Por outras palavras, que a história primitiva do Areópago, sobre a qual dificilmente haveria dados seguros, tenha sido refeita de acordo com a situação no tempo de Sólon e mesmo em época posterior. Se esta hipótese favorece a autenticidade do passo em análise, não o isenta de problemas, já que a última função apontada para o Areópago denuncia marcas de anacronismo, representado na tarefa de julgar os que conspiravam para derrubar o governo popular (*dēmos*). Uma afirmação deste teor enquadra-se na propaganda decorrente da *patrios politeia*, que fazia de Sólon o fundador do regime democrático e não tem valor histórico, ao menos nos termos em que aparece formulada. No entanto, a criação de uma lei de Sólon que procurasse proteger o governo de Atenas contra golpes tirânicos pode muito bem ser genuína. ([126])

O debate à volta do Areópago não se centrava somente sobre a área das suas competências, mas abrangia também o problema da origem desta instituição. Plutarco deixa entrever alguns ecos da polémica à volta desta questão (*Sol.* 19.3 e 5):

> Com efeito, a maioria [dos autores] afirma que o conselho (*boulē*) do Areópago foi, tal como se referiu, instituído por Sólon e parece testemunhar a favor deles sobretudo o facto de, em parte alguma, Drácon referir ou mencionar os Areopagitas, mas de se dirigir sempre aos *ephetai* no respeitante a casos de homicídio. [*segue a lei de Sólon sobre a amnistia*] Estas palavras demonstram, pelo contrário, que já antes do arcontado de Sólon e da sua acção legislativa (*nomothesia*) existia o conselho (*boulē*) do Areópago. Pois quem é que poderia ter sido condenado antes de Sólon no Areópago, se fosse Sólon o primeiro a conceder ao conselho (*boulē*) do Areópago o poder de julgar?

---

[124] Hignett (1952) 89.
[125] Day & Chambers (1967) 83.
[126] De resto, não é de todo improvável que a palavra *eisangelia* fosse o termo primitivo para designar qualquer tipo de denúncia às autoridades. Vide Rhodes (1981) 156; Wallace (2007) 67.

WALLACE elaborou um longo estudo sobre a natureza e evolução do Areópago e o passo em análise constitui um argumento central para a discussão das funções originais deste órgão. ([127]) Valerá a pena recordar aqui o essencial das suas conclusões, uma vez que põem em causa alguns dos pressupostos geralmente aceites. A opinião da «maioria», retratada no texto, tem causado nos estudiosos modernos uma perplexidade semelhante à despertada em Plutarco. ([128]) De resto, alguns parecem ter incorrido no mesmo erro que o polígrafo de Queroneia: confundir a fundação do Areópago como conselho com o funcionamento do mesmo órgão enquanto tribunal. ([129]) A tradição representada pela «maioria» refere-se à primeira realidade e não à segunda e, segundo WALLACE, deve estar correcta ao supor que Sólon terá sido o primeiro a instituir o Areópago como conselho. Até aí, o conselho do monarca e, mais tarde, o conselho aristocrático de Atenas, teria reunido não na colina de Ares, mas no *Prytaneion*. Nesse período recuado, o Areópago funcionaria somente como tribunal onde se faziam julgamentos leais, especialmente de casos de assassínio. Mesmo aceitando esta hipótese, continua a manter-se a dificuldade, já sentida por Plutarco, de a lei de Drácon relativa ao homicídio não referir nunca os Areopagitas. No entender de WALLACE, ([130]) a solução passaria por admitir que, entre Drácon e Sólon, o Areópago corresponderia ao tribunal constituído pelos cinquenta e um *ephetai* e que, portanto, referir estes últimos era o mesmo que mencionar os Areopagitas. Duas das consequências desta teoria consistem em que, antes de Sólon, o Areópago não só teria muito menos importância do que aquela que geralmente se lhe atribui como não poderia ser constituído pelos ex-arcontes, pois, de outra forma, o seu número não correspon-

---

([127]) (1989) esp. 3-47. Para além dos testemunhos da *Constituição dos Atenienses* e de Plutarco, têm especial interesse na discussão Cícero (*Off.* 1.22.75) e Pólux (8.125). Para o elenco de outros testemunhos e dos principais contributos da crítica vide Martina (1968) T 298a-303; cf. ainda Manfredini & Piccirilli (1995) 216-217.

([128]) Ao ponderar o problema, o biógrafo, além de referir a lei sobre o homicídio de Drácon, evoca também a lei da amnistia (frg. 70 Ruschenbusch), atribuída a Sólon e que não foi transcrita no passo em discussão. Para uma análise dessa disposição, vide Leão (2001*a*) 382-383.

([129]) Vide Jacoby (1949) 316 n. 137.

([130]) (1989) 39 e 46-47.

deria, certamente, ao valor fixo de cinquenta e um. Caberia a Sólon, desta forma, a tarefa de instituir o Areópago como conselho e de estabelecer que entrassem nesse corpo todos os arcontes que acabavam o mandato.([131])

Em suma, esta leitura possui algumas vantagens, mas também regista sérias limitações, e uma das maiores é que obriga a pôr em causa boa parte da informação que a *Constituição dos Atenienses* faculta sobre as primitivas competências do Areópago. Essa operação poderá ser em parte legítima, mas também é possível duvidar que as outras fontes constituam uma alternativa mais válida. A contingência básica mantém-se: as informações de que dispomos sobre o período anterior a Sólon não são boas e talvez não fossem muito melhores quando os antigos sentiram a necessidade de reconstituir a primitiva história político-constitucional de Atenas. Como tal, as conclusões que se possam avançar têm de acusar sempre alguma retracção metódica.

2.5.3. A Boulē *dos Quatrocentos*

Ao analisar o passo (supra 2.5.2) em que a *Constituição dos Atenienses* definia as largas competências do Areópago no tempo de Sólon (*Ath.* 8.4), foi possível constatar que esse relato se iniciava com a referência de que o legislador teria criado um novo conselho, com quatrocentos membros, cem por cada uma das antigas tribos iónicas em que se encontrava dividida a Ática.([132]) A atribuição a Sólon da criação desta segunda *Boulē* (independentemente do facto de o legislador ter sido ou não o primeiro a transformar o Areópago também em conselho) não é aceite por todos os estudiosos. A razão assenta sobretudo na contingência de o tratado nada acrescentar sobre a sua natureza e funcionamento e de somente Plutarco ligar também a Sólon a criação

---

([131]) Um pouco antes do passo em análise (*Sol.* 19.1), Plutarco parece sugerir esta possibilidade, embora não fique claro se concordava com ela ou sequer se tinha consciência da distinção fundamental entre o funcionamento do Areópago como conselho e como tribunal. Este passo será retomado em seguida (secção 2.5.3), a propósito da *Boulē* dos Quatrocentos.

([132]) Sobre estas tribos, transformadas mais tarde pelas reformas de Clístenes, vide Hignett (1952) 50-55. Cf. ainda *Ath.* 8.3.

desse órgão. Há, portanto, uma primeira referência elíptica (e cerca de dois séculos posterior ao acontecimento) e outra que, embora com maior informação, é bastante mais tardia. À primeira vista, existe, de facto, lugar para algum cepticismo. Convém, por isso, ponderar também o testemunho de Plutarco (*Sol.* 19.1-2):

> [Sólon] Instituiu o conselho (*boulē*) do Areópago, que é composto pelos que haviam exercido o arcontado anual, e, porque tinha desempenhado essa magistratura, também fez parte dele; mas depois, ao ver que o *dēmos* se tornara enfatuado e arrogante com a anulação das dívidas, fundou um segundo conselho (*boulē*), seleccionando cem homens por cada uma das tribos (que eram quatro). Determinou que este conselho examinasse as matérias antes (*probouleuein*) do *dēmos* e que não deixasse seguir nada para a *ekklēsia* sem essa apreciação prévia (*aprobouleuton*). Instalou, porém, o primeiro conselho (*boulē*) como supervisor (*episkopos*) de tudo e guardião das leis (*phylax tōn nomōn*), convencido de que, amparada solidamente por aqueles dois conselhos (*boulai*) como por duas âncoras, a cidade estaria menos sujeita à agitação e o *dēmos* se mostraria mais tranquilo.

O biógrafo está de acordo com o autor da *Constituição dos Atenienses* quanto à composição da nova *boulē*.[133] A grande novidade encontra-se no motivo que terá levado à sua criação e na função que lhe estava destinada, mas também aqui não se detectam contradições com o teor geral das reformas de Sólon. A *Boulē* dos Quatrocentos foi pensada não tanto para ficar ao serviço do *dēmos*, mas antes para disciplinar uma certa euforia causada pelas medidas de emergência e sobretudo pelo uso de direitos políticos a que não estaria acostumado, ou seja, a possibilidade de participar na *Ekklēsia*.[134] Portanto, a sua

---

[133] Vide Rhodes (1972), 208-223, esp. 208-209, cuja argumentação é seguida neste ponto.

[134] Ficaria, assim, reforçada a hipótese de que Sólon abriu a Assembleia aos *thētes*, uma vez que, constituindo estes a camada mais pobre dos cidadãos, seriam também os maiores beneficiários da *seisachtheia* (vide infra 2.5.3). Por outro lado, Plutarco refere-se a eles com a palavra *dēmos*; embora o biógrafo possa acusar a influência do uso a que o termo foi sujeito posteriormente, também não é improvável que entendesse que o *dēmos* referido nos poemas de Sólon corresponderia, em termos gerais, à classe dos *thētes*. Cf. a discussão do significado desta classe (supra 2.5.1).

tarefa essencial consistiria em analisar previamente a matéria dos assuntos a serem submetidos à apreciação da Assembleia (*probouleuein*).([135]) Quanto à comparação das *boulai* (a dos Quatrocentos e a do Areópago) a duas âncoras que garantiam melhor a segurança do Estado, tem-se sugerido que a imagem pudesse ocorrer inicialmente nos versos de Sólon.([136]) É uma possibilidade atraente, inclusive por quadrar bem com a alegoria da nau do Estado. ([137])

Outra das dificuldades colocadas à aceitação da *Boulē* dos Quatrocentos reside no facto de, no golpe oligárquico de 411, os conspiradores defenderem, num esboço de *politeia*, a criação de um conselho com uma composição semelhante. Esse documento, transmitido pelo autor do tratado aristotélico, ficou conhecido como a 'constituição para o presente', cujo início agora se evoca (*Ath*. 31.1):

> De acordo com a tradição ancestral (*kata ta patria*), haverá um conselho de quatrocentos elementos, quarenta por cada tribo, a partir de uma selecção (*ek prokritōn*) feita pelos membros das tribos, entre os cidadãos com mais de trinta anos.

Esta declaração não pode deixar de ser olhada com alguma reserva, pois tem a marca da propaganda oligárquica relativa à ideia de

---

([135]) Assim crê RHODES (1972), 209, que adianta, ainda, que a *Boulē* dos Quatrocentos poderia também ter sido encarregada de assegurar a boa ordem em reuniões populares e que, se os seus novos membros tivessem de submeter-se à *dokimasia*, esta poderia ser feita pela comissão cessante. Uma vez que não se fala em prítanes, seria possível que os encontros deste novo conselho fossem presididos por um dos arcontes ou por todo o colégio.

([136]) Hipótese já antiga que se atribui, geralmente, a Freeman (1926), 79 e n. 1; contudo, Rhodes (1981), 153, assinala que já remonta a Schömann.

([137]) Stähelin (1933) 345. Infelizmente, esse eventual poema, que permitiria resolver a questão de uma vez por todas, não se encontra entre os fragmentos que chegaram até nós. O facto de Plutarco não o citar serve a Hignett (1952), 93, de motivo para rejeitar a hipótese. Um tal cepticismo parece exagerado; de resto, o frg. 12 West, onde Sólon usa a imagem do mar agitado pelos ventos, seria um bom contexto para a ocorrência da metáfora das duas âncoras. É possível que a alegoria da nau do Estado esteja presente já em Arquíloco (frg. 105 West; cf. Heraclito, *All*. 5.2), mas o primeiro aparecimento seguro é com Alceu (frg. 326 Lobel-Page), conhecendo, mais tarde, inúmeros tratamentos.

'constituição ancestral' (*kata ta patria*).([138]) Daí que, por vezes, se afirme que a *Boulē* dos Quatrocentos mais não será do que um reflexo da campanha legitimadora do governo dos Quatrocentos. A objecção é ponderável, embora também permita a leitura contrária, ou seja, a de que os oligarcas tenham procurado, de facto, inserir na sua *politeia* alguns traços das instituições do tempo de Sólon.([139]) De resto, há indícios de que o conselho advogado pelos golpistas representava, efectivamente, uma solução de compromisso entre o passado e a democracia radical. A *boulē* proposta pelos oligarcas tinha quatrocentos membros, mas a sua composição assentava nas dez tribos instauradas por Clístenes (infra 4.3.2) e não nas antigas quatro tribos iónicas, como acontecia no tempo de Sólon. Por outro lado, Plutarco é omisso, conforme se viu, quanto à maneira como os membros da *Boulē* dos Quatrocentos seriam designados. Ora, na 'constituição para o presente', fala-se de uma lista seleccionada pelos membros das tribos, princípio que poderia talvez ter colhido a inspiração no mecanismo da *klērōsis ek prokritōn*, que o autor do tratado aristotélico (*Ath.* 8.1) afirmava ter sido aplicado por Sólon na designação dos magistrados (supra 2.5.2). Embora sendo apenas uma hipótese, estes paralelos parecem sugerir que os golpistas de 411 terão procurado adaptar a uma nova realidade aspectos da constituição de Sólon, possibilidade que reforçaria a ideia de que o antigo legislador seria defectivamente responsável pela criação da *Boulē* dos Quatrocentos e pela aplicação da *klērōsis ek prokritōn*.

Até agora, parece não haver razões para alimentar um cepticismo excessivo em relação aos testemunhos que atribuem a Sólon a criação de uma segunda *boulē*. De resto, afigura-se mesmo possível encontrar alguns rastos da sua existência. Um dos mais significativos vem aduzido, às vezes, para tentar provar a não existência daquele conselho, embora na verdade o episódio sugira inclusive exactamente a posição contrária. O passo encontra-se em Diógenes Laércio, num

---

([138]) Para uma análise deste conceito propagandístico em relação com a figura de Sólon, vide Leão (2001*a*) 43-72. Vide infra 8.1.

([139]) Rhodes (1972), 208-209, salienta que, em finais do século V, o conhecimento do século VI não deveria ser já tão vago a ponto de permitir forjar a tradição ancestral, sobretudo tendo em linha de conta que os poemas e as leis de Sólon se encontravam disponíveis. Vide ainda Hansen (1993) 55.

momento em que se descreve a maneira como Sólon procurou contrariar os propósitos tirânicos de Pisístrato (1.49):

> Precipitando-se então para a *ekklēsia*, armado com lança e escudo, [Sólon] preveniu os presentes da intenção de Pisístrato e não se ficou por aí, antes mostrou a sua disponibilidade para ajudar, ao exprimir-se nestes termos: «Homens de Atenas, sou mais sábio do que alguns de vós e mais corajoso do que outros: mais sábio do que os que não se apercebem do logro de Pisístrato; mais corajoso do que aqueles que, estando ao corrente, por receio se calam.» Mas os membros da *boulē*, que eram partidários de Pisístrato, declararam que ele estava louco.

Várias outras fontes narram a manobra levada a cabo por Pisístrato, que a si mesmo se havia ferido a fim de conseguir uma guarda pessoal e de, com ela, tomar o governo da cidade. [140] Concordam em que o povo se reuniu em assembleia para deliberar a questão, mas somente Diógenes refere o pormenor relativo à *boulē*, que, por ser simpatizante do futuro tirano, não só não reagiu como ainda procurou desacreditar Sólon. Partindo da hipótese de que a informação é verídica, a questão seguinte diz respeito à identificação do referido conselho. A resposta mais imediata consiste em identificá-lo com o Areópago, mas essa leitura não é necessariamente a mais correcta. Apesar de os tiranos serem, usualmente, membros da nobreza, estes governos autocráticos eram caracterizados, regra geral, pelo seu cariz anti-aristocrático e pelo forte apoio popular, de que gozavam ao menos na primeira geração em que se encontravam no poder. [141] A aceitar-se este princípio, ou se admite que, desde as cerca de três dezenas de anos decorridos após as reformas de Sólon, a composição do Areópago sofreu uma profunda remodelação ou então que esse órgão manteve a predominância aristocrática e também uma certa tendência conservadora. A segunda hipótese, que se afigura preferível, não favorece a

---

[140] *Sol.* 30.1-4; vide ainda Heródoto, 1.59.3-6; [Aristóteles], *Ath.* 14.1-2; Eliano, *VH* 8.16. Sobre o valor histórico da resistência de Sólon à tirania, bem como sobre o gesto simbólico de depor as armas depois de Pisístrato usurpar o poder, vide Leão (2008*b*). Cf. infra 3.2.

[141] E.g. Ferreira (2004) 69.

ideia de ver no Areópago os apoiantes de Pisístrato. Seria, por conseguinte, mais natural que o conselho em questão fosse a *Boulē* dos Quatrocentos, fundada por Sólon, órgão que, no exercício da função de *probouleuein*, poderia ter impedido que o decreto relativo à atribuição da guarda pessoal chegasse à *Ekklēsia*. Isso não aconteceu porque a maioria dos seus membros seria partidária do tirano. Para melhor esclarecer este ponto, detém relevância o problema do acesso ao novo órgão, tema que as escassas fontes não tratam. Contudo, uma vez que os *thētes* podiam participar somente na *Ekklēsia* e nos *dikastēria*, (142) então talvez seja de supor que na segunda *boulē* tivessem assento elementos da classe dos *zeugitai*, para além dos *telē* que detinham provável acesso ao arcontado e, por consequência, também ao Areópago: os *hippeis* e os *pentakosiomedimnoi*. Torna-se, assim, mais fácil compreender que os elementos da *Boulē* dos Quatrocentos fossem mais sensíveis do que o Areópago aos sentimentos da maioria dos *thētes*, apoiantes de base do futuro tirano. (143)

Ao referir as inovações de Clístenes, o autor do tratado aristotélico mantém-se coerente com o facto de existir já um segundo conselho, que o Alcmeónida terá adaptado de acordo com o novo espírito das suas reformas (*Ath*. 21.3): «Em seguida, instituiu a *Boulē* dos Quinhentos membros, em vez dos Quatrocentos, cinquenta por cada tribo (enquanto até então eram cem)». Para mais, relacionado ainda com as circunstâncias que rodearam a actuação de Clístenes, existe um outro indício que poderá sugerir a intervenção da *Boulē* dos Quatrocentos. Após a queda da tirania em 510, Iságoras, eleito arconte em 508, ainda tenta o golpe oligárquico. O rei Cleómenes, seu hóspede, veio até Atenas e, por indicação do rival de Clístenes, fez exilar setecentas famílias, numa intenção clara de estabelecer uma oligarquia favorável a Esparta. (144) Neste ponto, valerá a pena recordar mais alguns dos seus planos, usando como referência o relato de Heródoto (5.72.1-2):

---

(142) Cf. *Ath*. 7.3-4. Vide infra 2.5.4.

(143) Se, como se afigura provável, o mandato da *Boulē* dos Quatrocentos fosse anual, então seria um conselho muito mais aberto a novas influências do que o vitalício Areópago.

(144) Cf. *Ath*. 20.3. Vide infra 4.1.

Depois de tomar estas medidas, em seguida tentou derrubar a *boulē* e colocar as magistraturas nas mãos de trezentos partidários de Iságoras. Contudo, a *boulē* opôs-se e não quis obedecer; então, Cleómenes, Iságoras e os seus apoiantes tomaram a Acrópole. Os restantes Atenienses, porém, eram da mesma opinião [que a *boulē*] e sitiaram-nos durante dois dias; ao terceiro, abandonaram a terra sob capitulação todos quantos, dentre eles, eram Lacedemónios.

A reacção dos Atenienses em geral costuma ser tomada como indício de que o *dēmos* se havia habituado, sob a tutela do tirano, a usufruir de algumas regalias que temia perder, caso se instaurasse um governo oligárquico. De momento, porém, mais do que a formação dessa consciência cívica interessa a identificação da *boulē* que, em primeiro lugar, se opôs aos projectos de Iságoras e dos Espartanos. Alguns estudiosos pensam que seria o Areópago; [145] no entanto, não deixa de causar algum estranhamento que se pusesse sequer a hipótese de derrubar aquele velho bastião do governo. [146] Por isso, afigura-se mais provável que a ameaça fosse dirigida à *Boulē* dos Quatrocentos, que, por estar mais próxima do comum dos cidadãos, teria despertado a cólera contra os oligarcas e os Espartanos. [147]

Em suma, o facto de se conhecerem poucos pormenores relativos à *Boulē* dos Quatrocentos e de não se falar dela antes de 411 não impede que este segundo conselho possa, na verdade, ser uma das mais

---

[145] Hignett (1952), 128, defende que, tendo os Pisistrátidas controlado o acesso ao arcontado, a composição deste conselho seria formada por antigos partidários dos tiranos, com quem Clístenes de momento colaboraria. Pelo Areópago se pronuncia também Ehrenberg (1968) 87.

[146] Há que reconhecer que, a ser esse o caso, haveria também uma boa razão para congregar os Atenienses contra Iságoras e os seus partidários. No entanto, o perigo desta reacção constituía um forte dissuasor de que os revoltosos ensaiassem essa estratégia, já que necessitavam do apoio da população, afinal o elemento que definiu a evolução do processo.

[147] Neste sentido se pronuncia Rhodes (1972) 208. Poderia pensar-se que seria a *Boulē* dos Quinhentos, acabada de criar por Clístenes. Porém, como salienta o mesmo estudioso, é improvável que, em 508/7, a divisão da Ática por demos estivesse já completa e que a nova *Boulē* se encontrasse estabelecida e organizada a ponto de ser capaz de enfrentar Cleómenes.

significativas criações de Sólon.([148]) Detém, de igual forma, pouco peso a objecção de que seria um órgão demasiado 'democrático' para a época, até porque, como afirmava Plutarco, o espírito que terá presidido à sua criação seria precisamente o de disciplinar a inusitada actividade do *dēmos*, em especial os novos direitos cívicos da massa dos *thētes*. Ora são exactamente as prerrogativas destes últimos que interessa, por fim, analisar.

2.5.4. A (H)elieia e a Assembleia

Ao discutir a natureza das classes censitárias definidas por Sólon (supra 2.5.1), foi comentado um texto da *Constituição dos Atenienses* onde eram facultadas também algumas indicações sobre os direitos políticos que cabiam a cada um dos *telē*. No que dizia respeito aos *thētes*, o autor da obra especificava que não tinham acesso às magistraturas, podendo participar somente nas reuniões da *Ekklēsia* e nos *dikastēria* (*Ath.* 7.3-4). Um pouco adiante, o tratado fornece mais algumas informações complementares (*Ath.* 9.1-2):

> Da constituição (*politeia*) de Sólon, estes três elementos parecem ser os mais democráticos (*dēmotikōtata*): em primeiro lugar e o mais importante, a proibição de fazer empréstimos sob garantia pessoal (*daneizein epi tois sōmasin*); em seguida, a concessão do direito, a quem o deseje (*ho boulomenos*), de exigir justiça em favor das partes lesadas; em terceiro, [medida] com a qual se diz que a massa do povo (*plēthos*) saiu, em especial, fortalecida, o apelo (*ephesis*) ao *dikastērion*: na verdade, quando o *dēmos* é senhor do voto, torna-se senhor do governo (*politeia*). Para mais, devido ao facto de as leis (*nomoi*) não estarem escritas

---

([148]) Como salienta Stanton (1990), 72 n. 14, apesar de ninguém pôr em causa a *Boulē* dos Quinhentos de Clístenes, só em 462 se lhe faz a primeira referência. Aos passos agora discutidos, Hansen (1981-1982), 47 n. 119, acrescenta ainda Demóstenes (24.148), onde o orador mostra acreditar num conselho de Sólon, que, na opinião do estudioso, só poderia ser a *Boulē* dos Quatrocentos. Para mais, Atenas não seria a única pólis a possuir dois conselhos numa época recuada, já que o mesmo aconteceria em Quios, cerca de 550; vide inscrição nº 8 em Meiggs & Lewis (1989) 14-17.

de forma simples e clara, mas antes à maneira daquela sobre as heranças e as [filhas] herdeiras, surgiam necessariamente muitas disputas, cabendo ao *dikastērion* decidir sobre todos os assuntos, tanto públicos como privados. E assim, algumas pessoas são de opinião que ele fez intencionalmente as leis (*nomoi*) de forma obscura, com o intuito de que o *dēmos* fosse senhor das decisões. Não parece ser esse o motivo, mas antes a impossibilidade de atingir a perfeição em termos gerais. Na verdade, não é correcto julgar a intenção daquele a partir da realidade actual, mas sim do conjunto da sua constituição (*politeia*).

A afirmação inicial, relativa às características 'mais democráticas' da constituição de Sólon, ecoa a tradição de que o estadista seria o fundador deste tipo de regime, visão que, naturalmente, não corresponde à verdade.([149]) No entanto, nada impede que os traços mencionados tivessem sido 'populares' entre a massa dos seus contemporâneos menos privilegiados. A norma respeitante à concessão de crédito (*daneizein epi tois sōmasin*) liga-se às medidas de emergência implementadas pelo legislador (supra 2.4.1). Importante foi, também, a alteração referente à capacidade de instaurar processos; antes de Sólon, essa prerrogativa cabia somente à parte lesada (ou aos seus familiares). Ao estender esse direito a qualquer cidadão que o desejasse (*ho boulomenos*), o reformador alargava também o acesso à justiça, ao mesmo tempo que reforçava o papel da pólis na resolução dos problemas legais.([150]) Por último, menciona-se a possibilidade de apelo em tribunal, o que significa que, à jurisdição própria dos arcontes e do Areópago, Sólon teria juntado um novo tribunal com a função específica de ouvir casos de *ephesis*.([151]) A questão, contudo, não é isenta de dificuldades, pelo que importará reflectir sobre ela mais demoradamente.

([149]) No entanto, se o termo *dēmotikōtata* for interpretado como 'os mais favoráveis ao *dēmos*', a informação já se torna mais aceitável. Notar ainda que, neste passo, ocorre por três vezes a palavra *politeia*, duas com o sentido de 'constituição' e outra com o de 'governo' ou 'Estado' em geral. Sobre o campo semântico abrangido por este vocábulo, vide Leão (2001*a*) 157-158. Para um estudo mais aprofundado, vide Bordes (1982).

([150]) Vide Rhodes (1981) 159-160; Leão (2001*a*) 361-363.

([151]) Ostwald (1986) 9.

Neste passo, a *Constituição dos Atenienses* refere-se a um só tribunal (*dikastērion*), embora noutros pontos implique a existência de vários.([152]) É certo que, mais tarde, Atenas possuía numerosos *dikastēria*, mas afigura-se improvável que, no início do século VI, Sólon pudesse levar as suas reformas ao ponto de dotar a Ática de uma vasta rede de tribunais.([153]) Além disso, parece legítimo suspeitar que não tenha sido aquele o termo adoptado pelo legislador, uma vez que existe outra palavra para designar a mesma realidade. Efectivamente, num dos discursos de Lísias, há uma secção (10.15-21) onde o orador discute uma série de leis arcaicas, descritas como sendo «as antigas leis (*nomoi*) de Sólon». Ora, entre elas, encontra-se uma que tem relevância directa para o problema em análise (10.16): «permanecerá com o pé ligado à peia durante cinco dias, se a Helieia decidir um suplemento da pena».([154]) A identidade da *Hēliaia* com o *dikastērion* é postulada noutro ponto por Demóstenes (24.114), mas o facto de a primeira designação aparecer numa lei de Sólon sugere a hipótese de que o verdadeiro termo usado pelo estadista fosse *Hēliaia*.([155]) Mais tarde, este órgão terá sido erradamente identificado com os tribunais populares da época de Péricles, dos quais constituiria o eventual precursor.([156]) Ora a possibilidade de *Hēliaia* ser a designação originária pode trazer algumas implicações relativas à sua composição. Etimologicamente, a palavra parece estar relacionada com as formas dóricas *haliaia/halia*, que significam 'assembleia'. Este constitui, de resto, um importante argumento a favor da opinião prevalecente entre os estudiosos da questão, que tendem a ver na *Hēliaia* a reunião do

---

([152]) Cf. *Ath.* 7.3; *Pol.* 1273b35-1274a3.

([153]) Cf. MacDowell (1978) 30.

([154]) Ruschenbusch (1966), cujo texto foi aqui adoptado para a tradução, cataloga esta disposição entre a legislação considerada genuína (frg. 23c). Esta lei vem citada igualmente por Demóstenes, 24.105 (= frg. 23d Ruschenbusch). Para um comentário a esta disposição, vide Leão (2001*a*) 346-347.

([155]) Algumas inscrições do século V mostram que para esta palavra havia outra grafia (ἐλιαία – *Eliaia*), que talvez seja mais correcta, embora a forma (ἡλιαία) *Hēliaia* esteja mais divulgada, vertendo-se em português por Helieia. Foi para salvaguardar estas duas hipóteses que o termo apareceu na abertura desta secção com a grafia (H)elieia. Pormenores sobre a questão em Hansen (1981-1982) n. 1; Ostwald (1986) 10 e n. 27.

([156]) Vide Hignett (1952) 97-98. Desta forma, a atribuição a Sólon de *dikastēria* seria uma retroprojecção anacrónica da realidade dos séculos V-IV.

conjunto dos cidadãos no exercício de funções jurídicas, qualidade distinta dos encontros da Assembleia enquanto corpo político, os quais seriam designados especificamente por *Ekklēsia*. ([157])

No entanto, embora admitindo que a *Hēliaia* pudesse ter a mesma composição básica que a *Ekklēsia*, resta ainda o problema de definir as competências daquele tribunal popular, ou, por outras palavras, estabelecer a natureza da *ephesis*. A este conceito é geralmente atribuído o equivalente moderno de 'apelo', de resto a palavra que foi adoptada na tradução do passo. No entanto, quer essa interpretação do termo quer as circunstâncias em que o mecanismo poderia ser aplicado são objecto de polémica. Basicamente, as explicações adiantadas pelos estudiosos resumem-se a duas: ([158]) de um lado, estão os que defendem que a *ephesis* consistia no direito de apelar contra as decisões dos magistrados. À *Hēliaia* caberia, então, ouvir de novo o caso e apresentar o seu veredicto, que prevalecia sobre o do magistrado em questão. A outra hipótese é mais comedida: sustenta que Sólon fixou somente as penas a aplicar em cada delito e, desde que se mantivesse dentro dos limites estabelecidos, a decisão do magistrado seria final. Contudo, no caso de este querer ultrapassar a punição prevista, teria de sujeitar o caso à apreciação do tribunal popular, que poderia confirmar ou não a alteração pretendida pelo magistrado. Um argumento a favor desta leitura pode encontrar-se no facto de, no século IV, haver algumas leis que previam este procedimento legal, embora isso não permita aferir com segurança o espírito da *ephesis* no tempo de Sólon. ([159]) Por tal motivo, o testemunho de Plutarco pode ajudar a esclarecer a questão: ([160])

> Quanto aos restantes, foi-lhes atribuído o nome de *thētes*, aos quais [Sólon] não concedeu o exercício de nenhuma magistratura, mas somente o direito de participar no governo (*politeia*) através

---

([157]) Um dos mais enérgicos ataques a esta leitura foi movido por Hansen (1981-1982), 9-47, esp. 27-39. Vide, no entanto, a resposta de Ostwald (1986) 10-11 n. 29.

([158]) Desenvolvimento do problema em MacDowell (1978), 29-33, cuja argumentação é seguida neste ponto. Cf. ainda Rhodes (1981) 160-162.

([159]) Vide Wilamowitz-Moellendorff (1893) I.60; MacDowell (1978) 30-31 e 235-237.

([160]) *Sol.* 18.2-4. As disposições que, neste passo, se referem aos *thētes* são colocadas por Ruschenbusch entre as leis espúrias (frg. 138a), embora essa opção seja discutível.

da assembleia (*synekklēsiazein*) e dos tribunais (*dikazein*). De início, esta concessão não parecia nada, mas, com o tempo, veio a revelar-se muito importante, pois a maior parte dos diferendos caía na área de competência dos *dikastai*; na verdade, nos casos em que atribuíra o poder de decisão aos magistrados, também relativamente a esses concedeu o direito, a quem o desejasse (*ho boulomenos*), de recorrer a *epheseis* no *dikastērion*. Comenta-se ainda que, ao redigir as leis (*nomoi*) de forma mais obscura e com muitas contradições, reforçou o poder dos *dikastēria*. Não conseguindo resolver o conflito através das leis (*nomoi*) cuja interpretação era motivo de discórdia, havia constantemente necessidade de consultar os *dikastai* e de levar todo o pleito à presença destes, que, de alguma forma, eram senhores das leis (*nomoi*).

Tal como o autor do tratado aristotélico (*Ath.* 9.1-2), Plutarco também não fala da *Hēliaia*, usando antes a nomenclatura corrente na Época Clássica (*dikazein, dikastai, dikastēria*).[161] Como atrás se comentou, são duas as interpretações possíveis para este facto: ou se postula a identidade entre *dikastēria* e *Hēliaia*, e se admite que Sólon criou um amplo sistema de tribunais populares, ou então, como se afigura mais provável, os termos reflectem somente a retroprojecção de uma realidade posterior. Quanto ao teor do passo, nota-se uma concordância global com o testemunho da *Constituição dos Atenienses*. A diferença principal ou, dizendo melhor, a vantagem de Plutarco reside em esclarecer que a *ephesis* seria não uma prerrogativa dos magistrados, mas antes um direito de todos quantos quisessem recorrer das suas decisões (*ho boulomenos*). A iniciativa cabia, portanto, aos litigantes.[162] Há que reconhecer, contudo, que a semelhança entre os dois testemunhos pode constituir um indício de que, neste ponto, Plutarco se estivesse a servir do tratado aristotélico, pelo que os acres-

---

[161] Carawan (1991), 6-8, salienta que termos como *dikastai* e *dikastērion* também poderiam designar o Areópago. Neste contexto, porém, não há dúvida de que se referem ao tribunal popular, pois os *thētes* não tinham acesso ao arcontado nem, por consequência, ao conselho constituído pelos magistrados que haviam ocupado aquele posto.

[162] Segundo MacDowell (1978), 32, a *ephesis* terá criado as condições para que, mais tarde, os magistrados, após uma audiência preliminar, canalizassem muitos dos casos directamente para a *Hēliaia*.

centos do biógrafo mais não seriam do que simples conjecturas sem fundamento concreto. Porém, esta objecção é ambivalente e acaba por ter pouco peso, já que a hipótese contrária também se afigura viável, ou seja, que Plutarco tenha encontrado informação extra junto de uma outra fonte, onde o assunto se encontrasse mais desenvolvido. [163]

No que diz respeito à *Ekklēsia*, será de admitir que Sólon a haja tornado acessível aos *thētes*; [164] a ela caberia também provavelmente a fase final do mecanismo da *klērōsis ek prokritōn* no processo de designação dos magistrados. Estas novas prerrogativas ajudam a enquadrar melhor a necessidade de examinar previamente a matéria colocada à sua discussão, motivo que terá levado à criação da *Boulē* dos Quatrocentos. A Sólon será de atribuir, ainda, a implantação de um tribunal popular (a *Hēliaia*). Subsistem dúvidas quanto às suas competências e composição, mas não é improvável que a *Hēliaia* correspondesse à *Ekklēsia* na qualidade de órgão jurídico, junto do qual se podia recorrer sobre as decisões dos magistrados. [165]

Depois de se haver procedido a uma reconstituição possível dos traços essenciais das medidas de emergência e da *politeia* de Sólon, talvez fosse altura de ponderar mais em pormenor a sua actividade legislativa e produção poética. Na verdade, essa operação já foi em parte sendo feita ao longo deste capítulo, através do constante recurso

---

[163] Entre as semelhanças está a ideia, que reflecte certamente os debates sobre a figura de Sólon (cf. *Ath.* 9.2 e *Sol.* 18.4), de que o estadista teria redigido de forma obscura as suas leis, a fim de gerar confusões que seriam desfeitas pela consulta do tribunal popular, cuja importância se via assim reforçada. No entanto, o mais provável é que as leis parecessem pouco claras a quem estava habituado a um sistema legal mais desenvolvido, em época posterior, mas daí não será seguro nem correcto deduzir que o legislador tivesse consciência dessa obscuridade.

[164] Uma vez que pareciam estar excluídos dela anteriormente (*Ath.* 2.2-3). Hignett (1952), 79, pensa que só foram definitivamente admitidos por Clístenes. Masaracchia (1958), 164-167, crê, pelo contrário, que Sólon reafirmou simplesmente um antigo direito.

[165] Cf. Aristóteles, *Pol.* 1274a15-18; 1281b32-35. Baseando-se nestes passos, Wallace (1989), 52-54, pensa que caberia também ao *dēmos* (através da *Ekklēsia* ou do tribunal popular) proceder à avaliação da conduta dos magistrados no final do mandato. Mesmo que não tivesse esta incumbência, afigura-se pelo menos defensável que a *Hēliaia* desempenhasse a função geral de complementar a jurisdição dos arcontes e do Areópago, conforme sustenta Ostwald (1986) 9.

aos poemas e leis do legislador, precisamente por serem as fontes primárias que estarão por detrás dos testemunhos determinantes na reconstituição da actividade de Sólon: a *Constituição dos Atenienses* e Plutarco. Por este motivo, não se justifica dedicar mais dois capítulos a discutir em pormenor as leis e poesias de Sólon, na medida em que isso iria desequilibrar uma abordagem que pretende seguir a actividade global de grandes estadistas atenienses. [166] Ainda assim, este legislador acabou inclusive por receber um tratamento mais alargado, precisamente porque as suas medidas marcaram a sociedade, a administração da justiça e o exercício do poder em Atenas durante muito tempo e, como tal, importava analisar mais detidamente a natureza e alcance da actuação e Sólon. Aliás, bastaria a constatação da influência futura da imagem deste legislador para confirmar o enorme sucesso das suas reformas. No entanto, a intervenção de Sólon não impedirá que a Ática enfrente, pouco depois, novas tensões internas, que desembocarão, cerca de uma geração mais tarde, na instauração da tirania. As fontes sugerem que o velho legislador terá procurado lutar, embora sem êxito, contra essa marcha em direcção a um governo autocrático. É sobre esse aspecto e sobre as marcas do governo dos Pisistrátidas que importa reflectir em seguida.

---

[166] Para uma análise mais minuciosa das leis e poemas de Sólon, vide Leão (2001*a*) 341-399 e 401-458, respectivamente. Entre os trabalhos mais recentes que abordam de forma global esta questão, vide Almeida (2003); Irwin (2005); e os estudos reunidos em Blok & Lardinois (2006).

3.
Pisístrato e os Pisistrátidas

3.1. **De Sólon a Pisístrato**

Segundo a tradição, Sólon teria empreendido uma longa viagem (*apodēmia*) depois de terminar a sua actividade legislativa.[167] Deve ser genuína a notícia das viagens que então empreendera ao Oriente, embora não se tenham dado todos os encontros registados pelas fontes. É o caso da entrevista com Creso, em Sardes, e com Âmasis, o último grande faraó da dinastia saíta, ambas improváveis em termos cronológicos. No entanto, parece bastante seguro que o legislador tenha passado pelo Egipto, como atesta a sua poesia.[168] De resto e ainda segundo a tradição, Sólon teria conhecido aí o mito de Atlântida e Plutarco chega mesmo a dar o nome dos sacerdotes que lho teriam contado.[169] No entanto, sobre esta notícia, que deriva de Platão,[170] recaem legítimas suspeitas de que não terá valor histórico. Teoricamente, as coisas podem ter-se passado da forma enunciada, mas também há fortes probabilidades de que Platão haja inventado todo o episódio a fim de conferir maior dignidade ao *Atlantikos logos*.[171]

---

[167] Em 593 ou o mais tardar em 591, no caso de se admitir a tese de HAMMOND relativa ao lapso temporal que mediaria entre a implementação de medidas de emergência e a obra legislativa propriamente dita. Vide supra secção 2.3.
[168] Cf. frg. 28 West.
[169] *Sol.* 26.1: 'Passou algum tempo em discussões filosóficas com Psenópis de Heliópolis e Sônquis de Sais, que eram os mais sábios dos sacerdotes. Foi também a eles que escutou o mito de Atlântida, conforme afirma Platão, começando a pô-lo em verso para o dar a conhecer aos Atenienses.'
[170] Cf. *Ti.* 21-27; *Criti.* 108d, 113a-b.
[171] Assim crê Morgan (1998), 108-114, para quem o uso que o filósofo faz da figura do legislador se insere na lógica da exploração do tema da *patrios politeia*.

Já quanto ao encontro com Filocipro, afigura-se plausível a hipótese de ter ocorrido, uma vez que as dificuldades cronológicas não parecem insanáveis e a viagem encontra apoio na poesia de Sólon.[172]

Neste momento, porém, mais do que a identificação dos lugares por onde o legislador terá andado, interessa sobretudo tecer algumas considerações sobre as causas que levaram à *apodēmia*. Heródoto, o autor da *Constituição dos Atenienses* e Plutarco[173] concordam em que a viagem ocorreu depois de terminada a actividade legislativa e que o seu móbil real terá sido a vontade de evitar pressões para alterar o código recém-instaurado.[174] Aceitam globalmente ainda que Sólon se terá desculpado com motivações secundárias, ora recreativas e culturais, ora de natureza comercial. Por último, todos fixam o período de ausência em dez anos e concordam em que os Atenienses se comprometeram, durante esse tempo, a respeitar as leis.[175] Divergem, no entanto, relativamente ao prazo de validade das leis: Heródoto aponta somente dez anos, os mesmos da *apodēmia*, o que faz pensar que deduzira o número a partir dela; a *Constituição dos Atenienses* e Plutarco coincidem, ao sustentarem que o vínculo se estendia por cem anos, o que equivaleria provavelmente a dizer que as leis estavam destinadas a uma duração ilimitada. Apesar destas posições de princípio, o certo é que os anos que se seguiram ao arcontado de Sólon continuariam a ser marcados por um clima de agitação política. A constatação desta realidade não implica que as reformas tenham falhado, pois a constitui-

---

Sobre a tradição, também de origem platónica (*Ti.* 21c-d), de que Sólon começara a transpor o relato para verso, vide comentário de Manfredini & Piccirilli (1995) 279-280.

[172] Frg. 19 West. Para um conspecto da discussão à volta do *oikismos* ('fundação') de Solos (em Chipre ou na Cilícia) vide Reeker (1971), 102-103, que se pronuncia a favor da nova fundação de Solos em Chipre, tradição que parece de facto ser preferível.

[173] 1.29; *Ath.* 11.1 e *Sol.* 25.6, respectivamente.

[174] Inverosímil a versão de Diógenes Laércio (1.50), segundo o qual a *apodēmia* se deu após a instauração da tirania de Pisístrato, pois está claramente ao serviço da ideia de que Sólon não poderia viver debaixo de um regime autocrático. Além disso, enfrenta insuperáveis dificuldades cronológicas, ao prever uma datação demasiado baixa para o ano da morte do legislador.

[175] Heródoto é o mais peremptório, ao referir que 'estavam vinculados por solenes juramentos' (1.29.2); o tratado aristotélico fica-se por um ambíguo 'determinou' (*Ath.* 7.2) e Plutarco fala em 'atribuiu a validade' (*Sol.* 25.1).

ção e as leis de Sólon irão permanecer praticamente inalteradas até à deposição de Hípias, em 510 (vide infra 3.3.5). Um tal cenário mostra, no entanto, que a pacificação social estava ainda longe de ser alcançada e que Atenas não se iria eximir à experiência de um governo autocrático.

As fontes disponíveis para a reconstituição deste período não são muito abundantes e levantam, com frequência, complexos problemas de harmonização de informações. À semelhança do que ocorreu nos capítulos anteriores, também agora a análise irá privilegiar a linha expositiva seguida pela *Constituição dos Atenienses*, articulando-a embora com outras fontes. A descrição da tirania ocupa os caps. 14 a 19 da obra, estando os assuntos distribuídos da seguinte forma: os caps. 14-15 abordam a forma como Pisístrato chegou ao poder; [176] o cap. 16 constitui o testemunho mais rico sobre o governo de Pisístrato, apesar de não ser um relato muito extenso; os caps. 17-19 cobrem o enfraquecimento progressivo da tirania, tratando primeiro o assassínio de Hiparco (17-18) e finalmente a expulsão de Hípias (19).

Em todo o caso, convém que a análise deste período da história de Atenas seja iniciada um pouco antes da abordagem de Pisístrato, portanto no ponto em que Sólon deixou a Ática (*Ath.* 13.1-2):

> Por conseguinte, Sólon realizou aquela viagem (*apodēmia*) devido a esta ordem de razões. Quando ele se fez ao caminho, ainda a cidade andava agitada, mas os quatro anos seguintes decorreram com tranquilidade. Contudo, no quinto ano a seguir ao mandato de Sólon, não foi designado nenhum arconte, devido ao clima de guerra civil (*stasis*), e cinco anos mais tarde, pela mesma razão, esse cargo ficou também por ocupar (*anarchia*). Depois disto, volvido igual período de tempo, Damásias foi designado

---

[176] Heródoto (1.59.4-64) faz uma apresentação bastante semelhante, em substância e até em termos de vocabulário, facto que mostra que o historiador terá sido uma das fontes usadas, conforme o próprio autor do tratado admite (*Ath.* 14.4). Além do testemunho de Heródoto, o cruzamento com Tucídides e a *Política* de Aristóteles são também particularmente úteis para esclarecer, na medida do possível, a história da constituição ateniense durante este período. Vide Rhodes (1981), 189-240, cuja minuciosa análise foi usada como referência para a ordenação geral da exposição. São também úteis os conspectos das fontes reunidos por Stanton (1990) 86-137; Dillon & Garland (2000).

para arconte (*hairetheis archōn*) e manteve-se em funções durante dois anos e dois meses, até ser expulso à força do posto. Nessa altura, dado o clima de instabilidade social (*stasiazein*), decidiu-se proceder à escolha de dez arcontes (*archontas helesthai deka*): cinco entre os *eupatridai*, três entre os *agroikoi* e dois entre os *dēmiourgoi*; foram eles que governaram no ano a seguir a Damásias. Por aqui se vê que o arconte era quem detinha maior poder: mostram-no as forças políticas, que sempre disputaram este cargo.

O clima de agitação registado no passo está de acordo com o cenário de que Sólon – conforme o próprio legislador reconhece nos seus poemas ([177]) – havia, de alguma forma, defraudado as expectativas que nele tinham sido colocadas, uns por esperarem alterações mais profundas, outros por acharem que tinha ido longe demais. Depois de alguns anos de relativa acalmia, há um claro sinal de instabilidade no facto de, por duas vezes, o cargo de arconte epónimo ter ficado por preencher. Tomando como referência o ano do arcontado de Sólon (594/3), esses dois períodos de *anarchia* teriam ocorrido a 590/89 e 586/5. Além disso, o autor do tratado regista o nome de certo Damásias, ([178]) que tendo começado por ocupar o cargo de arconte de forma legítima, talvez em 582/1, iria permanecer ilegalmente nesse posto durante dois anos e dois meses, portanto até aos primeiros dois meses de 580/79. Isto mostra que Damásias aspirava, com bastante probabilidade, à tirania, tomando como ponto de partida a projecção conseguida através do cargo de arconte, que era nessa altura uma magistratura com grande influência, conforme o autor do tratado salienta na

---

([177]) E.g. frg. 34 West; cf. *Ath*. 11-12.

([178]) Deve tratar-se de Damásias o Jovem, talvez familiar de um outro Damásias, arconte em 639/8, e por conseguinte será de crer que teria origem aristocrática. Vide Cadoux (1948) 102 n. 162. O uso do termo *hairetheis* para indicar a forma como Damásias foi indigitado para o cargo tem levado alguns estudiosos a admitir a hipótese de que, nos tempos posteriores a Sólon, os arcontes eram eleitos de forma directa, entrando assim em contradição com a aplicação da *klērōsis ek prokritōn*, mecanismo que teria sido instituído por este legislador e que combinava a tiragem à sorte com a pré-selecção de um número reduzido de candidatos. Cf. *Ath*. 8.1 (vide supra discussão 2.5.2). Rhodes (1981), 182, não vê porém contradição entre as duas declarações, sustentando que termos como *hairetheis* (e por extensão também *helesthai*, mais adiante) podem ter um sentido próximo de 'designar', em contextos em que não se especifica a forma como essa designação se efectua.

parte final do passo em análise. ([179](#)) De momento, porém, interessa mais a forma como a *anarchia* se resolveu, através da indigitação de dez arcontes para substituir Damásias, de acordo com a seguinte composição: cinco *eupatridai*, três *agroikoi* e dois *dēmiourgoi*. À parte a discussão gerada à volta do significado deste colégio e da natureza exacta dos *agroikoi* e dos *dēmiourgoi* (que serão talvez de identificar com as classes ocupacionais dos 'camponeses' e dos 'artesãos' ou 'comerciantes', respectivamente), uma coisa ao menos afigura-se como segura: metade dos arcontes designados não pertencia ao grupo dos *eupatridai*. É possível que isso correspondesse a uma concessão momentânea destinada a acalmar os ânimos, mas também pode ser um indício da proporção de cidadãos não aristocratas que, após a reforma de Sólon, se situaria, ao menos, entre a classe dos *hippeis*. ([180](#)) A ser assim, as reformas do legislador começavam a dar os primeiros frutos, em termos de recomposição do corpo cívico e de acesso ao poder, transformando lentamente o exclusivismo aristocrático. A *Constituição dos Atenienses* é omissa relativamente à forma como a designação do arconte epónimo continuou depois a efectuar-se. Deste silêncio, porém, não será improvável deduzir-se que tenha sido retomado o processo anterior à tentativa de golpe de Damásias. A composição dos dez arcontes indigitados para substituí-lo no poder indicará não que o cargo de arconte epónimo passava a um colégio de dez membros, mas antes que os cidadãos qualificados para ocupar essa magistratura se repartiriam, em termos proporcionais, pelos *eupatridai*, *agroikoi* e *dēmiourgoi*.

Em todo o caso, esta solução de compromisso não impedira que a Ática continuasse envolta em convulsões, por um período de cerca de

---

([179](#)) Esta observação serve também para estabelecer o confronto com a perda de influência política que caracterizará esta magistratura em meados do século v (cf. *Ath.* 22.5).

([180](#)) Vide Cadoux (1948) 102-103; Wade-Gery (1958) 100-104; Develin (1979) 464-465. Nesta composição dos dez arcontes não é forçoso ver um recuo às classes pré-solonianas (cuja natureza levanta séria dúvidas), mas pelo contrário a confirmação da aplicabilidade do critério do rendimento às novas classes censitárias, como forma de qualificar o acesso ao poder. Também tem sido aventada a hipótese de que estas dez pessoas correspondam aos dez candidatos (*prokritoi*) que cada tribo escolheria, perfazendo assim o total de quarenta, a partir do qual seriam tirados à sorte os nove arcontes, aplicando o mecanismo da *klērōsis ek prokritōn*.

vinte anos, sobre cuja natureza as fontes nada dizem, mas durante o qual se terá assistido à sedimentação de facções contrárias, aparentemente com tendências políticas distintas e bastante marcadas (*Ath.* 13.4-5):

> Havia três facções em luta (*staseis*): uma correspondia aos habitantes da costa (*paralioi*), cujo chefe era Mégacles, filho de Alcméon, os quais pareciam aspirar sobretudo a um governo moderado (*mesē politeia*); outra era constituída pelas gentes da planície (*pediakoi*), partidárias da oligarquia (*oligarchia*): a estas chefiava-as Licurgo; à terceira pertenciam as pessoas da montanha (*diakrioi*), com Pisístrato à cabeça, que tinha fama de ser o grande adepto da democracia (*dēmotikōtatos*). Aliados a estes, encontravam-se alguns forçados pela pobreza – os que haviam perdido os seus créditos – e outros movidos pelo receio – os que não eram de etnia (*genos*) pura. A prova está em que, após a deposição dos tiranos, se procedeu a uma revisão da lista cívica, pois muitos gozavam indevidamente do estatuto de cidadão. Cada uma das facções retirava o seu nome da zona que cultivava.

As fontes concordam na identificação dos dois primeiros grupos como sendo constituídos por pessoas da costa (*paralioi*) e da planície (*pediakoi*). Quanto à terceira facção (*diakrioi*), é apelidada de *hyperakrioi* por alguns testemunhos, entre os quais se destaca Heródoto (1.59.3), que não só é a fonte mais recuada, como ainda acrescenta que esta facção foi a última a ser criada, por Pisístrato, como alternativa às outras duas. Em todo o caso, ambos os termos parecem remeter para a zona montanhosa (*hyperakrioi* significaria 'os que estão para lá das montanhas', não sendo portanto visíveis a partir de Atenas). Em consequência, os três agrupamentos assentavam essencialmente numa divisão geográfica, definida talvez pela própria proximidade em relação aos respectivos líderes: os *pediakoi* habitariam a planície de Atenas; os *paralioi* ocupariam a região costeira entre Fáleron e Súnion; os *hyperakrioi/diakrioi* seriam os habitantes do nordeste da Ática, incluindo também nessa região talvez parte da costa este.[181] Nesta altura e pese embora o impulso que as reformas de Sólon possam ter

---

[181] Vide Rhodes (1981) 185; Andrewes (1982) 393-396.

dado para estimular outras áreas da economia, a população da Ática seria ainda constituída sobretudo por camponeses, de forma que não se afigura sustentável atribuir a cada uma destas zonas uma actividade específica claramente dominante. Ainda assim, será de admitir que entre os *pediakoi* houvesse talvez um predomínio de eupátridas conservadores e, por conseguinte, inclinados para uma forma de governo mais restritiva (*oligarchia*), que lhes permitisse recuperar a influência política diminuída com as reformas de Sólon. Quanto aos *paralioi*, a proximidade da costa poderia ter estimulado o desenvolvimento da pesca e do comércio, sendo que os contactos externos decorrentes desta última actividade talvez os tornassem mais receptivos a mudanças. Como tal, a junção destes elementos com uma população rural mais conservadora ajudaria a que se tornassem favoráveis a uma forma de governo moderada e intermédia entre as restantes duas (*mesē politeia*).[182] As razões que moveriam os *hyperakrioi/diakrioi* são as que detêm um interesse mais directo para identificar os apoiantes de Pisístrato, mas representam igualmente o cenário mais complexo. Tem sido aventada a hipótese de que os apoios lhe chegassem em especial dos agricultores pobres (ex-hectêmoros ou outros) existentes por toda a Ática e que aos poucos tinham adquirido consciência da sua força, ou ainda que contaria com a aprovação dos que haviam singrado noutras profissões (ceramistas e comerciantes) e não se sentiam compensados a nível político[183]. Não há, no entanto, nada de suficientemente seguro e objectivo que possa explicar essa maior adesão. É provável que neste grupo se encontrassem pequenos camponeses e pastores das montanhas do nordeste, regiões pobres e pouco férteis, que menos haviam beneficiado das vantagens concedidas por Sólon. A eles, o autor do tratado junta dois tipos de pessoas que viveriam uma situação particularmente difícil: os que tinham ficado na pobreza com o cancelamento das dívidas e os que receavam pelo seu estatuto de cidadãos, devido ao facto de não pertencerem a um *genos* tradicional. No primeiro caso, o autor do tratado deve estar a referir-se aos credores que caíram na pobreza, quando se viram privados dos seus rendimentos

---

[182] A associação, sugerida frequentemente pelos estudiosos, entre este grupo e Sólon tem alguma pertinência e implicaria que seriam estes sobretudo os defensores da continuidade das reformas feitas uma geração antes.

[183] Vide Andrews (1962) 102-103; Forrest (1966) 176-177.

com o cancelamento das dívidas (*seisachtheia*) implementado por Sólon.([184]) A segunda situação abrange possivelmente os descendentes dos artesãos estrangeiros que o legislador procurara atrair a Atenas, com a promessa de concessão da cidadania.([185]) Embora não seja possível saber quantas pessoas estariam nessa situação, é de prever que os primeiros fossem mais numerosos do que os segundos, mas não tantos a ponto de fazerem inclinar de forma decisiva a vantagem política para o lado de Pisístrato. Traziam, no entanto, uma vantagem adicional para o futuro tirano, que consistia no facto de este tipo de apoiantes poder provir de qualquer ponto da Ática, ultrapassando assim as preferências locais que constituíam o núcleo de apoio a cada uma das facções.([186]) Seria este o grupo mais desfavorecido e distante dos centros de poder e, por conseguinte, adepto de uma mudança política mais profunda que entrevia na pessoa de Pisístrato, considerado 'mais democrático' (*dēmotikōtatos*) ou, numa interpretação do termo talvez melhor, 'mais preocupado com a situação do povo'.

Os líderes das três facções (respectivamente Licurgo, Mégacles e Pisístrato) eram todos aristocratas destacados, que disputavam entre si a ribalta política, hasteados sobretudo no apoio que conseguiam mobilizar nas zonas onde a sua influência familiar seria mais notória. Embora a atribuição, a cada um deles, de uma tendência política marcada (oligarquia, governo moderado e democracia) possa, conforme se viu, encontrar algum apoio no contexto histórico em análise, deve ser olhada com uma ponta de cepticismo, pois não é improvável que estes conceitos acusem a influência de um aproveitamento ideológico pos-

---

([184]) Se bem que não haja certeza de que todas as dívidas (públicas e privadas) tenham sido canceladas por Sólon. Sobre a natureza da *seisachtheia*, vide supra 2.4.1.

([185]) Cf. Plutarco, *Sol.* 24.4. Sobre o alcance desta lei, vide Leão (2001*a*) 387-388. Como sinal do eventual apoio de que estas pessoas terão gozado durante a tirania, o autor do tratado refere (*Ath.* 13.5) o facto de haver pessoas que foram descarregadas das listas de cidadãos a seguir à deposição de Hípias. Talvez a alusão diga respeito às pessoas que perderam o estatuto de cidadãos durante as movimentações oligárquicas, havendo sido readmitidas pouco depois, com as reformas de Clístenes (cf. *Ath.* 21.4). Vide infra 4.3.1.

([186]) As minas do Láurion, que se encontravam no território de influência de Pisístrato, não tinham na altura ainda um volume de exploração que pudesse provocar uma diferenciação capital nas estruturas regionais.

terior, relativo à melhor forma de constituição. ([187]) Ainda assim, se de facto, como implica Heródoto (1.59.3), a facção de Pisístrato foi a última a ser criada, talvez o apoio local tenha sido potenciado pela preocupação de atrair a si a parte do *dēmos* que enfrentava maiores dificuldades, podendo assim cativar simpatizantes distribuídos pelas outras zonas da Ática. Como tal, aos olhos da sensibilidade de um autor que vivesse no século IV, Pisístrato poderia efectivamente ser visto como o *dēmotikōtatos* dos três líderes. ([188])

3.1.1. *Relações entre Sólon e Pisístrato*

Antes de se avançar para as circunstâncias que acompanharam a implantação da tirania em Atenas, convirá tecer algumas considerações prévias sobre um pormenor que detém alguma importância na história deste período: a existência de um possível laço de parentesco entre Sólon e Pisístrato. Ao discutir a identificação dos familiares de Sólon, Plutarco (*Sol.* 1.1-2) refere a figura do pai do legislador, Execéstides, acrescentando que seria um descendente de Codro, rei da Ática filho de Melanto, cuja linhagem recua até Neleu e Poséidon, o fundador da casa. ([189]) A tradição parece relativamente tardia e talvez lance alguma luz sobre a sua origem o facto de ter sido Pisístrato o primeiro a reclamar para si mesmo estes antepassados ilustres. ([190])

([187]) Como acontece no famoso debate entre nobres persas relatado por Heródoto (3.80-82) que em si mesmo representa uma irrealidade histórica. A noção de uma 'constituição mista' (*mesē politeia*) é particularmente cara a Aristóteles (e.g. *Pol.* 1295b34-1296a21).

([188]) Sobre as implicações deste termo, vide Gouschin (1999), que defende que líderes populares como Sólon, Pisístrato ou Clístenes teriam baseado a sua ascensão política num 'programa democrático' que lhes permitia serem considerados uma espécie de 'campeão', (*prostatēs*) do povo, aspecto que servia para lhes abrir o caminho para a tirania. Esta análise tem alguma pertinência, se bem que a noção de 'programa democrático' se afigure claramente excessiva e mais coerente com idealizações posteriores do que com a efectiva consciência política de figuras como Sólon ou Pisístrato.

([189]) Cf. Diógenes Laércio (3.1), que se baseia em Trasilo.

([190]) Cf. Heródoto (5.65.3-4), juntamente com Diógenes Laércio (1.53). Ao apregoar estes antepassados, Pisístrato retirava dividendos tanto a nível de política externa (favorecendo a proximidade entre Atenienses e Iónios) como interna (ao permitir-lhe legitimar com maior segurança a tirania). Vide Manfredini & Piccirilli (1995) 111-112.

A confirmar-se esta possibilidade, a ascendência em questão começou por estar ligada somente ao tirano, sendo assimilada a Sólon em resultado da preocupação de aproximar os dois homens. Por outro lado, o mesmo Plutarco (*Sol.* 1.3-4) aduz a autoridade de Heraclides Pôntico para estabelecer uma relação familiar relativamente próxima entre Sólon e Pisístrato, pela parte das mães de ambos. ([191]) Esta informação está sujeita, de alguma forma, às mesmas limitações já referidas a propósito dos antepassados de Sólon, de modo que a aproximação entre os dois homens pode ter resultado simplesmente da propaganda política do tirano ou da tendência para ligar duas figuras que se situavam em campos opostos da história política ateniense. Em todo o caso, não deve arredar-se por completo a possibilidade do laço de parentesco, que, a fundamentar-se, permitiria fazer importantes inferências sobre as eventuais alianças familiares no período conturbado do primeiro quartel do século VI. ([192]) Mais suspeita, contudo, se afigura a hipótese de que Sólon tenha cultivado uma relação amorosa com o futuro tirano. No passo em análise, Plutarco não permite saber, com clareza, se essa perspectiva se encontrava já em Heraclides, que citara no parágrafo anterior, embora informe que outros autores haviam também discutido o mesmo assunto. ([193]) Para o biógrafo, as razões dessa profunda amizade encontram-se no parentesco que unia ambos os homens, bem como nas qualidades inatas e beleza do jovem Pisístrato. Porém, a *Constituição dos Atenienses* nega a validade da notícia, apontando como justificação o critério cronológico. ([194]) A forma como o

---

([191]) Diógenes Laércio (1.49) fala também, sem especificar, de um grau de parentesco entre os dois estadistas, esteando-se em Sosícrates.

([192]) Davies (1971), 323, reconhece que, em termos genealógicos, a ligação com Pisístrato é relativamente forte, mas não a ponto de poder ser usada com segurança para iluminar as atitudes políticas dos dois homens.

([193]) Ecos desta relação podem encontrar-se em Diógenes Laércio (1.53; 1.66) e em Eliano (*VH* 8.16).

([194]) *Ath.* 17.2: 'É por este motivo que deliram claramente os que afirmam que Pisístrato foi amado por Sólon e que assumiu uma posição de comando na guerra contra os Megarenses por causa de Salamina: as idades de ambos não o permitem.' Apesar de historicamente o relato ser suspeito, há também que reconhecer, no entanto que, em termos cronológicos, não é totalmente impossível, atendendo inclusive ao facto de, por norma, haver uma diferença de idades entre o amante e o amado numa relação pederástica. A existência efectiva dessa relação seria, por outro lado, um

autor do tratado se exprime sugere, ainda, que a tradição poderia ser anterior ao próprio Heraclides e não é improvável que a ideia tivesse derivado, por exemplo, das leis relativas aos amores pederásticos. ([195])

A pertinência relativa destas relações pessoais ficará mais clara à luz da forma como Sólon teria reagido aos propósitos tirânicos de Pisístrato. Segundo uma tradição bastante difundida, o velho legislador ter-se-á oposto à primeira tentativa de Pisístrato para instalar a tirania, o que implica que, sendo embora de idade avançada, ainda estaria vivo em 561/0. ([196]) Não há razões para duvidar desta informação, uma vez que, nos seus poemas, o velho legislador avisa repetidamente os concidadãos contra a ameaça real da tirania, ([197]) facto que mostra que ele estava a fazer uma leitura correcta das movimentações de Pisístrato, numa altura em que já teria regressado do seu afastamento voluntário de Atenas durante dez anos. ([198]) Aliás, a resistência do velho legislador teria sido o seu último grande gesto público, dado que Sólon morreria pouco tempo depois. As fontes permitem determinar o ano da morte do legislador com bastante precisão, embora haja duas datações diferentes, uma fornecida por Fânias, a mais segura, e outra por Heraclides, ambos citados por Plutarco (*Sol.* 32.3):

> Ora Sólon terá ainda vivido bastante tempo depois de Pisístrato haver instaurado a tirania (*tyrannein*), ao que relata Heraclides Pôntico; contudo, segundo Fânias de Éreso, viveu menos de dois anos. Na verdade, Pisístrato instaurou a tirania (*tyrannein*) no arcontado de Cómias e, pelo que afirma Fânias, Sólon morreu durante o mandato de Hegéstrato, que ocupou o posto depois de Cómias.

---

elemento favorável aos que defendem uma datação mais baixa para o arcontado de Sólon, se bem que o argumento seja débil.

([195]) Vide Plutarco, *Sol.* 1.6 (= frg. 74b Ruschenbusch). Embora sejam pouco significativos, também se encontram ecos da temática homoerótica na poesia do legislador (cf. frgs. 24.5-6; 25 West).

([196]) Cf. *Ath.* 14.2; Plutarco, *Sol.* 30.6; Diógenes Laércio, 1.49; Valério Máximo, 5.3. Sobre a relação entre Sólon e Pisístrato, vide Leão (2008*b*).

([197]) E.g. frgs. 11, 33 West.

([198]) No entanto, como atrás se viu (3.1), ao comentar-se o caso de Damásias, já antes de Pisístrato houvera outras tentativas de implantação de uma tirania e Sólon também se poderia estar a referir a essas ameaças.

Não surpreende o facto de Heraclides querer prolongar a vida de Sólon depois de instalada a tirania de Pisístrato, certamente com vista a explorar as potencialidades éticas da relação entre estas duas personagens que, de amantes, se haveriam tornado em inimigos políticos. No entanto, já acima se comentou a pouca fiabilidade que oferece uma leitura que parta destes pressupostos. ([199]) Desta forma, é preferível e muito mais exacta a datação do antigo aluno de Aristóteles, Fânias, segundo a qual Sólon teria morrido durante o arcontado de Hegéstrato, portanto entre 560 e 559, pouco tempo depois da instalação da tirania em Atenas. ([200])

3.2. Subida ao poder: as várias tentativas para instaurar a tirania

Apesar dos apoios que Pisístrato terá conseguido congregar à sua volta, o certo é que a sua corrida ao poder será um processo que se prolongará durante cerca de dezena e meia de anos (entre 561/0 e 546/5), tendo necessitado de três golpes para se afirmar. No entanto, a partir de 546 a tirania manteve-se estável até à morte de Pisístrato (528/7), começando a perder popularidade depois do assassinato do seu filho Hiparco (em 514) e terminando com a deposição do outro filho, Hípias (510). Isto significa que Pisístrato e os filhos marcaram a cena política ateniense durante meio século, tendo contribuído não só para sedimentar a constituição e leis de Sólon, como ainda para desenvolver a consciência de cidadania, vindo assim a favorecer, de forma aparentemente paradoxal, o aparecimento da democracia, com a implementação das reformas de Clístenes (em 508/7), pouco tempo depois da deposição de Hípias. ([201])

([199]) Heraclides também se pode ter deixado tentar pela datação baixa a fim de permitir o encontro com Creso, que subiu ao trono em 560. Vide Davies (1971) 323-324.

([200]) Vide Cadoux (1948), 104-107, para o arcontado de Cómias (ou Cómeas) e de Hegéstrato. Vide também comentário a *Ath.* 14.1 (infra 3.2).

([201]) A reconstituição da cronologia deste período nem sempre encontra acordo entre as fontes. Para um quadro sinóptico das diferentes possibilidades oferecidas por Heródoto, Tucídides, pela *Política* de Aristóteles e pela *Constituição dos Atenienses*, vide Rhodes (1981) 195-196; a cronologia defendida pelo estudioso (e que é adoptada como referência neste ponto da exposição) vem apresentada na p. 198.

Ainda assim, em nenhum dos três golpes Pisístrato parece ter conseguido gerar um entusiasmo popular indiscutível, pois as primeiras duas tentativas tiveram de ser combinadas com artifícios um tanto rebuscados para surtirem efeito; a terceira e definitiva necessitou de apoio externo, sendo acompanhada de maior violência, traduzida não apenas no derramamento de sangue, como ainda na expulsão de opositores (como os Alcmeónidas), envio de reféns para Naxos e talvez em medidas preventivas, como desarmar o povo. Apesar deste início pouco auspicioso, o governo dos tiranos deixou uma impressão positiva na memória colectiva, sendo considerado uma espécie de 'idade de ouro'. É sobre este conjunto de aspectos que convirá reflectir de seguida, com mais pormenor.

Eram decorridos pouco mais de trinta anos sobre as reformas de Sólon, quando Pisístrato, em 561, recorre a medidas anticonstitucionais e faz uma primeira tentativa para instaurar a tirania, usando como base de lançamento a popularidade que adquirira enquanto general vencedor na guerra contra Mégara, ao conquistar o porto megarense de Niseia. A *Constituição dos Atenienses* expõe a questão nestes termos (*Ath.* 14.1):

> Pisístrato, que passava por ser o grande partidário da democracia (*dēmotikōtatos*) e que havia granjeado uma enorme reputação na guerra contra Mégara, feriu-se a si mesmo com o intuito de convencer o povo a dar-lhe uma guarda pessoal, com a desculpa de que tinha sofrido aqueles golpes às mãos dos seus inimigos políticos. Arístion redigiu a proposta (*gnōmē*). Depois de ter recebido os chamados porta-maças (*korynēphoroi*), utilizou o seu apoio para se sublevar contra o povo e tomar a Acrópole, no trigésimo segundo ano após a legislação de Sólon, durante o arcontado de Cómeas. [202]

O relato está globalmente de acordo com o que diz Heródoto (1.59.3-6), embora o historiador não indique o ano do golpe, faculte

---

[202] 561/0; de acordo com estes elementos, o arcontado (ou ao menos parte da legislação) de Sólon cairia em 592/1 e não em 594/3, que constitui a data provável do seu mandato. Para a discussão deste problema e a correcção necessária para obter a data de 594/3, pressupondo um lapso de trinta e quatro anos e não de trinta e dois, vide Leão (2001*a*) 271-272.

mais dados sobre a forma como Pisístrato forjou o engano e insista na projecção que lhe dera a conquista do porto de Niseia, que se enquadra na longa disputa entre Atenas e Mégara relativa à ilha de Salamina, conflito que já recuaria aos tempos de Sólon e deve ter conhecido várias fases. O engodo consistia em simular um ataque inimigo e conseguir obter uma guarda pessoal, que seria depois usada como base de apoio para tomar o poder, depois de conquistar a Acrópole.([203]) A fama obtida no campo militar, juntamente com a habilidade para atrair o apoio das classes mais desfavorecidas e que lhe valia a reputação de ser considerado *dēmotikōtatos* (vide supra 3.1), começaram a produzir os seus frutos, na medida em que Pisístrato conseguiu que o *dēmos* ateniense lhe atribuísse uma guarda pessoal. Se razões económicas podem ter contribuído para a explicação dos factos acabados de narrar, o verdadeiro motivo deve encontrar-se sobretudo no descontentamento e nas lutas contínuas que se seguiram às reformas de Sólon. Uns consideravam-se parcamente contemplados e exigiam decisões mais profundas e radicais; outros pensavam ter-se ido longe demais e queriam uma anulação de certas medidas. Os aristocratas procuravam evitar que as leis e reformas de Sólon tivessem concretização na prática, mas também não é improvável que o *dēmos* ganhasse cada dia mais consciência da sua força. Atenas estava em processo de transformação. O incentivo ao comércio, à indústria e ao cultivo da vinha e da oliveira dera-lhe desenvolvimento, permitindo que novos cidadãos adquirissem poder económico. Muitos camponeses começam a colher frutos dessa nova agricultura e muitos ceramistas a tirar benefícios do seu trabalho. A Assembleia, por outro lado, graças às medidas de Sólon, adquirira força e assumia um papel cada vez mais decisivo nas questões de importância, a ponto de, no episódio da guarda pessoal de Pisístrato, ter conseguido impor a sua vontade.

---

[203] Este esquema tornou-se inclusive típico deste tipo de manobras anticonstitucionais (e.g. Aristóteles, *Rh.* 1357b30-36, que dá o exemplo de Dionísio I de Siracusa, Teágenes de Mégara e Pisístrato). Vide ainda McGlew (1993) 74-78. A posse da Acrópole era um ponto estratégico para conseguir tomar o poder: Cílon (supra 1.2) tentara fazer o mesmo no século VII, embora sem sucesso; em 511/10, Hípias será expulso da Acrópole (*Ath.* 19.5-6) e, em 508/7, quando Iságoras e Cleómenes encontraram resistência, também ocuparam o mesmo local (*Ath.* 20.3). Vide infra 4.1.

Ainda assim, nem todos os cidadãos se deixaram enganar (deliberadamente ou não) pela manobra de Pisístrato. Não deixa de ser simbólico – e por isso talvez um tanto suspeito – que a resistência mais expressiva tenha sido protagonizada pelo velho Sólon, que assim tinha a sua última grande intervenção como figura pública. Conforme se viu (supra 3.1.1), do ponto de vista cronológico o episódio é verosímil, pois Sólon ainda estaria vivo em 561, e a notícia pode ter algum fundamento histórico, porquanto a poesia do legislador ecoa os avisos contra a tirania, mas também é bastante provável que o núcleo do relato tenha sofrido expansões sucessivas. [204]

Em todo o caso, as diligências do velho legislador não surtiram o efeito desejado e a tirania tornou-se realidade, se bem que nesta primeira fase não tenha durado muito tempo (*Ath.* 14.3):

> Sólon, porém, nada conseguiu com estas exortações. Mas Pisístrato, depois de tomar o poder, conduziu os interesses comuns mais à maneira de um cidadão (*politikōs*) que de um tirano (*tyrannikōs*). Quando o seu governo ainda não estava bem enraizado, os partidários de Mégacles e de Licurgo uniram-se e expulsaram-no, no sexto ano a seguir à primeira chegada ao poder, durante o arcontado de Hegésias.

O texto é elíptico quanto à forma como a reacção do velho legislador terá afectado a relação entre os dois estadistas. Contudo, em testemunhos como o de Plutarco (*Sol.* 31.1), salienta-se que o tirano manteve em funcionamento as leis de Sólon, aspecto que o autor do tratado aristotélico também sublinha, já neste ponto, ao sugerir que Pisístrato terá conservado a mesma constituição e respeitado o funcionamento dos órgãos da pólis (*politikōs*), evitando assim os excessos de um governo autocrático (*tyrannikōs*). [205] Apesar destes inícios auspiciosos, o certo é que o governo de Pisístrato era débil ainda a ponto de não suportar o embate articulado das duas facções rivais, lideradas por

---

[204] A versão mais extensa é facultada por Plutarco (*Sol.* 30.1-31.2). Para mais pormenores, vide Rhodes (1981) 201-202; Leão (2008*b*) 133-136. Vide ainda supra 2.5.3.

[205] O sentido desta afirmação é expandido mais adiante (*Ath.* 16.1-9). Vide infra 3.3.

Mégacles e Licurgo. O arcontado de Hegésias ocorreu em 556/5, de forma que, segundo a *Constituição dos Atenienses*, a primeira experiência de governo teria durado cerca de cinco anos. A ser assim, trata-se de um período regulativamente longo, difícil de articular com a informação facultada por Heródoto (1.60.1), que fala de uma reacção rápida por parte das facções rivais; daí que haja sido sugerido, com alguma pertinência, que a primeira fase da tirania tenha durado somente alguns meses. [206]

No entanto, o acordo de conveniência entre Mégacles e Licurgo, destinado a precipitar o derrube do tirano, acabaria por ruir em breve, talvez porque ambos manteriam idênticas expectativas de virem a dominar a sociedade ateniense, eventualmente com o recurso a um golpe político semelhante. As fontes não esclarecem qual das partes seria a mais forte, mas não é improvável que Licurgo estivesse em vantagem e que isso tenha levado Mégacles a negociar uma aproximação a Pisístrato, abrindo-lhe assim o regresso ao poder (*Ath.* 14.4):

> No décimo segundo ano a seguir a estes acontecimentos, Mégacles, enfraquecido pela guerra civil (*stasis*), entrou novamente em negociações com Pisístrato, sob a condição de este desposar a sua filha, e trouxe-o de volta com um estratagema antigo e bem simples. Pôs a circular a notícia de que Atena conduzia Pisístrato e, depois de arranjar uma mulher alta e bela (segundo Heródoto, [207] era do demo dos Peânios; segundo outros, era uma florista da Trácia, habitante de Cólito e de nome Fie), disfarçou-a de Atena e fê-la entrar, com os aderecos, juntamente com Pisístrato. Este avançava num carro, acompanhado pela mulher, e os habitantes da cidade acolheram-nos com manifestações de reverência e de espanto.

Segundo o autor do tratado, este regresso ao poder ocorreu possivelmente em 552/1, sendo mesmo assim necessário, para chegar a essa data, introduzir uma correcção nos dados fornecidos pela *Constituição*

---

[206] Rhodes (1981) 191-199 e 203. Ainda que a nota cronológica possa sugerir que a informação derivasse de alguma fonte concreta (eventualmente de uma *Atthis*).

[207] 1.60.4.

dos Atenienses. ([208]) Rhodes é favorável à correcção do texto, ([209]) mas ainda assim advoga que, se o primeiro período de governo tivesse durado somente alguns meses, então o segundo *coup* recuaria a 557/6 ou a 556/5, durando também este segundo período de governação poucos meses. A datação sustentada por Rhodes afigura-se preferível, não só por facilitar uma harmonização mais fácil com outras fontes, mas também por permitir colocar o terceiro golpe de Estado em 546/5 e não dez anos mais tarde, conforme implicaria o tratado. ([210])

O acordo agora firmado entre Pisístrato e Mégacles pressupunha o casamento entre o tirano e a filha do Alcmeónida, como forma de reforçar os laços de colaboração entre as duas famílias. A fim de facilitar, aos olhos dos Atenienses, a aceitação do seu regresso, Pisístrato teria recorrido novamente a uma manobra ilusória, sendo que desta vez optara por dirigir-se à cidade na companhia de uma bela jovem, de elevada estatura, que se fizera passar pela deusa Atena e aconselhara os habitantes a acolherem novamente o seu político protegido, conduzindo-o até à Acrópole. Licurgo, chefe dos eupátridas, nada terá podido fazer, abrindo-se assim caminho à segunda instauração da tirania.

Já o próprio Heródoto, que descreve o episódio com mais pormenores (1.60.3-5) e é, no passo em análise, indicado expressamente como fonte pela *Constituição dos Atenienses*, achava incrível que os Atenienses, sendo considerados um povo tão perspicaz, fossem cair numa charada ingénua como esta. ([211]) No seu relato, o mesmo Heródoto informa que a jovem Fie (que desempenhava o papel de Atena) possuía uma «estatura de quatro côvados, menos três dedos» (i.e. entre cerca de 1.70 m e 1.90 m), pormenor que ajudaria a reforçar a autenti-

---

([208]) WILAMOWITZ-MOELLENDORFF (1893), I.22-23, já sugeria, com pertinência, a substituição de *pemptōi* por *dōdekatōi* ('quinto' por 'décimo segundo'), de forma a obter-se o ano de 552/1 para o segundo golpe de Pisístrato.

([209]) (1981) 198 e 203-204

([210]) Cf. infra comentário a *Ath.* 15.1-3.

([211]) À parte a referência aos poemas de Sólon, esta é a única vez em que o autor do tratado aristotélico menciona directamente uma fonte. O cepticismo de Heródoto encontra eco nos investigadores modernos, tendo sido avançadas várias explicações para o relato, como a hipótese de se tratar de uma representação ritual, que Pisístrato teria manipulado politicamente, e da qual haviam ficado ecos na arte ateniense daquele período. Vide Andrewes (1982) 398.

cidade do relato, embora não baste para a garantir. ([212]) À parte a validade relativa destes pormenores, a realidade é que, tanto na altura do primeiro golpe como do segundo, Pisístrato parece ter recorrido a manobras de diversão para chegar ao poder, conseguindo evitar assim o derramamento de sangue. Conforme adiante se verá, só na terceira tentativa o tirano usará a força e medidas repressivas como forma de prevenir contestações futuras. ([213])

Heródoto sustenta ainda (1.61.1-2), com uma abundância de pormenores que se afigurou suspeita a alguns estudiosos, ([214]) que a ligação matrimonial entre Pisístrato e a filha de Mégacles não produziu o efeito esperado, por falta de coabitação por parte de tirano. ([215]) As razões para isso talvez se possam encontrar, conforme implica o historiador, no facto de ele já possuir descendência resultante de outras relações e de não desejar um vínculo muito estreito com os Alcmeónidas, sobre os quais pesava o anátema de serem considerados 'sacrílegos', por terem responsabilidades no massacre dos partidários de Cílon (supra 1.2). Todavia, do ponto de visa político, o motivo mais provável talvez tenha sido o facto de Pisístrato já não considerar vantajoso o entendimento com Mégacles, a partir do momento em que lograra regressar ao poder. Em qualquer dos casos, a decisão terá sido precipitada, pois na sequência desses desenvolvimentos o Alcmeónida optou por desfazer a aliança e o tirano viu-se obrigado a partir para o exílio. O historiador informa (1.61.2) que, desta vez, «Pisístrato se afastou por completo da região», sendo talvez de deduzir da informação que, nas deposições anteriores, teria bastado ao tirano retirar-se para as suas propriedades, afastando-se da vida política activa. A data deste segundo exílio bem como a do regresso definitivo podem ser estabelecidas a partir da *Constituição dos Atenienses*, se bem que essa datação deva também provavelmente ser revista (*Ath.* 15.1-3):

([212]) Mas será de aceitar como histórica a ideia de que Pisístrato teria uma predilecção especial por Atena, espelhada aliás na forma como terá promovido as festividades em honra da deusa. Vide infra 3.3.3.

([213]) Talvez uma parte do sucesso definitivo então alcançado deva também ser justificado pela sua capacidade de intimidação.

([214]) E.g. Dillon & Garland (2000) 98.

([215]) Vide ainda Ferreira (1988) 19.

Por conseguinte, foi desta maneira que se verificou o seu primeiro regresso. Depois disto, voltou a cair pela segunda vez por alturas do sétimo ano a seguir ao regresso. De facto, ele não se aguentou durante muito tempo: uma vez que não queria privar com a filha de Mégacles, acabou por fugir, com receio de ambas as facções. Antes de mais, fundou uma cidade junto do golfo Termeu, numa região chamada Recelos, e daí partiu para a zona do Pangeu, onde reuniu recursos e mercenários. Em seguida, avançou sobre Erétria no decurso do undécimo ano, onde tentou recuperar finalmente o poder, usando pela primeira vez a força (*bia*). Contava com o apoio de muitas outras pessoas, em especial dos Tebanos e de Lígdamis de Naxos, para além dos cavaleiros que detinham o governo em Erétria. Depois de vencer a batalha junto do templo de Atena Palénide, de tomar a cidade e de retirar as armas ao povo, já foi capaz de manter a tirania (*tyrannis*) com firmeza. Tomou também Naxos, deixando Lígdamis no governo.

A data referida no passo para o afastamento do tirano corresponde a 546/5, mas a indicação de que Pisístrato não se aguentou 'muito tempo' no poder sugere como mais provável que a segunda expulsão ocorresse antes em 556/5 (pouco meses depois do segundo *coup* [216]) e que o terceiro e definitivo golpe de Estado se verificasse de preferência em 546/5, depois de um exílio prolongado que permitiria ao futuro tirano reunir recursos e ajuda externa. Com efeito, desta vez a animosidade relativamente a Pisístrato era maior e ele necessitaria, por conseguinte, de apoios mais expressivos, que não se coadunavam, obviamente, com os artifícios referidos pelas fontes a propósito dos ensaios anteriores. O golfo Termeu e Recelos ficam ambos na Macedónia, sendo que a cidade aí fundada talvez servisse de abrigo aos apoiantes que o teriam seguido no exílio. O monte Pangeu situa-se na Trácia e era uma área famosa pelas suas minas de ouro e de prata, de forma que deve ter constituído uma importante fonte de recursos financeiros. Com a riqueza adquirida, constrói barcos e contrata mercenários que utiliza, quando, cerca de dez anos depois, regressa do exílio e defronta os seus opositores em combate decisivo em Palene,

---

[216] Vide supra comentário a *Ath.* 14.4, para a datação da segunda tentativa de implantação da tirania.

entre Atenas e Maratona. (²¹⁷) Vitorioso, Pisístrato apossa-se definitivamente de Atenas e aí instaura uma tirania que se mantém de 546 até 510 – sob o domínio do próprio Pisístrato até 528 e dos filhos, Hípias e Hiparco, a partir dessa data.

3.3. Características do governo de Pisístrato

Sendo embora um governo inconstitucional, imposto pela violência, a tirania de Pisístrato acabou por marcar positivamente a história de Atenas. De modo algum foi o regime negativo de que a literatura dos séculos V e IV depois se fará eco, ao apresentar a tirania com tonalidades carregadas. (²¹⁸) Em contraste com tal perspectiva, subsiste a tradição que recorda Pisístrato como um homem hábil e vê o seu regime como uma época de paz, prosperidade e equilíbrio – uma nova 'idade de Cronos' ou 'idade de ouro'. (²¹⁹) A fonte mais importante para o conhecimento da acção governativa do tirano é o capítulo 16 da *Constituição dos Atenienses*, que, por isso mesmo, valerá a pena evocar como guia para a análise da questão (*Ath*. 16.1-9):

> Ora foi portanto assim que a tirania (*tyrannis*) de Pisístrato se estabeleceu no início, enfrentando estes contratempos. Pisístrato conduzia os assuntos da cidade de maneira equilibrada (*metriōs*),

---

(²¹⁷) Pormenores em Heródoto, 1.62.1-63.2.

(²¹⁸) No fr. 19 West de Arquíloco, a tirania é apelidada somente de 'poderosa' (*megalē*). Na segunda metade do século V, ainda os termos *tyrannos* e *tyrannis* aparecem utilizados com o sentido apenas de 'rei' 'soberano' e 'realeza' 'poder', respectivamente. Portanto, pode-se considerar que, nesta altura, existiria paralelismo de sentido nos termos *tyrannos* e *tyrannis*. Com efeito, só a partir do governo dos Trinta Tiranos, em 404, e da sua actuação violenta é que estes vocábulos ganham uma conotação essencialmente pejorativa, embora já ocorra por vezes em períodos anteriores. Vide Leão (2009) 514 n. 8. Ainda assim, a oposição rei/bom e tirano/mau só aparece plenamente formada no século IV. Até então, os termos são utilizados um pouco indiferentemente, se bem que *tyrannos* apresente significado mais negativo e seja a palavra apropriada para referir o autocrata mais recente, enquanto *basileus* 'rei' seria o termo usual para designar os governantes constitucionais das monarquias arcaicas. Cf. infra 8.4. Vide ainda Andrewes (1962) 20-30; Mossé (1969) 133 sqq.; Labarbe (1971); Salmon (1997); Parker (1998).

(²¹⁹) Cf. *Ath*. 16.7. Sobre o assunto vide Andrewes (1962) 113-115; Forrest (1966) 181-182; Mossé (1969) 67-68.

conforme já se disse, comportando-se mais como um cidadão (*politikōs*) do que como um tirano (*tyrannikōs*). Em termos gerais, mostrava-se humano, dócil e indulgente com os transgressores; em especial, emprestava dinheiro (*prodaneizein*) aos que estavam em dificuldades, em troca do seu trabalho, de forma a que os agricultores pudessem assegurar o sustento com a terra. Agia desta forma por duas razões: para que eles não passassem o tempo na cidade, mas se distribuíssem, antes, pelo campo, e para que vivessem com dignidade, ocupados nos seus interesses, e não tivessem nem vontade nem vagar para se envolverem com os assuntos do Estado. Ao mesmo tempo, acontecia que também os seus rendimentos se tornavam maiores se a terra fosse trabalhada, pois ele aplicava o dízimo (*dekatē*) aos produtos.

Foi ainda por este motivo que ele destacou juízes itinerantes para os demos (*kata dēmous dikastai*); ele próprio saía, muitas vezes, para os campos, a fim de supervisionar e solucionar diferendos, para que as pessoas não tivessem de ir à cidade, descurando os seus trabalhos. Foi por ocasião de uma dessas visitas de Pisístrato, segundo se conta, que ocorreu o encontro com o lavrador do Himeto, que andava a cultivar os campos mais tarde conhecidos por 'terra franca' (*chōrion ateles*). Ao ver certa pessoa que estava a cavar e a trabalhar uma belga que não tinha senão pedras, movido pelo espanto ordenou ao seu escravo que indagasse o que produziria aquela terra. Retorquiu-lhe o lavrador: «Males e canseiras apenas e, de todos esses males e canseiras, Pisístrato ainda vem colher o dízimo (*dekatē*).» O homem desabafava assim por ignorância, mas Pisístrato, agradado com a sua franqueza (*parrēsia*) e dedicação ao trabalho, isentou-o de todos os impostos.

E nos restantes assuntos, em nada ele incomodava o povo (*plēthos*) com o seu governo, mas antes lhe garantiu sempre a paz e zelou pela sua tranquilidade. Por isso, muitas vezes se ouvia dizer que a tirania (*tyrannis*) de Pisístrato fora uma nova idade de Cronos. Ora aconteceu que, depois de os seus filhos lhe sucederem, o poder se tornou bastante mais duro.

Mas o que dele em especial se recorda é o seu carácter amigo do povo (*dēmotikon*) e humano (*philanthrōpon*). De facto, em todos os assuntos ele desejava governar de acordo com as leis (*kata tous nomous*), sem outorgar a si próprio nenhum privilégio; certa vez, chegou mesmo a ser citado por homicídio (*dikē phonou*) diante do tribunal do Areópago e apresentou-se para fazer a sua defesa, mas o acusador, receoso, não chegou a comparecer.

Por estes motivos, permaneceu muito tempo no poder e, se o perdia, facilmente o recuperava. Na verdade, a maioria dos nobres (*gnōrimoi*) e das pessoas do povo (*dēmotikoi*) era-lhe favorável: a uns convencia-os com a diplomacia do trato (*homiliai*), aos outros com o auxílio nos seus interesses privados. Possuía de facto uma disposição inata para agradar a ambos os partidos.

O relato começa com uma síntese global do governo do tirano, em termos semelhantes ao que fora já antes dito (vide infra 3.2, comentário a *Ath*. 14.3): apesar de estar a promover um governo autocrático (*tyrannikōs*), Pisístrato terá mantido globalmente em funcionamento os órgãos da cidade (*politikōs*). Do retrato feito ressalta, de forma clara, uma imagem muito positiva, traduzida na ideia, já antes comentada, de que o período da tirania fora uma nova 'idade de Cronos' – expressão proverbial usada para caracterizar uma época de bom governo. ([220]) É a natureza concreta desse governo que importa agora analisar um pouco mais em particular.

3.3.1. *Apoio às classes mais desfavorecidas*

Entre as primeiras medidas concretas, o autor do tratado aristotélico chama a atenção para o apoio concedido às classes desfavorecidas (*Ath*. 16.2-3), em especial aos camponeses, a quem emprestava dinheiro (*prodaneizein*), talvez com o intuito de reduzir a sua dependência em relação a proprietários mais ricos, em favor da capacidade supervisora do tirano. ([221]) Por outro lado, ao promover a ocupação dos cidadãos nas lides do campo, Pisístrato não apenas zelava para que a população garantisse o próprio sustento, como também prevenia even-

---

([220]) De facto, Cronos havia sido o soberano durante a chamada Idade de Ouro. Cf. Hesíodo, *Op*. 109-127.

([221]) O sentido de *prodaneizein* tem sido objecto de discussão entre os estudiosos: talvez o significado mais provável seja 'emprestar adiantado', embora também já fosse sugerido que poderia ter ganho o sentido técnico de 'emprestar sem juros'. Assim pensava Wyse, apud Rhodes (1981) 214.

tuais insurreições contra a sua pessoa, que a concentração de uma multidão ociosa na cidade poderia mais facilmente originar. ([222](#))

Esta medida tinha também vantagens mais globais do ponto de vista económico, pois ao estimular a produção Pisístrato poderia, igualmente, vir a recuperar mais tarde o investimento feito, ao aumentar a colecta de impostos. Com efeito, não é improvável que uma parte dos meios necessários a estes empréstimos derivasse do dízimo (*Ath.* 16.4) que o tirano lança sobre o produto das terras. ([223](#)) Entre os estudiosos modernos, ocorre por vezes a sugestão de que Pisístrato terá distribuído pelos pequenos agricultores a propriedade confiscada aos nobres que fugiram para o exílio – efectuando assim a tal partilha de terras que Sólon tinha recusado. Que o tirano agisse dessa forma não seria surpreendente, pois, segundo Heródoto (6.121.2), os bens de Pisístrato foram confiscados durante o exílio que ele próprio sofrera, de maneira que estaria simplesmente a recorrer à mesma receita. Há, no entanto, alguns indícios de que o tirano terá evitado aprofundar por essa via a animosidade com os opositores políticos. Com efeito, o autor do opúsculo aristotélico insiste na ideia de que ele recorreu à diplomacia conciliadora (*Ath.* 16.9: *homiliai*) e contribui para essa leitura o significativo pormenor de a propriedade de Címon não ter sido confiscada (Heródoto, 6.103.3). Por outro lado, o facto de Clístenes aparecer registado como arconte em 525/4 sugere que terá podido haver uma reconciliação completa com os Alcmeónidas, tradicionais opositores do regime, pois o arcontado funcionara, durante este período, como um cargo reservado a pessoas da confiança política do tirano. ([224](#)) No entanto, sobre a redistribuição das terras confiscadas, os testemunhos

---

([222](#)) Na *Política* (1292b25-29, 1318b9-16, 1319a26-32), Aristóteles chama também a atenção para a importância desses factores. Em 1311a13-15, refere que tanto as tiranias como as oligarquias têm a preocupação de tirar a 'multidão' (*ochlos*) da cidade.

([223](#)) A *Constituição dos Atenienses* fala de dízimo (*dekatē*), mas Tucídides (6.54.5), se bem que se refira ao governo dos filhos, menciona uma taxa menor (*eikostē*) de 5%. Muitos helenistas consideram que se teria verificado uma redução da taxa. Cf. French (1964) 51; Berve (1967) 63 e 65-66; Ehrenberg (1968) 409 n. 18. Gomme, Andrewes & Dover (1970-1981), *ad loc.*, não encontram discrepância entre os dois passos e pensam que o termo específico *eikostē* pode estar contido no genérico *dekatē* e, neste caso, o termo específico será preferível ao mais genérico.

([224](#)) Vide observações de Andrewes (1982) 405-406.

nada dizem e esse silêncio das fontes não seria explicável se essa medida altamente revolucionária houvesse mesmo sido levada à prática.

Neste contexto de apoio às classes mais desfavorecidas, refere-se muitas vezes o encontro do tirano com um lavrador do Himeto (*Ath.* 16.6), ocupado a cavar um campo onde só havia pedras e que, inquirido sobre o que produziria a terra, respondeu que apenas dava males e canseiras, dos quais tinha de entregar ainda o dízimo ao tirano. O episódio costuma ser evocado para ilustrar a capacidade de Pisístrato para lidar com a crítica frontal (*parrēsia*), mas essa leitura enfrenta o óbice de o lavrador não saber para quem estava a falar. No entanto, o pormenor de que o reconhecimento das dificuldades que o camponês enfrentava teria levado o tirano a isentá-lo de impostos talvez possa constituir um eco de medidas semelhantes que Pisístrato terá tomado, de forma a promover a pequena produção agrícola. [225]

3.3.2. *Estímulo ao comércio, indústria e relações externas*

Além do apoio à agricultura, verifica-se no tempo de Pisístrato também um incremento do comércio e da indústria. Estabelecem-se novas relações e contactos externos – com as ilhas do Egeu e com Argos – que permitem animar as rotas comerciais. Durante esta época, assiste-se a um grande desenvolvimento da cerâmica: os vasos de figuras negras, que atingem a perfeição neste período, tornam-se um produto muito procurado e, por volta de 530, fazem-se igualmente os primeiros avanços na técnica dos vasos de figuras vermelhas. [226] Atenas torna-se no principal centro de fabrico de cerâmica e dá-se um acréscimo significativo na exportação de vasos, bem como de azeite, o principal produto agrícola. [227]

---

[225] Rhodes (1981), 216, considera também a hipótese de o relato funcionar como uma espécie de glosa à expressão 'terra franca' (*chōrion ateles*).

[226] Sobre os vasos de figuras negras no tempo de Pisístrato e as primeiras tentativas de decoração em figuras vermelhas, vide Beazley (1951) cap. I; Richter (1959) 335; Boardman (1975) 15 sqq.

[227] Vide French (1964) 43-50; Andrewes (1982) 408.

Pisístrato procedeu igualmente à purificação do santuário de Apolo em Delos, um local sagrado para todos os Iónios, [228] e com esse gesto reforçou a reivindicação de Atenas a uma liderança entre os Iónios e ganhou ao mesmo tempo um local estratégico. Grande amigo de Argos, onde encontrou a segunda mulher (Timonassa), tornou-se também próxeno de Esparta, mantendo ligações externas, de nível pessoal, com vários dirigentes de outros Estados, ou com pessoas altamente colocadas: com Lígdamis que com a sua ajuda se torna tirano de Naxos; com o tirano de Samos, Polícrates, por intermédio de Lígdamis; com a monarquia hereditária da Macedónia e com a aristocracia de Erétria e Tebas.

Durante este período, fundam-se colónias no Helesponto para controlar a rota do trigo até ao Mar Negro. Conquista Sigeu e instala aí o seu filho Hegesístrato, com um governo autocrático (Heródoto, 5.94.1). Envia Milcíades-o-Antigo para ocupar o Quersoneso Trácio, deste modo fazendo sair de Atenas um possível rival (Heródoto, 6.35), ao mesmo tempo que ganhava para os cidadãos atenienses uma nova terra e assegurava uma posição à volta do Helesponto que se tornará de crescente importância para o comércio ateniense, sobretudo para a importação de cereais do Mar Negro [229]. Detentor de uma propriedade mineira no monte Pangeu, na Trácia, com os recursos daí colhidos e com os das minas atenienses do Láurion à sua disposição, Pisístrato conseguiu que o seu governo assentasse numa sólida base financeira.

3.3.3. *Engrandecimento cultural da cidade*

Numa política que é comum a outros tiranos, Pisístrato lançou-se num programa (reforçado aliás pelos filhos) de progresso cultural, de elevação e embelezamento de Atenas: construiu um aqueduto para abastecer a cidade de água, que terminava na famosa 'fonte das nove bicas' *Enneakrounos* [230]; amplificou e desenvolveu a ágora, transfor-

---

[228] Cf. Heródoto, 1.64.2. Vide ainda Gillon & Garland (1994) 104-105.

[229] Sobre a colonização do Helesponto, vide Graham (1964) 32-33 e 194--195; Starr (1970) 5.

[230] Cf. Tucídides, 2.15.3-5.

mando-a no verdadeiro centro da vida citadina; promoveu santuários e erigiu templos – caso do santuário de Elêusis que dotou de novos edifícios, do templo a Zeus Olímpico, fora do centro urbano, que ficaria incompleto e só viria a ser concluído no período romano (pelo imperador Adriano, no século II d.C.), e de um templo à deusa protectora da cidade, que edificou de novo ou pelo menos embelezou, ao dotá-lo de partes novas – e tornou a Acrópole majestosa e símbolo visível da própria grandeza de Atenas.[231] Por tudo isto, há alguma razão para se dizer que, com Pisístrato, Atenas sofreu uma evolução acentuada e se transformou num verdadeiro centro urbano.

Desenvolveu também a escultura[232] e incrementou a literatura, chamando à sua corte pensadores e poetas, numa política cultural que seria continuada pelos filhos;[233] estimulou determinados cultos, ao promover alguns já existentes e ao criar outros de novo – de Atena, de Deméter e Core em Elêusis, de Diónisos –, com destaque para as Grandes Dionísias, as Panateneias e os Mistérios de Elêusis, aos quais concede uma dimensão verdadeiramente nacional.[234] A política cultural de Pisístrato ultrapassa, no entanto, a simples satisfação das inclinações estéticas frequentes nos tiranos gregos da Época Arcaica. A sua actuação corresponde a um homem de visão que soube conjugar esforços no sentido de valorizar o seu governo, ao mesmo tempo que contribuía para cimentar a importância da Ática e desenvolver a noção de pátria e cidadania atenienses.

Um exemplo, quer da sua ligação a Atena quer da política de centralização de cultos, é fornecido pela reorganização das festividades em honra da deusa protectora da cidade, possivelmente com a institui-

---

[231] É complexa e controversa a história dos edifícios da Acrópole, mas é geralmente aceite que Pisístrato e os filhos contribuíram de forma determinada para engrandecer e embelezar esse local (cf. Tucídides, 2.15.3-5; 6.54.5). Vide Richter (1959) 29 e 88; Hopper (1971) 14; Robertson (1981) 27 e 30.

[232] Para a escultura vide Richter (1950) 95; Boardman (1978) 63, 82-83 e 153-155.

[233] Hiparco, segundo refere [Platão], *Hipparch.* 228c, mandou uma pentecontera buscar Anacreonte de Teos e tinha sempre junto de si Simónides de Ceos.

[234] Sobre as reformas religiosas e a centralização de certos cultos, vide Berve (1967) 59-61; Parke (1977) 34, 125-126 e 128-129; Wilcoxon (1979) 41-43. Para as obras e reformas em Elêusis, vide Mylonas (1961) 77-105. Sobre o escândalo que envolveu a figura de Alcibíades e a paródia aos Mistérios de Elêusis, vide infra 8.3.2.

ção das Grandes Panateneias, realizadas de quatro em quatro anos [235]. As Panateneias, cujo nome significa 'festa celebrada por todos os Atenienses', tinham por ponto culminante uma procissão, no dia 28 de Julho, que agrupava todas as forças vivas da pólis e ia entregar à deusa o *peplos* sagrado tecido ao longo do ano por jovens oriundas das melhores famílias. Seguia-se um sacrifício em que uma parte das vítimas revertia para os sacerdotes e a restante era distribuída à população. [236] Das Grandes Panateneias, Pisístrato quis fazer um magnificente festival, de índole desportiva e cultural, que rivalizasse com os festivais pan-helénicos de Olímpia, Delfos, Nemeia e Istmo. Constituídas por corridas a pé e de cavalos, por concursos de excelência masculina, de poesia e de recitações – de que sobressai a dos Poemas Homéricos que teria contribuído para uma mais ampla e profunda apreciação do legado épico [237] – as Grandes Panateneias contribuíram para fortalecer a unidade da Ática e estimular o desenvolvimento da cerâmica ateniense, pois aos vencedores eram oferecidas ânforas panatenaicas cheias de azeite. Por conseguinte, tudo parece indicar que Pisístrato sentiu um forte interesse num festival que estava, ao mesmo tempo, ao serviço da deusa Atena e de todo o povo de Atenas. [238]

Em honra de Diónisos, deus do vinho e da fertilidade – uma divindade rural por excelência à qual já eram dedicadas em Atenas três grandes festas (as Antestérias, as Leneias e as Dionísias Rurais) – Pisístrato terá instituído as Dionísias Urbanas, também conhecidas por Grandes Dionísias, um festival anual que assistirá ao nascimento do teatro grego. Fruto de vários aspectos da política de Pisístrato – o seu

---

[235] A tradição respeitante à mais antiga história das Panateneias é obscura e pouco segura. No entanto a data de 566/5 para o primeiro concurso gímnico, fornecida por Eusébio, é em certa medida confirmada pelo testemunho arqueológico das ânforas panatenaicas. Vide Davidson (1958) 23-42; Andrewes (1982) 410-411. Burkert (1977), 352, data o início das Grandes Panateneias de cerca de 570.

[236] Sobre o sacrifício – a hecatombe – em honra de Atena e distribuição da carne pela população, num verdadeiro ritual colectivo de comensalidade, vide Burkert (1977) 353.

[237] Relacionada com essas recitações estaria a 'redacção oficial' dos dois poemas (que permitiria a fixação do texto de referência), promovida por Pisístrato ou pelo filho Hiparco, diligência essa ecoada por Cícero (*De Or.* 3.137) e Pausânias (7.26.13) e que os estudiosos de Homero ora admitem ora consideram improvável. E.g. Pfeiffer (1968) 6; Silk (1987) 9; Lourenço (2008) 14-15 e 20-21.

[238] Ehrenberg (1968) 85; Dillon & Garland (2000) 104.

apoio aos camponeses e seus cultos, o desejo de reconciliar as populações rurais e citadinas e a ambição de dotar Atenas em geral de elevados padrões culturais –, as Grandes Dionísias trouxeram o deus dos ambientes rurais para o ambiente urbano e constituem um sinal do crescimento considerável da população citadina, que permitira à zona urbana transformar-se num centro de irradiação cultural.

3.3.4. *Centralização de poderes e criação dos tribunais itinerantes*

O reforço da identidade ateniense, através de obras de engrandecimento cultural e da reorganização dos cultos religiosos, foi alimentado igualmente por uma estratégia mais ampla de centralização de poderes, a nível judicial e político. Nesse aspecto, Atenas não se distingue de outras póleis, onde os tiranos tudo fizeram para encorajar a submissão dos interesses locais ao interesse central, retirando capacidade de influência aos aristocratas, precisamente como forma de prevenir futuras disputas de poder. Para conseguir esse desiderato, não era invulgar que os tiranos chegassem ao ponto de condenar à morte, exilar e confiscar as propriedades de quem lhes fizesse oposição. É provável que Pisístrato também haja recorrido a estas medidas mais extremas, logo a seguir à vitória de Palene, em 546, ainda que, conforme se viu (supra 3.3.1) o tirano pareça ter preferido evitar a intensificação de antagonismos, procurando preparar, através da diplomacia, a integração paulatina dos opositores políticos. Em todo o caso, tanto os nobres que permaneceram na Ática como os que regressaram mais tarde do exílio perderam boa parte da influência que haviam até então exercido. Por outro lado os que, no passado, tinham vivido na dependência desses aristocratas começaram a perceber que o seu proteccionismo não era indispensável, sobretudo agora que gozavam da tutela do tirano.

É nesta estratégia de concentração de poderes que se deve entender a única inovação constitucional que se atribui a Pisístrato: a criação de uma comissão de juízes itinerantes (*kata dēmous dikastai*). Esta informação é facultada somente pela *Constituição dos Atenienses* (16.5), mas o silêncio das outras fontes não basta para pôr em causa a sua autenticidade, tanto mais que a medida se enquadra perfeitamente no esforço global de nivelamento social. Com efeito, ao nomear juízes itinerantes que percorriam as diversas regiões da Ática para resolver os diferendos locais, Pisístrato pretendia, obviamente, tomar em mãos o que nas zonas rurais permanecia sob o controlo das fratrias eupátridas, ao mesmo tempo que favorecia uma aplicação mais imparcial da justiça, sem o incómodo de as partes lesadas terem de se deslocar à cidade para dirimir a contenda. ([239])

Iniciativa de maior alcance ainda, no âmbito da centralização, é a cunhagem de uma moeda verdadeiramente nacional de Atenas. As moedas cunhadas por Pisístrato – ou por seu filho Hípias, pouco depois da sua morte – apresentavam no anverso a cabeça da divindade protectora da cidade, Atena, e no reverso a ave simbólica da deusa, a coruja, que ficaram como símbolos permanentes da numismática ateniense. Essas moedas espalharam-se em breve por toda a Ática e levaram o prestígio de Atenas às várias partes do mundo grego. ([240]) E os símbolos escolhidos não deixavam de constituir, também, mais um sinal da profunda relação que ligava o tirano à deusa Atena, e que se manifestara já em várias outras ocasiões, desde o estratagema usado para favorecer o segundo golpe de Estado até ao programa de desenvolvimento urbano e cultural da cidade (supra 3.2 e 3.3.3).

3.3.5. *Manutenção da constituição e das leis de Sólon*

Em outro aspecto, a acção do tirano haveria de mostrar-se igualmente fecunda no futuro. Com efeito, embora tenha reservado os postos mais importantes para os seus partidários, as fontes concordam em que Pisístrato conservou as formas moderadas da constituição de Sólon, mantendo igualmente as leis existentes. ([241]) Significa isto que,

---

([239]) É provável que, com a queda da tirania, a nomeação desta comissão de juízes fosse suspensa, vindo a ser retomada em 453/2 (*Ath.* 26.3) e remodelada em inícios do século IV (*Ath.* 53.1). Vide Rhodes (1981), 215, e comentário *ad loc*.

([240]) Em especial os tetradracmas. Sobre as moedas de prata do tempo de Pisístrato vide Richter (1959) 255-256; Ehrenberg (1973) 105-115; Andrewes (1982) 408-409. Vide supra 2.4.2, para a discussão da hipótese (improvável) de Sólon haver procedido também a uma cunhagem de moeda.

([241]) Cf. Heródoto, 1.59.6; Tucídides, 6.54.6; Plutarco, *Sol*. 31.3. Cf. no entanto o contraste de *Ath.* 22.1.

apesar da recomendação de que as pessoas deveriam permanecer junto das suas terras, a tratar da própria vida, órgãos como a Assembleia e a *Boulē* dos Quatrocentos devem ter continuado a reunir. (²⁴²) É neste contexto de respeito geral pelas normas existentes (*kata tous nomous*), que o autor da *Constituição dos Atenienses* refere o episódio segundo o qual, havendo o tirano sido acusado de homicídio (*dikē phonou*), se apresentou como era seu dever diante do Areópago, para ser julgado, se bem que o outro litigante não chegasse a comparecer para dar seguimento à acusação. (²⁴³) É certo que a atitude do opositor pode ser interpretada como receio de represálias, dada a provável ascendência de Pisístrato sobre o Areópago, mas não deixa de ser sintomática da vontade que o tirano teria de manter em funcionamento os órgãos da pólis.

No conjunto, porém, seriam sobretudo os eupátridas que experimentariam fundamentadas razões para se queixar de liberdades políticas retiradas. Ainda assim, mesmo os nobres acabaram por reconhecer que, no geral, o governo de Pisístrato se pautava pela conciliação, e muitas famílias aristocratas sentiram-se mesmo conquistadas pela actuação moderada e pelo sucesso do tirano, que continuaria a produzir frutos mesmo depois da sua morte. Um testemunho disso mesmo é facultado por uma inscrição do século v que contém parte de uma lista de arcontes (²⁴⁴), onde se vê que o cargo mais elevado de arconte epónimo foi ocupado sucessivamente por Hípias em 526/5, por Clístenes em 525/4 e por Milcíades em 524/3 – portanto, por um pisistrátida, um alcmeónida e um filaída, respectivamente. Por um lado, esta inscrição faculta um indício de legalidade institucional e, por outro, uma prova de que se verificou uma reconciliação real, mesmo

---

(²⁴²) É mais discutível a continuação do direito de recurso (*ephesis*) à Helieia sobre as decisões dos magistrados, pois isso poderia eventualmente debelar a autoridade de pessoas da confiança do tirano. Rhodes (1981), 219, considera que essa prerrogativa criada por Sólon se poderá ter mantido, ao menos em teoria, se bem que na prática não devesse ter sido muito usada. Ober (1989), 67, acentua o facto de o período pisistrátida ter sido bastante conservador em termos constitucionais.

(²⁴³) *Ath.* 16.8. A história é também registada por Aristóteles, *Pol.* 1315b21--22; Plutarco, *Sol.* 31.3.

(²⁴⁴) *IG* I³ 1031a (Meiggs & Lewis 6C). Vide Dillon & Garland (2000) 108--109.

que temporária, entre a família governante e membros influentes da aristocracia. (245)

3.4. Morte e legado de Pisístrato

A consistência do governo de Pisístrato foi-se cimentando, a ponto de lhe permitir alcançar dois feitos que não são despiciendos num governo anticonstitucional: falecer de morte natural e passar o governo de Atenas aos filhos, conforme assinala o autor da *Constituição dos* Atenienses (17.1-4):

> Por conseguinte, Pisístrato envelheceu no poder e morreu, por doença, no arcontado de Filóneos. Desde a primeira vez em que chegou a tirano, ele viveu trinta e três anos, dezanove dos quais à frente do poder; na verdade, os restantes passou-os no exílio. [...] Depois da morte de Pisístrato, os seus filhos mantiveram o poder e orientaram o governo na mesma linha. Dois eram filhos da esposa legítima: Hípias e Hiparco; os outros dois eram-no de uma argiva: Iofonte e Hegesístrato, cujo sobrenome era Téssalo. De facto, Pisístrato havia casado com uma mulher de Argos, Timonassa, filha de um argivo chamado Górgilo; antes disso, ela tinha sido já esposa de Arquino de Ambrácia, da família dos Cipsélidas. (246) Era daqui que provinha a sua amizade com os Argivos, mil dos quais, sob o comando de Hegesístrato, tomaram parte no combate junto do templo de Atena Palénide. Uns dizem que ele casou com esta argiva durante o seu primeiro exílio; outros afirmam que foi depois de haver tomado o poder.

O arcontado de Filóneos caiu em 528/7, de forma que 528 deve ser, provavelmente, o ano da morte de Pisístrato, depois de um período relativamente longo à frente dos destinos políticos de Atenas. (247) Dos

---

(245) É provável que, após o assassinato de Hiparco, em 514, os Alcmeónidas voltassem a estar entre as famílias que foram objecto de sanções, nomeadamente o exílio (cf. *Ath.* 19.1-3). Vide infra 3.5.1.

(246) Tiranos de Corinto.

(247) Aristóteles (*Pol.* 1315b31-34) aponta igualmente o decurso de trinta e três anos depois do primeiro golpe de Pisístrato, embora reduza a dezassete o número global de anos em que o tirano se manteve no poder.

vários filhos do tirano, só dois estariam em condições de assumir o governo em Atenas: (248) Hípias e Hiparco, que sucederam a Pisístrato sem dificuldade, como era frequente nas tiranias dessa época. Os dois irmãos continuaram a governar em comum, ao que parece em completa amizade, embora Hípias fosse mais naturalmente talhado para líder político. (249)

O bom ambiente de governo de que gozaram na primeira dezena e meia de anos justifica-se, certamente, pela boa imagem política do pai e pelo facto de terem começado por seguir as mesmas linhas de actuação. Com efeito, durante o período da tirania, os órgãos a que o *dēmos* fundamentalmente tinha acesso – a Assembleia, a *Boulē* dos Quatrocentos e os Tribunais da Helieia – continuaram a funcionar globalmente como no passado. Há mesmo indícios de que Pisístrato encorajou esses órgãos, dotando, ao que parece, a Helieia e o Conselho de edifício próprios. (250) A importância desses organismos fulcrais recebe um considerável incremento em consequência da já referida estratégia de centralização do governo (supra 3.3.4), operada pelo regime de Pisístrato, de que resultara o controlo da nobreza que até aí monopolizara o poder. Tratando-se de órgãos em que as pessoas comuns tinham voz, através deles o *dēmos* habituou-se, durante cerca de uma geração, a dirigir os seus próprios assuntos, sob a tutela do tirano, mas sem a interferência directa da aristocracia. Aos poucos, os Atenienses tornaram-se conscientes da sua identidade nacional e ganhou solidez a ideia de cidadania (*politeia*). Quer fosse de Elêusis, de Maratona, de Tóricos ou de outro demo qualquer, cada ateniense começava a sentir de forma crescente que pertencia a uma realidade social mais vasta, que a todos unia e vinculava, mais do que as antigas conexões de proteccionismo e dependência relativamente à aristocracia tradicional.

---

(248) Se bem que Hegesístrato já tivesse ajudado a garantir o apoio de Argos, determinante para o sucesso do terceiro e definitivo golpe para instaurar a tirania em Atenas e ainda para estimular o comércio e relações externas. Vide supra 3.2 e 3.3.2.

(249) Cf. Heródoto, 6.55.1-3; Tucídides, 6.54.2; *Ath.* 18.1. Hípias seria também o irmão com mais idade, contrariamente ao que sustenta [Platão], *Hipparch*. 228b.

(250) Vide Forrest (1966) 183.

3.5. O governo dos Pisistrátidas

Entre os dois irmãos que ficaram à frente dos destinos de Atenas, Hípias seria possivelmente, como atrás se disse, o verdadeiro governante, enquanto Hiparco parecia estar mais interessado na literatura e na arte, acolhendo junto de si vários poetas.[251] Apesar da forma pacífica como acederam ao poder, os filhos de Pisístrato não vão saber exercê-lo com igual firmeza, moderação e bom senso, transformando paulatinamente um regime favorável num absolutismo cada vez mais detestado. Assim, durante os anos em que ambos partilharam o poder, os Pisistrátidas foram alheando cada vez mais o *dēmos*, sem se aproximarem da velha aristocracia ou pelo menos de certas famílias poderosas[252]. Pelo contrário, uma certa conciliação que Pisístrato parece ter conseguido acaba por conhecer um retrocesso. Clístenes é de novo exilado, Címon, pai de Milcíades, é assassinado, em obediência sem dúvida a planos cujos pormenores são desconhecidos. Pouco depois, Milcíades parte para o Quersoneso a continuar a obra do seu tio, Milcíades-o-Antigo.[253]

Por outro lado, no Egeu a situação alterara-se. Os Persas começavam a estender o seu império para esses lados e a submeter entrepostos atenienses e muitas das cidades gregas, algumas delas governadas por tiranos aliados dos Pisistrátidas. Sigeu e o Quersoneso, um após outro, caem. Polícrates morre cerca de 520, vítima das suas ambições, e Samos cai nas mãos dos Persas; Lígdamis e Naxos sofrem o mesmo destino e os reféns de Pisístrato que aí se encontravam adquirem a liberdade e juntam-se aos opositores no exílio. Por outro lado, a situação no continente piorara também consideravelmente: Esparta reforçara muito a sua posição na Grécia como líder da Simaquia do Pelopo-

---

[251] Vide [Platão], *Hipparch*. 228c (cf. *Ath.* 18.1), relativamente à forma como o tirano protegera Anacreonte e Simónides. Sobre a natureza do governo dos Pisistrátidas, vide Lewis (1988), ainda que nem sempre seja possível distinguir com clareza o que será iniciativa sua ou simplesmente uma continuação de políticas iniciadas pelo pai. Tucídides (6.54.1-6) apresenta um panorama geral da actuação dos Pisistrátidas, a nível cultural, militar e religioso.

[252] Sobre o crescente despotismo dos filhos de Pisístrato e o alheamento em relação ao *dēmos*, vide Day & Chambers (1967) 19-20, 92 e 99-100; Rhodes (1981) 218 e 227-228; Lewis (1988) 299-300.

[253] Heródoto, 6.103.1-4. Vide Dillon & Garland (2000) 110.

neso; Argos, muito ligada aos Pisistrátidas, encontrava-se debilitada pelo poder dessa Simaquia; Tebas desejava unir a Beócia e entrava constantemente em hostilidades contra Atenas que tinha sob a sua protecção Plateias [254]. Atenas perde terras e apoios. Todos estes factos e acontecimentos levam a um deteriorar das condições económicas e revigoram a oposição à tirania.

3.5.1. *A morte de Hiparco em 514 e a queda da tirania em 510*

Uma contenda, motivada talvez por razões sentimentais e portanto à margem do domínio político, leva a que Harmódio e Aristogíton – segundo tudo indica até aí partidários dos tiranos – assassinem Hiparco em 514.[25] Perante esta situação, Hípias endurece a sua actuação no governo e procura desarmar o povo, facto que, a ter fundamento histórico, constitui mais um sinal de que o tirano se preparava para uma deterioração do cenário político, conforme se deduz da breve síntese feita na *Constituição dos Atenienses*: [256]

> Depois destes eventos, aconteceu que a tirania (*tyrannis*) se tornou bastante mais dura; é que, ao desejar vingar o irmão e ao condenar muita gente à morte ou ao exílio, Hípias acabou por tornar-se desconfiado e amargo para com todos.

---

[254] Cf. Heródoto, 6.108; Tucídides, 3.55, 68.4. Amit (1970) dá para a aliança de Atenas com Plateias uma data posterior ao governo de Hípias (509).

[255] São díspares as versões transmitidas, entre outras fontes, por Heródoto 5.55-61 e 6.123.2; Tucídides 1.20.2 e 6.54-59; Platão, *Smp.* 182c5-7; [Platão], *Hipparch.* 228b4-229d7; [Aristóteles], *Ath.* 17-19. Não se pode negar terminantemente a possibilidade de o assassínio ter visado, antes de mais, a tirania como regime, embora essa hipótese se afigure pouco provável. Parece ter-se tratado mais de uma questão pessoal, embora acabasse por ter implicações políticas que adiantariam a queda da tirania. Sobre o acto de Harmódio e Aristogíton e suas motivações, vide de Sanctis (1912) 404-409; Jacoby (1949), 159-165, 335-336 n. 33, 342-343 n. 73; Gomme, Andrewes & Dover (1970-1981) 320-323; Rhodes (1981) 189-190.

[256] *Ath.* 19.1. Um pouco antes (*Ath.* 18.4), o autor do tratado põe em causa a ideia de que Hípias, na procissão das Panateneias durante a qual ocorreu o atentado, teria separado os participantes que levavam armas, pois nessa altura não seria ainda costume usar armas no desfile.

Com represálias tão violentas como condenações à morte e ao exílio, Hípias estava a alienar rapidamente o crédito político acumulado ao longo do governo de Pisístrato, ao mesmo tempo que, aos apoios entretanto dissipados, somava ainda novos inimigos. A sensação de insegurança obrigou-o a contratar mercenários que o defendessem de alguma eventual revolta, mas a manutenção dessa guarda pessoal implicava custos avultados.[257] Para os cobrir, Hípias necessitava de dinheiro e introduziu, por isso, um número considerável de impostos.[258] O inconformismo generalizado, tanto do *dēmos* como dos nobres, dá origem a três ou quatro anos de lutas, de repressões e de intrigas até que, em 510, uma conjura apoiada por Esparta derruba a tirania e expulsa Hípias. Os Alcmeónidas, regressados do exílio, tomam parte activa nesse acontecimento e, em 509, o povo entrega o governo a um dos seus membros, Clístenes.[259]

Conforme se comentou no início desta secção, é pouco provável que a morte de Hiparco tenha sido um acto contra a tirania enquanto tal, mas isso não impediu que, no imaginário popular, o feito dos tiranicidas permanecesse para memória futura como um símbolo da libertação de Atenas. De resto, Harmódio e Aristogíton foram mesmo objecto de culto, tendo-lhes sido votadas estátuas na Ágora pouco depois de 510; em sua honra, eram inclusive entoadas canções de mesa (*skolia*), nas quais se dizia expressamente que o seu acto havia tornado Atenas *isónoma*[260]. Foi essa consciência cívica que, após a queda da

---

[257] Além disso, Hípias terá também criado reservas de víveres de emergência e zelado pelo reforço da fortificação de Muníquia, no Pireu (Heródoto, 5.64.2-65.1). Vide Lewis (1988) 300.

[258] [Aristóteles], *Oec.* 1347a4-17, refere uma série de medidas de emergência que teriam sido implementadas pelo tirano, a fim de obter receitas extraordinárias, como impostos sobre os nascimentos e os óbitos, mas a sua consistência histórica é muito duvidosa.

[259] Heródoto (6.123) considera que foram os Alcmeónidas, mais do que Harmódio e Aristogíton, os verdadeiros libertadores de Atenas, mas o historiador de modo geral apresenta uma atitude muito favorável a esta família, pelo que a sua afirmação deve ser olhada com alguma reserva. Por outro lado, o facto de haverem colaborado com os Pisistrátidas (supra 3.3.5) mostra que não eram assim tão radicalmente 'inimigos da tirania' (*misotyrannoi*).

[260] A propósito do significado político do culto aos tiranicidas, vide Podlecki (1966). Sobre as canções de mesa em honra de Harmódio e Aristogíton, vide Bowra (1961) 391-396; Dillon & Garland (2000) 119-122; Rocha Pereira (2006) 237 e

tirania em 510, permitiu evitar a reacção aristocrática ainda ensaiada por Iságoras, com o apoio de Esparta. Contra as expectativas da facção oligárquica, o *dēmos* reagiu energicamente e elegeu o alcmeónida Clístenes, abrindo-se assim caminho à definitiva instauração da democracia em Atenas. A tutela do tirano iria, agora, ser substituída pela soberania popular.

---

n. 129. Os *skolia* são parodiados várias vezes por Aristófanes (*Lys.* 631-633; cf. *Ach.* 979-980, 1093; *V.* 1225), facto que constitui um claro sinal da popularidade deste tipo de composições.

4.
Clístenes e os Alcmeónidas

4.1. Entre o fim da tirania e o início da democracia

Pesem embora a enorme importância e influência que tiveram, as reformas de Sólon não conseguiram resolver plenamente a situação crítica em que se encontrava a Ática nos fins do século VII e inícios do século VI. E assim, menos de uma década volvida, as lutas entre facções tinham-se acentuado de novo. A instabilidade social e política irá prolongar-se durante décadas, servindo de motivação a Pisístrato para instaurar a tirania – regime que, após uma primeira tentativa em 561, ele impõe definitivamente em 546 e se mantém até 510. Conforme se viu na análise desenvolvida ao longo do capítulo anterior, a actuação dos Pisistrátidas não deixou de ser acompanhada também de importantes efeitos positivos, como a estabilização política de Atenas, o nivelamento social, a projecção cultural e económica da cidade e ainda a maturação da consciência cívica da cidadania – factores que, no conjunto, contribuíram de forma determinante para a futura criação da democracia.

A expulsão de Hípias não deve ter produzido de imediato um *vacuum* de poder, pois os órgãos criados ou alterados pela reforma constitucional de Sólon continuavam activos e não é improvável que os próprios magistrados eleitos antes da queda da tirania se tenham mantido em funções até ao termo do mandato, assegurando assim a normalidade política possível num contexto particularmente tenso. Não se sabe se as antigas famílias proeminentes terão retomado logo a luta pelo poder, mas até à eleição de Iságoras como arconte (508/7), as atenções parecem ter estado centradas em remover alguns aspectos problemáticos da administração pisistrátida, cuja revisão seria pertinente dentro do novo cenário político. É o caso da reactivação da velha lei de punir com privação de direitos cívicos (*atimia*) quem tentasse instalar a tirania (*Ath*. 16.10) e a revisão da lista de cidadãos (*diapsēphismos*), feita logo a seguir à expulsão dos tiranos, pois parecia haver muitos usurpadores do estatuto de cidadania. [261]

De resto, as primeiras reacções políticas à queda dos tiranos não começaram por apontar logo na direcção da soberania popular. Pelo contrário, uma vez afastada a tirania, os grupos de aristocratas rivais pareciam preparar-se para retomar o jogo das facções no mesmo ponto em que o haviam deixado em 546 – e para o jogar com os mesmos argumentos e regras. [262] Com efeito, emergem na cena política dois grupos aristocráticos, liderados respectivamente por Clístenes e por Iságoras. Do primeiro, um alcmeónida filho de Mégacles e de Agariste, filha do tirano de Sícion, também chamado Clístenes, pouco é conhecido antes da queda de Hípias: foi arconte em 525/24, o que mostra que começou por ser colaborador dos tiranos (supra 3.3.1), mas terá ido para o exílio depois da morte de Hiparco, tendo então participado na estratégia de pressões concertadas que levaram à intervenção de Esparta em 510 e causaram a queda da tirania [263]. Iságoras, filho de Tisandro, pertencia a uma antiga família eupátrida que havia permanecido na Ática e cooperara com os Pisistrátidas. [264] Estava-se, por conseguinte, diante de dois grupos aristocráticos que, até certo ponto, pretenderiam apresentar-se como os sucedâneos dos que, em 561 e 546, Pisístrato precisara de combater.

---

[261] Cf. *Ath*. 13.5. Não é improvável que esta medida, articulada talvez com o controlo dos registos nas fratrias, visasse os descendentes dos artesãos que Sólon procurara atrair à Ática, para estimular a economia, bem como eventualmente os mercenários (e respectivos descendentes) que haviam estado ao serviço dos Pisistrátidas. Tem sido aventada a hipótese de que os cidadãos que perdessem a cidadania nesta altura viessem a ser reintegrados pouco depois, com as reformas de Clístenes (cf. *Ath*. 21.4). Vide Rhodes (1981) 188; Ostwald (1988) 303-305.

[262] Para se usar a sugestiva metáfora de Forrest (1966) 191.

[263] Vide Cadoux (1948) 109-110; Ehrenberg (1968) 87 e 90.

[264] Cf. Heródoto, 5.66. Quando na *Constituição dos Atenienses* (*Ath*. 20.1) se sustenta que Iságoras era «amigo dos tiranos» isso deve corresponder mais a uma forma de acentuar a oposição entre Iságoras e Clístenes do que a expressão de uma amizade efectiva. Conforme há pouco se comentava, também Clístenes havia sido colaborador dos tiranos, embora, depois de exilado, se tornasse num dos principais opositores do regime.

A oposição entre essas facções não tardou a fazer-se sentir. Iságoras tinha do seu lado a vantagem da confiança e amizade do rei espartano Cleómenes que colaborara no afastamento da tirania e cujo exército ainda acampava por perto. Deste primeiro recontro, Clístenes sairia vencido e Iságoras conseguiria ser eleito arconte em 508. Depois da vitória de Iságoras, Clístenes afastou-se do ciclo de aristocratas para buscar apoio popular, numa jogada política sem precedentes. ([265]) As suas motivações e forma de actuação não são esclarecidas pelas fontes, embora talvez tenha começado por essa altura a trabalhar nas suas medidas e a difundir entre o cidadão comum a ideologia ainda fluida da igualdade política (*isonomia*). Em 507/6 foi eleito para arconte Alcméon, nome que sugere que seria familiar de Clístenes, constituindo assim um indicativo da sua crescente visibilidade política. Não se afigura improvável que Clístenes houvesse preparado as reformas ainda durante o arcontado de Iságoras e as apresentasse no início do mandato de Alcméon, submetendo-as a um órgão popular (possivelmente a Assembleia). Se tivesse sido este de facto o nexo dos acontecimentos, isso ajudaria a explicar o pânico de Iságoras, que o teria levado a pedir auxílio a Cleómenes, do qual resultaria, em 507, o exílio de Clístenes e de outras famílias atenienses. ([266]) Em todo o caso, há que reconhecer que boa parte desta reconstituição, embora defensável, não encontra um apoio directo nas fontes, que são bastante omissas quanto a este período.

Heródoto (5.66-73.1) faculta o relato mais antigo sobre estes acontecimentos e, em boa medida, terá servido de fonte à descrição que aparece na *Constituição dos Atenienses* (20.1-22.1), a qual será usada como guia da análise, à semelhança da prática adoptada nos anteriores capítulos deste volume. A fase mais conturbada do governo de Atenas, imediatamente posterior à queda da tirania, é descrita pelo autor do tratado nos seguintes termos (*Ath.* 20.1-4):

> Com o derrube da tirania (*tyrannis*), entraram em disputa (*stasiazein*) Iságoras, filho de Tisandro, amigo dos tiranos, e Clístenes, da família dos Alcmeónidas. Vencido pelas associações políticas (*hetaireiai*), Clístenes pôs-se do lado do povo (*dēmos*) e

---

[265] Cf. Heródoto 5.66.2, 5.69.2; *Ath.* 20.1.
[266] Vide Ostwald (1988) 306-307.

concedeu o governo (*politeia*) à multidão (*plēthos*). Iságoras, ao sentir o seu poder (*dymanis*) diminuído, chamou novamente Cleómenes, que era seu hóspede, e convenceu-o a banir o sacrilégio, já que os Alcmeónidas passavam por ser dos «sacrílegos» (*enageis*). Após a fuga de Clístenes, <Cleómenes, que chegara> acompanhado de um pequeno exército, expulsou como impuras setecentas famílias de Atenienses. Depois de assim proceder, tentou dissolver o conselho (*boulē*) e instalar Iságoras e trezentos dos seus amigos como senhores da cidade. Mas perante a resistência do conselho (*boulē*) e o ajuntamento da multidão (*plēthos*), os apoiantes de Cleómenes e de Iságoras refugiaram-se na Acrópole. O povo (*dēmos*) tomou assento e montou o sítio durante dois dias; ao terceiro, deixaram sair, sob capitulação, Cleómenes e todos os que o acompanhavam, ao mesmo tempo que mandaram chamar Clístenes e os outros exilados. Assim que o povo (*dēmos*) assumiu o controlo da situação, Clístenes tornou-se seu guia e chefe (*hēgemōn kai prostatēs*). De facto, foram os Alcmeónidas os grandes causadores da expulsão dos tiranos, tendo passado a maior parte do tempo a lutar contra eles (*stasiazein*).

O rei de Esparta força os Atenienses a expulsar Clístenes e com ele setecentas outras famílias, ao mesmo tempo que o governo era colocado nas mãos de trezentos cidadãos da confiança de Iságoras. Embora se elegesse, como motivo oficial para esse acto de banimento, a antiga culpa familiar do clã alcmeónida resultante do envolvimento na morte de Cílon e seus partidários (supra 1.2), tratava-se afinal, como tudo parece indicar, de uma drástica operação de limpeza que visava estabelecer uma apertada oligarquia favorável a Esparta. No entanto, estes planos iriam sair gorados, devido à enérgica e inesperada oposição– primeiro do lado da *Boulē*, depois da população em geral – referida pela *Constituição dos Atenienses* e também por Heródoto (5.72.1-2). As fontes são omissas quanto à identificação do Conselho em causa, ficando na dúvida se seria o Areópago ou a *Boulē* dos Quatrocentos. Alguns estudiosos modernos pronunciam-se a favor da primeira conjectura, mas já ao falar das reformas de Sólon se considerou duvidoso um tal cenário, ([267]) pois seria um passo muito arris-

---

([267]) Vide supra 2.5.3. A hipótese de a referência dizer respeito à *Boulē* dos Quinhentos afigura-se ainda menos pertinente, pois é muito improvável que, em 507,

cado para Iságoras e os Espartanos seus apoiantes colocar sequer a hipótese de derrubar aquele velho bastião da constituição. Por isso, afigura-se mais provável que a ameaça fosse dirigida à *Boulē* dos Quatrocentos, um órgão mais próximo do comum dos cidadãos, e cujo risco de dissolução teria despertado a cólera contra os oligarcas e os Espartanos.

A reacção dos Atenienses em geral costuma ser tomada como indício de que o *dēmos* se havia habituado, sob a tutela do tirano, a usufruir de algumas regalias que temia perder, caso se instaurasse um governo oligárquico. Esta maturação da consciência cívica do ateniense comum e o forte carácter popular da revolução que então se iniciava constituem, pela certa, factores inegáveis, embora não se possa negligenciar igualmente o salto qualitativo permitido pela visão política de Clístenes.([268]) Isso mesmo compreendeu o *dēmos*, que, depois da retirada de Iságoras e dos Espartanos, chama de novo a Atenas as setecentas família exiladas, juntamente com Clístenes, a quem tornam seu guia e chefe (*hēgemōn kai prostatēs*), provavelmente em atenção às medidas que começara por apresentar publicamente antes da ida para o exílio. O Alcmeónida tinha o caminho aberto e, com o apoio popular, irá proceder a uma reforma completa da constituição.

4.2. As reformas de Clístenes

Conforme se comentou na secção anterior, deve-se a Heródoto e à *Constituição dos Atenienses* a informação sobre as linhas gerais das alterações introduzidas neste momento determinante da história

---

estivesse já completa a divisão da Ática segundo as novas divisões territoriais cridas (ou a criar) por Clístenes e que uma *Boulē* reformulada de acordo com essas regras se encontrasse estabelecida e organizada a ponto de ser capaz de enfrentar Cleómenes.

([268]) É esse, de resto, o principal risco que enfrenta a análise conduzida recentemente por Ober (2007). Ao querer salientar a ruptura histórica, motivada por uma alteração "epistémica", de carácter sociológico e ideológico, e da qual Clístenes seria apenas o intérprete, o autor arrisca o erro de quase anular o contributo decisivo de personalidades de excepção no devir histórico. O autor está consciente desse perigo, que procura evitar, mas acaba por ceder talvez em demasia à insistente preocupação de acentuar os começos revolucionários da democracia e o paralelo com a Revolução Francesa.

política e constitucional de Atenas. Heródoto deixa entrever que o Alcmeónida não cultivara desde o início um plano de reformas orientadas no sentido da democracia, mas que foram as circunstâncias que o impeliram nessa direcção. O historiador refere explicitamente (5.66.2) que «Clístenes, por encontrar-se em situação mais frágil, associa o *dēmos* à sua heteria (*prosetairizetai*)» – esclarecendo a seguir (5.69.2) que esse *dēmos* «permanecera antes arredado de tudo». ([269])

A *Constituição dos Atenienses* parece mais receptiva à sinceridade democrática de Clístenes, facultando igualmente um relato mais pormenorizado sobre as medidas implementadas e que convirá recordar na íntegra (*Ath.* 21.1-6):

> É por estes motivos que o povo (*dēmos*) tinha confiança em Clístenes. Ora ele tornou-se chefe da multidão (*plēthos*) no quarto ano a seguir à queda dos tiranos, durante o arcontado de Iságoras. A sua primeira medida consistiu em repartir todos os Atenienses por dez tribos (*phylai*), em vez das antigas quatro, com o intento de os misturar, a fim de que um maior número acedesse ao governo (*politeia*). Daí provém o dito de que "não deve cuidar das tribos" (*phylokrinein*) quem quiser indagar sobre as estirpes (*genē*). Em seguida, instituiu o conselho (*boulē*) dos quinhentos membros, em vez dos quatrocentos, cinquenta por cada tribo (*phylē*), enquanto até essa altura eram cem. Foi por este motivo que ele não agrupou os cidadãos em doze tribos (*phylai*), para assim evitar que se distribuíssem de acordo com as trítias (*trittyes*) já existentes; de facto, havia doze trítias (*trittyes*) formadas a partir das antigas quatro tribos (*phylai*) e, desta forma, não se conseguiria operar a fusão do povo (*anamisgesthai to plēthos*). Dividiu também a região em trinta grupos de demos (*dēmoi*): dez da zona da cidade (*asty*) e arredores, dez da zona costeira (*paralia*) e dez da zona interior (*mesogeios*); chamou-lhes trítias (*trittyes*) e sorteou três para cada uma das tribos (*phylē*), de maneira a que cada uma destas tomasse uma parte de todas as regiões. Tornou demotas (*dēmotai*) os que habitavam em cada um dos demos

---

([269]) O termo heteria (*hetaireia*), a que Heródoto faz referência explícita através da forma verbal *prosetairizetai*, designa um feudo nitidamente aristocrático, onde o *dēmos*, como entidade política, não tinha entrada. Por esta razão, Ehrenberg (1968), 402 n. 32, chama a atenção para a possibilidade de existir naquele momento um conflito entre o cidadão comum e as heterias nobres.

(*dēmoi*), para evitar que se designassem pelo nome do pai, denunciando, assim, os que eram cidadãos de fresca data (*neopolitai*); preferia, pelo contrário, que se identificassem a partir dos demos (*dēmoi*) e é por isso que, ainda agora, os Atenienses se nomeiam pelos demos (*dēmoi*). Instituiu ainda os demarcos (*dēmarchoi*), atribuindo-lhes a mesma função que antes possuíam os naucraros (*naukraroi*): de facto, ele criou os demos (*dēmoi*) em substituição das naucrarias (*naukrariai*). Designou os demos (*dēmoi*) a partir do nome dos lugares ou dos seus fundadores, pois nem todos se encontravam ainda na localidade de origem. Relativamente às estirpes (*genē*), às fratrias (*phratriai*) e aos sacerdócios (*hierōsynai*), deixou que se mantivessem as tradições ancestrais. Quanto às tribos (*phylai*), deu-lhes o nome de dez heróis fundadores, que a Pítia escolheu de entre cem candidatos previamente seleccionados.

Em termos bastante simplificados, o essencial das reformas de Clístenes poderia ser esquematizado da seguinte forma: ([270])

- Divide a Ática em três zonas: a urbana (*asty*) ou da cidade e arredores, a costeira (*paralia*) e a interior (*mesogeios* ou *mesogeia*).
- Subdivide em dez cada uma destas regiões, obtendo assim trinta trítias (*trittyes*, à letra 'terça parte').
- Substitui as tradicionais quatro tribos (*phylai*) iónicas por dez novas tribos, reunindo em cada uma delas três trítias, retiradas de cada uma das três zonas acima referidas (*asty, paralia, mesogeia*), procurando assim garantir a mistura da população.
- Distribui os demos pelas trinta trítias. ([271]) A palavra demo (sing. *dēmos* pl. *dēmoi*) não possui neste contexto a usual acep-

---

([270]) Embora não necessariamente por esta ordem.

([271]) Cada trítia era constituída por número mais ou menos igual de demos não contíguos, de forma a evitar as antigas ligações tribais. Estas medidas visavam impedir que o chefe do grupo de estirpes das famílias nobres – ou seja, de cada uma das quatro tribos iónicas em que até então se dividia a pólis – tivesse a sua eleição garantida para o arcontado. Sobre a importância do demo, vide Ferreira (1990) 79-82. Heródoto (5.69.2) sugere que os demos seriam 100, mas de acordo com fontes mais tardias (Estrabão, 9.1.16), o número total de demos ascenderia a 170 ou 174. À parte a questão exacta do número, é provável que, no tempo de Clístenes, a maioria dos demos já existisse e alguns deles até talvez fossem anteriores ao estadista. Cf. Rhodes (1981) 252. Vide infra 4.3.1.

ção de 'povo', mas designa antes uma 'circunscrição territorial e administrativa', semelhante, de alguma forma, às actuais freguesias. [272] Cada demo e respectivos habitantes (os demotas) funcionavam como uma pequena unidade política, com assembleia local e um magistrado próprio, o demarco. [273]
– De acordo com a lógica de constituição das dez novas tribos, eleva para 500 o número de elementos da *Boulē* (50 por cada tribo).
– Concede ainda o direito de cidadania a não Atenienses, reforçando assim as dimensões do corpo cívico. O cidadão começava a ser identificado não só pelo nome do pai (patronímico) mas também pelo do local em que habitava (o demótico), sendo que desta forma Clístenes conseguia integrar mais eficazmente na pólis os novos cidadãos (*neopolitai*) que introduzira no corpo cívico.

Em todo o caso, a comunidade científica não é unânime a aceitar o relato apresentado pela *Constituição dos Atenienses*, havendo estudiosos que consideram que, por ser feita à distância de quase dois séculos, a reconstituição da actividade de Clístenes não será inteiramente segura. O cepticismo tem alguma razão de ser, atendendo à escassa informação veiculada pelas fontes literárias, embora a arqueologia tenha vindo a facultar novos dados importantes. [274] Ainda assim, o essencial das reformas de Clístenes acima descritas é aceite pela generalidade dos estudiosos – o que não significa que não haja muitos pormenores que continuem a alimentar discussão, como a questão dos "novos cidadãos" (*neopolitai*), o modo como Clístenes preparou e fez aprovar as suas medidas, a sinceridade democrática da sua actuação e

---

[272] Por uma questão de clareza, usa-se o termo português 'demo' para referir a unidade territorial administrativa que estava na base do sistema democrático, mantendo o termo grego transliterado (*dēmos*) para designar o 'povo' ou a 'soberania popular'.

[273] Substituindo os naucraros e as naucrarias; sobre estas estruturas, ligadas às antigas quatro tribos iónicas, vide *Ath*. 8.3. Mantinham-se também outros corpos sociais e religiosos (como as estirpes, fratrias e sacerdócios), mas sem poder político. Vide Rhodes (1981) 256.

[274] Por exemplo em relação ao ostracismo, que será retomado mais adiante (vide infra 4.4.1).

a própria finalidade dessas reformas. Estas questões de fundo já foram em parte abordadas nas páginas anteriores, mas, antes mesmo de aprofundar a análise da nova ordem política, será pertinente examinar desde já algumas delas, como o problema dos *neopolitai*, cuja correcta interpretação levanta de facto algumas dificuldades.

Com efeito, não resulta totalmente claro da *Constituição dos Atenienses* qual o grupo de pessoas abrangidas pela medida. Alguns defendem, por exemplo, que o termo designa apenas o restabelecimento dos direitos de cidadãos às setecentas famílias exiladas por Iságoras e Cleómenes. Mas essas famílias, ao regressar a Atenas, reassumiriam imediatamente esses direitos, como coisa natural, de forma que não se compreenderia claramente por que motivo as fontes iriam realçar o facto como uma medida importante de Clístenes. Não é improvável que, seguindo a opinião de Aristóteles expressa na *Política* (1275b34-39) e pesando embora as dificuldades em interpretar o passo, o Alcmeónida houvesse por essa altura concedido a cidadania a estrangeiros e escravos (*xenous kai doulous metoikous*) domiciliados na Ática, talvez para conseguir uma clientela política ou por considerar que tal medida era melhor para o futuro de Atenas.[275] Com tal actuação estabelecia, ao mesmo tempo, que a posse de terra pátria deixava de ser condição para a aquisição da cidadania.[276] O reforço da sua base de apoio político não é um factor despiciendo, sobretudo tendo em conta que, ao contrário de figuras como Drácon ou Sólon, Clístenes não gozara certamente de um mandato com poderes especiais, na qualidade de legislador, de forma que teria necessidade de fazer aprovar as suas propostas num órgão popular (talvez a Assembleia). Afigura-se também provável que, entre os *neopolitai*, estivessem sobretudo pessoas que haviam perdido a cidadania em virtude da revisão da lista de cidadãos (*diapsēphismos*) empreendida possivelmente logo a seguir à queda da tirania, e que terá afectado os novos cidadãos que Sólon e os Pisistrátidas terão procurado atrair para a Ática – artesãos qualificados, mercenários e respectivos descendentes.[277]

---

[275] Embora alguns estudiosos vejam nesta informação a criação dos metecos enquanto classe distinta. Sobre esta complexa questão, vide sinopse de Rhodes (1981) 254-256.

[276] Vide Oliver (1960) 503-507; Kagan (1963) 41-46; Ehrenberg (1968) 92.

[277] Cf. *Ath*. 13.5. Vide ainda supra 4.1.

Em todo o caso, obter uma certeza absoluta relativamente a estas questões de pormenor é um desejo que a natureza das fontes não permite cumprir por inteiro. De uma ou de outra maneira, as reformas foram mesmo feitas e o essencial é que essa empresa de Clístenes conduziu a uma profunda mutação da constituição e à integração do *dēmos* nos quadros políticos novos. ([278])

4.3. A constituição decorrente das reformas de Clístenes

Um aspecto notável desta nova constituição, mas do qual nem sempre parece haver consciência, é que a estrutura governamental criada por Clístenes se manterá praticamente inalterada durante cerca de trezentos anos. ([279]) Esta impressionante durabilidade encontra diferentes explicações entre os estudiosos deste período: uns enfatizam a eficácia do sistema tribal e a sua estreita conexão com os demos e as trítias, ou então o papel que a *Boulē* dos Quinhentos detém no sistema e cuja estrutura espelha como nenhum outro órgão; outros ainda registam antes os aspectos mais conservadores, que remontam ao tempo de Sólon ou mesmo a épocas anteriores. À parte a pertinência relativa de cada uma destas hipóteses, talvez o aspecto determinante deva ser encontrado antes no equilíbrio de toda a arquitectura política ateniense, construída de facto ao longo de vários séculos, embora com os saltos qualitativos que têm vindo a ser ponderados ao longo deste volume.

As reformas implementadas por Clístenes incidiram num duplo plano: por um lado, promoveram a reorganização do corpo cívico e a criação de novos quadros políticos; por outro, provocaram também a modificação profunda das instituições existentes. Com efeito, Clístenes terá verificado que o poder das famílias nobres resultava da circunstância de o chefe do grupo de estirpes que constituíam cada uma das quatro tribos iónicas em que se dividia a pólis ter a sua eleição garantida para o arcontado. Para evitar tal situação, procedeu a uma completa divisão administrativa da Ática, tomando como referência simples critérios geográficos e dando assim origem a uma nova cons-

---

([278]) Conforme acentuam Lévêque & Vidal-Naquet (1973) 49.
([279]) O facto é registado oportunamente por Ostwald (1986) 309.

tituição. Foi a esse objectivo que obedeceram medidas de fundo como a reorganização da Ática em três zonas (urbana, costeira e interior), a subdivisão dessas zonas em trítias (que reuniam um número variável de demos) e o agrupamento das trítias em tribos. Como tal, as dez novas tribos passaram a ser formadas por um trítia de cada zona geográfica e a incluir um número mais ou menos equivalente de demos não contíguos. Em consequência desta redistribuição, as antigas ligações de interdependência entre famílias aristocráticas e respectivos apoiantes sofriam um rude golpe, abrindo o caminho para que o corpo de cidadãos tivesse uma participação mais igualitária no governo da pólis. Conforme atrás se viu (4.2), Clístenes preservou ainda assim uma certa dinâmica social e religiosa dentro das antigas estirpes (*genē*), fratrias (*phratriai*) e sacerdócios (*hierōsynai*) tradicionais, mas despojou-os de expressão política e administrativa, em favor dos demos, sobre os quais importará reflectir um pouco mais, na medida em que constituem um elemento basilar deste conjunto de reformas.

4.3.1. *Os demos como base da nova estrutura política*

O critério geográfico que norteou a reorganização política e social da Ática encontra na estrutura dos demos a sua expressão mais significativa. Com efeito, em vez de recorrer a instâncias derivadas de ligações familiares e de nascimento, a nova organização tomava como ponto de partida o demo – pequena área territorial e populacional, onde era feito o registo dos cidadãos de acordo com o lugar de residência. Sendo a base de todo o sistema político ateniense, é na organização interna do demo que se pode e deve procurar a razão de sucesso das reformas e dos posteriores frutos: como órgão de administração local dotado de uma assembleia e de um dirigente (o demarca), a ele atribuía o legislador a capacidade para resolver diferendos essenciais para o exercício activo da vida democrática, como a admissão de novos cidadãos e a condenação dos que usurpavam esse estatuto ([280]). Cada demo

---

([280]) A natureza, importância e função do demo é um assunto que tem motivado aceso debate entre os estudiosos deste período. A título de exemplo, vide Ehrenberg (1968) 92-93; Thompson (1971); Trail (1975) 37-55 e 73-103; Osborne (1985) 15-87; Whitehead (1986).

possuía um registo em que todos os cidadãos eram inscritos, quando atingiam a idade de dezoito anos. Sem esse procedimento legal não eram cidadãos atenienses e não podiam, por conseguinte, aceder aos órgãos de governo. Uma vez inscrito, o cidadão pertenceria ao seu demo para sempre, passando essa ligação aos descendentes. Desse modo se eliminaria progressivamente da nomenclatura ateniense a diferenciação social assente na antiga ascendência familiar.

Em todo o caso, esta prática demoraria bastante tempo a generalizar-se, ao menos entre os nobres, de maneira que o uso do demótico ainda iria conviver longos anos com a indicação do nome do pai (patronímico). Com efeito, os exemplos de uso de patronímico e demótico são frequentes. Platão, no *Górgias* 495d, usa o demótico para Cálicles e Sócrates, mas já no *Hípias Maior* 298b utiliza o patronímico de Sócrates, se bem que se procure uma forma de tratamento enfática e uma intenção irónica. Nos oradores áticos, encontramos vários exemplos de uso conjunto de patronímico e demótico. Ésquines, *Contra Timarco* 1.156, por exemplo, coloca lado a lado nomes com patronímico e outros acompanhados de demótico. A própria *Constituição dos Atenienses*, após aludir à medida de Clístenes (21.4), cita pessoas no capítulo seguinte com o patronímico seguido de demótico ou apenas com o patronímico.[281] Apesar disso, a disposição de Clístenes foi de grande importância, ao estimular paulatinamente a criação de um único tipo de cidadão.

Por esta altura, a Ática era ainda essencialmente uma comunidade rural, mas com o tempo o centro urbano irá torna-se no verdadeiro núcleo de todas as actividades do Estado – aí funcionavam regularmente a Assembleia, o conselho dos Quinhentos, o Areópago, os tribunais, as diversas magistraturas – e de forma gradual muitos cidadãos se deslocarão para lá. Ora como a ligação ao demo de origem se mantinha, o princípio da vizinhança foi perdendo grande parte da sua força.

---

[281] Em muitos *ostraka*, se bem que não faltem também excepções, os elementos de origem nobre apresentam ainda o nome do pai, enquanto as pessoas dos estratos mais baixos apresentam o demótico, aparecendo também por vezes as duas formas. E embora, mesmo no século IV, a utilização do demótico não tivesse ainda suplantado o patronímico, o uso do primeiro, nos inícios do século V, seria talvez um sinal de ideais ou inclinações democráticas. Vide observações de Ehrenberg (1968) 402 n. 39; Vanderpool (1970) 6-8; Bicknell (1972) 43-44.

Apenas permanecia, no interior do corpo eleitoral e administrativo, a mistura de classes sociais realizada no demo. E se bem que, fora do princípio local simbolizado nessa autarquia, o que passava a contar era o cidadão individual no todo da pólis (em órgãos como a Assembleia), ainda assim a célula demótica continuava a ser o cordão umbilical que lhe garantia a ligação a esse todo.

A *Constituição dos Atenienses* (21.4) sugere que criação do demo como base de inscrição e designação dos cidadãos obedeceu à finalidade de esconder a origem estrangeira dos novos cidadãos, mas essa terá sido, quando muito, uma consequência indirecta. A principal função do demo – pelo menos foi esse o efeito da sua instituição ou remodelação [282] – consiste em acentuar a unidade dessa célula política e, através dela, de todo o corpo social, bem como a igualdade dos seus membros perante a lei. Através da Assembleia que garantia a eleição do seu magistrado específico (o demarco), o demo apresentava-se como uma cópia, em ponto reduzido, do próprio funcionamento democrático da pólis. Daí a sua importância como iniciador e educador da vida política e social.

4.3.2. *As trinta trítias e as dez tribos*

A organização política criada por Clístenes foi pensada para que os demos se agrupassem dando origem a trítias, e que estas se combinassem de maneira a criarem as tribos, mas de forma a permitir que cada tribo contivesse uma trítia da zona urbana (*asty*) outra da costeira (*paralia*) e outra ainda da interior (*mesogeios* ou *mesogeia*). Quando as tribos foram criadas, cada cidadão ficou ligado ao demo onde habitava e, como o sistema era hereditário, os futuros cidadãos iriam continuar a pertencer ao demo, trítia e tribo originários do pai natural ou adoptivo, sem ter já em consideração o local onde passaram a viver. [283] Por conseguinte, estas três instâncias estavam profundamente ligadas à lógica de funcionamento do sistema democrático. A *Constituição dos Atenienses* (21.4) informa que as três partes ou trí-

---

[282] Finley (1983), 46-47, encontra-se entre os estudiosos que defendem que o demo já existia antes de Clístenes.

[283] Vide Rhodes (1981) 251-253.

tias de cada tribo foram associadas entre si através do método da tiragem à sorte. É provável que fosse esse o intento inicial de Clístenes, mas a necessidade de obter um equilíbrio global deve ter aconselhado outra solução. Com efeito, ao criar as dez tribos, Clístenes parece ter-se guiado por dois princípios: por um lado, tornar as tribos aproximadamente iguais em população; por outro, procurar que cada uma delas apresentasse uma mistura de todas as classes sociais. Se conseguisse esses objectivos, provocaria a destruição da preponderância local ou nacional dos grandes proprietários, quase todos eupátridas, e reforçaria a unidade da pólis e dos cidadãos entre si. Por conseguinte, em muitos casos seria natural observar a tendência para associar trítias mais amplas a outras menores. Além disso, determinados indícios sugerem que nem sempre o princípio da separação ou fusão terá sido aplicado de forma idêntica. Aponta nesse sentido o facto de haver trítias contíguas incluídas na mesma tribo, enquanto em determinados casos se procura separar uma trítia que fosse centro de importantes cultos locais, para evitar a influência da família que tinha a seu cargo esse culto. ([284]) Por aqui se reforça a ideia de que a principal preocupação ao constituir as trítias e as tribos foi quebrar, tanto quanto fosse possível, as estruturas que permitiam aos aristocratas exercer a sua influência a nível local e central. Teoricamente, o método da tiragem à sorte favoreceria esse objectivo e também a aceitação do resultado, mas a vontade de obter um equilíbrio global entre as tribos pode ter obrigado a uma intervenção mais racional no momento da efectiva criação das novas tribos. ([285])

Clístenes, de qualquer modo, concedeu às tribos e trítias um papel determinante. Embora no quadro da *Ekklēsia* a tribo e a trítia nada contassem e cada indivíduo se representasse a si mesmo e ao voto ditado pela sua consciência, já como soldado e como membro da *Boulē* dos Quinhentos, o cidadão não escapava à influência do enquadramento tribal: as reuniões faziam-se por tribos no centro urbano, os Atenienses votavam por tribos, combatiam igualmente agrupados por tribo, sendo que até as manifestações culturais (como os coros de ditirambos) pas-

---

([284]) Forrest (1966) 197-198.
([285]) Entre os múltiplos estudos que abordam o problema da dimensão e distribuição das trítias pelas tribos vide Eliot (1962); Lewis (1963); Ostwald (1988) 312-319.

sariam a espelhar essa organização. A pólis adoptava assim uma organização de acordo com o sistema decimal – possivelmente pela primeira vez na história. Por outro lado, uma vez que as tribos continham uma trítia de cada zona, acabavam por constituir uma amostra da totalidade da população, ao mesmo tempo que representavam um forte veículo de identidade 'nacional'. Com efeito, era natural que, ao juntar elementos das zonas urbanas, interiores e costeiras, se desenvolvesse um sentimento de unidade entre membros da mesma tribo, evitando que, em prejuízo dos interesses da comunidade, as ambições regionais assumissem um protagonismo exagerado. Embora o sistema fosse um tanto centralizador, mantinha, ainda assim, certa autonomia local, a nível do demo, contribuindo em contrapartida para agregar a pólis e para submeter as conveniências locais e familiares aos interesses do colectivo.

4.3.3. *Reorganização das competências dos órgãos*

Uma vez que a composição e funcionamento dos órgãos institucionais, bem como as estruturas do poder, estão intimamente relacionados com a natureza do corpo cívico, a reorganização deste último implicou, como consequência natural, a concretização das reformas propriamente políticas e constitucionais, ou seja, a alteração das prerrogativas respeitantes às competências e área de intervenção desses órgãos.

As mudanças mais substanciais devem ter-se verificado, possivelmente, a nível das atribuições do conselho do Quinhentos, da Assembleia e do Areópago: a um verosímil aumento dos poderes da *Boulē*, à ampliação da força e importância da *Ekklēsia*, deve ter correspondido alguma diminuição dos poderes do Areópago.[286] Também a Clístenes se atribui a criação dos estrategos – um por tribo. Como esta magistratura se caracterizava, na dinâmica democrática do século v, por uma ligação estreita com as dez tribos, é natural que se tenda para atribuir a sua reformulação ou criação a Clístenes. No entanto, a

---

[286] Embora não alterando ainda substancialmente a sua esfera de actuação, ao menos até às reformas de Efialtes (infra 6.2.1).

questão levanta problemas de vária ordem e, por isso, será retomada mais adiante, na secção dedicada a medidas cuja autoria é incerta (infra 4.4.3). A análise irá centrar-se agora preferencialmente sobre os três órgãos cuja existência conjunta remontava já aos tempos de Sólon.

A *Boulē* dos Quinhentos: este conselho foi evidentemente adaptado à nova estrutura de dez tribos e o número dos seus elementos subiu para quinhentos. Não se trata somente de um reforço de cem cidadãos na composição do conselho criado por Sólon (supra 2.5.3), mas antes de uma alteração profunda na forma de entender a sua concepção. Enquanto com Sólon se chamava *Boulē* dos Quatrocentos a um conselho formado por cem elementos provenientes de cada uma das quatro tribos iónicas, a *Boulē* dos Quinhentos assenta numa lógica diferente: é constituída por cinquenta cidadãos oriundos de cada uma das dez novas tribos (*Ath.* 21.3). De forma a garantir que os demos se encontravam todos representados no contingente de cada tribo, os lugares eram atribuídos aos demos de acordo com a proporção do respectivo tamanho e demografia. Embora a questão seja controversa, é provável que estes cinquenta membros tenham começado por ser eleitos por sufrágio directo (como acontecia com os arcontes até 487/6), adoptando-se mais tarde, talvez em meados do século V, o mecanismo da tiragem à sorte. [287] Outros aspectos ligados ao funcionamento deste conselho e conhecidos por fontes posteriores – como possuir a idade mínima de trinta anos para ser candidato ao posto e não poder exercê-lo mais do que duas vezes ao longo da vida, e ainda assim não consecutivas – podem recuar também ao tempo de Clístenes, mas não há certezas quanto a isso. É também provável, mas não seguro, que o reformador tenha mantido o acesso a este conselho interdito aos *thētes*, ficando como nos tempos de Sólon acessível apenas aos membros das três classes censitárias mais elevadas. É também possível que recuasse a este período a constituição das pritanias e a divisão do ano em dez partes, ficando cada pritania responsável pela condução dos assuntos durante um décimo do ano, mas também pode acontecer que esse processo tenha sido desenvolvido somente em meados do século V.

---

[287] Vide Hignett (1952) 148-153; Rhodes (1981) 251; Ostwald (1988) 319--321.

O Areópago: a projecção da *Boulē* dos Quinhentos viria a repercutir-se certamente sobre os poderes deste segundo conselho – órgão aristocrático por excelência e conotado também com as famílias mais abastadas, a seguir às reformas de Sólon. Dado que as funções do Areópago eram essencialmente religiosas e judiciais, enquanto a *Boulē* tinha sobretudo por missão fazer a gestão política mais directa e exercer controlo sobre a agenda a apresentar à Assembleia, é natural, no entanto, que não se tenha verificado uma diminuição directa dos poderes do primeiro.[288] Com efeito, o Areópago manteve o prestígio durante largo tempo ainda, e os Arcontes conservaram a sua importância pelo menos até 487/6, altura em que terão começado a ser designados por «tiragem à sorte segundo as tribos, a partir de uma lista de demotas previamente escolhidos».[289] O arconte polemarco aparece como chefe do exército pelo menos até Maratona e o arconte epónimo manteve-se como um magistrado influente, conforme ilustra a elevada reputação política e social de algumas de pessoas que ocuparam esse posto, como Aristides e Temístocles.

A *Ekklēsia*: a Assembleia parece tornar-se, a partir de Clístenes, no supremo corpo legislativo e, perante ela, os magistrados eram responsáveis pelos seus actos.[290] É pouco, no entanto, o que se sabe sobre a Assembleia de Clístenes. Nela eram escolhidos os elementos para os diversos cargos – mais ou menos elevados –, designados por tiragem à sorte ou por combinação de tiragem à sorte com selecção prévia por voto (a *klērōsis ek prokritōn* que tinha lugar a nível do demo) métodos que, embora possivelmente introduzidos por Sólon para a escolha dos jurados da Helieia, terão sido estendidos por Clístenes a outros cargos e, a partir dele, muito utilizados. A partir de então, terá cabido à Assembleia decidir sobre a paz e a guerra – uma herança dos poderes da assembleia dos hoplitas da época aristocrática – e terá gozado de poder soberano em matéria de crimes que implicassem pena de morte ou multas mais avultadas, de que é exemplo o

---

[288] A este assunto se voltará mais tarde (infra 6.2.1).

[289] *Ath.* 22.5. A ser esta a realidade, neste momento estava a ser recuperado o mecanismo da *klērōsis ek prokritōn* que Sólon teria introduzido (*Ath.* 8.1). Vide supra 2.5.2 e infra 5.3.

[290] Hignett (1952) 153-156.

julgamento de Milcíades, depois do seu desaire em Paros, em 489 (infra 5.2.2). Não é improvável também que tenha cabido ao Alcmeónida a iniciativa de estabelecer a periodicidade das reuniões da *Ekklēsia* – possivelmente uma por pritania –, aliada à possibilidade de ser convocada de emergência.

4.4. Outros instrumentos legais atribuídos a Clístenes

Embora não de forma unânime e segura, costuma ser também atribuído a Clístenes um grupo de instrumentos legais e instituições que, nos anos imediatos e ao longo da primeira metade do século v, exerceram papel de relevo na luta pelo poder.

Encontram-se nessa situação as leis relativas ao ostracismo, ao juramento dos buleutas e à criação da estrategia. Antes de se analisar mais em pormenor estas questões, será vantajoso evocar o testemunho da *Constituição dos Atenienses* (22.1-4), que constitui a principal fonte de informação no que a esta matéria diz respeito:

> Com estas alterações, a constituição tornou-se muito mais democrática (*dēmotikōtata*) do que no tempo de Sólon. De facto, aconteceu que, durante a tirania (*tyrannis*), as leis de Sólon acabaram por desaparecer, devido à falta de uso. Por isso, Clístenes estabeleceu outras novas, para captar o apoio do povo (*plēthos*); entre elas, encontra-se a lei relativa ao ostracismo. Ora em primeiro lugar, no quinto ano a seguir a estas reformas, durante o arcontado de Hermocreonte, foi criada a fórmula de juramento para o conselho (*boulē*) dos Quinhentos, que ainda agora está em uso. Em seguida, procedeu-se à eleição dos estrategos (*stratēgoi*) de acordo com as tribos (*phylai*): um por cada tribo (*phylē*). O chefe supremo do exército era o polemarco. No décimo segundo ano a seguir a estes acontecimentos, durante o arcontado de Fenipo, os Atenienses conseguiram a vitória de Maratona; passados dois anos sobre esse triunfo, o povo, que já se achava mais senhor de si, utilizou pela primeira vez a lei relativa ao ostracismo, a qual havia sido instituída por causa da desconfiança em relação aos poderosos, dado que Pisístrato se havia tornado tirano quando era chefe da facção popular (*dēmagōgos*) e estratego (*stratēgos*). E o primeiro dos seus familiares a ser ostracizado foi Hiparco, filho de Carmo,

do demo Cólito; foi por causa dele, em especial, que Clístenes estabeleceu esta lei, pois desejava expulsá-lo da cidade. Na verdade, os Atenienses, fazendo uso da habitual doçura do regime democrático (*dēmos*), haviam deixado que habitassem na cidade os amigos dos tiranos que se não tinham comprometido com desordens. Ora o seu guia e chefe (*hēgemōn kai prostatēs*) era Hiparco.

O passo abre com a afirmação de que, com as medidas implementadas por Clístenes, a constituição se tornou 'bastante mais democrática' do que era no tempo de Sólon. Conforme se viu na análise feita às reformas de Sólon (supra 2.5), o governo não tinha ainda características democráticas, embora fossem dados passos importantes nesse sentido. Como tal e tendo em conta que a *Constituição dos Atenienses* aborda a história política da Ática como um processo intermitente que conduzirá ao estabelecimento da democracia radical, a comparação agora feita entre a acção dos dois estadistas não deixa de estar correcta. O mesmo não se poderá dizer da afirmação seguinte, segundo a qual as leis de Sólon tinham acabado por desaparecer, por falta de uso, durante a tirania dos Pisistrátidas. Com efeito, um pouco atrás (16.8), o autor do tratado havia sugerido o contrário do que agora afirma. Heródoto (1.59.6), Tucídides (6.54.6) e Plutarco (*Sol.* 31.3) também se pronunciam no sentido de que as leis de Sólon continuaram em vigor. Ainda assim, parece defensável pensar que os tiranos controlassem as magistraturas mais importantes, a fim de poderem garantir que as decisões lhes eram, em última análise, favoráveis.[291] Por conseguinte, mesmo partindo do princípio de que as leis de Sólon haviam permanecido em vigor, isso não impede que Clístenes houvesse, de facto, estabelecido novas regulamentações específicas, cuja natureza e alcance importa agora discutir mais em pormenor.

4.4.1. *A lei do ostracismo*

De datação controversa mas de conteúdo bem conhecido, esta lei possibilitava aos Atenienses enviar para o exílio durante dez anos um

---

[291] Para uma reflexão mais aprofundada sobre este problema, vide supra 3.3.5. Vide ainda infra 5.3.

cidadão que, pela sua autoridade ou forma de actuação, pudesse constituir um perigo para a democracia, ao capitalizar em proveito próprio essa capacidade de influência para estabelecer um regime autocrático.[292] O processo conducente à aplicação do ostracismo é bem conhecido a partir da prática do século IV. Com efeito, durante a reunião principal da Assembleia da sexta pritania, o *dēmos* decidia, por votação de mão no ar, se nesse ano desejava fazer uso de tal prerrogativa. Os Gregos chamavam a este processo *ostrakophoria* – de *ostrakon* 'concha' ou 'fragmento de cerâmica', por a votação se fazer nesse tipo de suporte. Em caso afirmativo, o ostracismo era decidido em reunião da Assembleia durante a oitava pritania, desde que se verificasse um número de presenças de pelo menos 6.000 cidadãos – o *quorum* mínimo para que a resolução aparecesse como expressão da vontade popular e não como manobra partidária. Era nesta segunda votação, agora secreta e supervisionada pelos nove Arcontes e pela *Boulē*, que cada cidadão presente inscrevia num *ostrakon* o nome daquele que considerava nocivo e queria ver exilado. Sempre que alguém obtinha os votos suficientes – em princípio, bastaria a simples maioria na votação – sofria a pena de *atimia* (a perda dos direitos políticos) e tinha de se sujeitar a um exílio de dez anos, embora durante esse tempo os bens que possuía continuassem a pertencer-lhe e pudesse receber os rendimentos. Volvidos os dez anos, era livre para regressar a readquirir os seus direitos, se bem que, nessa altura, a autoridade que possuíra já se teria em grande medida dissipado, pois o afastamento durante uma década era imenso tempo para quem mantivesse ambições políticas – a menos que, obviamente, continuasse activo a partir do exterior.

    A criação da lei do ostracismo é explicitamente atribuída a Clístenes pela *Constituição dos Atenienses* (22.1 e 4) e datada vagamente como fazendo parte do 'estabelecimento do sistema', ou seja como parte das reformas ocorridas à volta de 507. No entanto, a mesma fonte

---

    [292] Sobre a lei do ostracismo, vide, entre outros, Roobaert (1967); Vanderpool (1970); Guider Soria (1971); Thomsen (1972); Ostwald (1988) 334-346; Lang (1990) 1-3. Numa abordagem mais recente, Forsdyke (2005), esp. 281-284, pronuncia-se a favor da atribuição da lei a Clístenes, apesar da ambivalência das fontes, entendendo ainda que mesmo antes de Clístenes ter criado formalmente esta disposição (e atribuído ao *dēmos* a sua aplicação), poderiam existir já no mundo grego outros dispositivos que visavam obter o mesmo efeito.

(*Ath.* 22.3-4) sustenta igualmente que o mecanismo foi aplicado somente em 488/7 e que Hiparco, filho de Carmo do demo Cólito, foi a primeira vítima. O autor do tratado aristotélico explica esta mediação de vinte anos entre a criação da lei do ostracismo e a sua primeira aplicação como consequência da «habitual doçura do regime democrático» relativamente aos amigos dos tiranos. No entanto, alguns estudiosos acham a explicação insuficiente e objectam com o testemunho de Harpocrácion, que cita o atidógrafo Andrócion (século IV), o qual parece colocar a criação da lei em 488/7, ou seja imediatamente antes da sua primeira aplicação efectiva.[293] Tem igualmente sido argumentado que Harpocrácion citou Andrócion de forma incompleta, de maneira que o testemunho, em vez de desautorizar a *Constituição dos Atenienses*, pelo contrário a confirmaria.

Dado que as fontes não são conclusivas, a atribuição ou não da autoria desta regulamentação a Clístenes depende da maneira como se entende a sua actuação reformadora. Na hipótese de se ver nele um simples oportunista que promovera uma norma com o intuito de usá-la contra os inimigos e em proveito pessoal, então afigura-se improvável que seja Clístenes o seu criador, pois se a lei ficou cerca de duas décadas sem ser aplicada tinha-se perdido o pragmatismo eleitoralista que motivara a sua criação. Se, pelo contrário, as suas propostas legislativas forem consideradas à luz de um genuíno desprendimento e de uma real capacidade de visão política a longo prazo, nesse caso ganharia pertinência a atribuição da lei do ostracismo a Clístenes, pois com ela estava a dotar a constituição ateniense de um eficaz mecanismo de controlo, que até poderia ser usado contra o próprio proponente. A segunda possibilidade afigura-se mais conforme com o que se conhece da actuação política do criador da democracia.

É possível que a lei visasse prevenir, antes de mais, o regresso da tirania a Atenas, se bem que nenhuma das vias habituais utilizadas pelo tirano para adquirir o poder – a força e a popularidade pessoal – ficassem definitivamente arredadas com a existência deste dispositivo legal. Com efeito, um golpe tirânico é, por natureza, uma prática anticonstitucional. Por isso, não se afigura improvável também que a lei pro-

---

[293] Cf. Andrócion, *FGrHist* 324 F 6. Vide comentário de Harding (2008) 98-101.

curasse dotar os Atenienses de um mecanismo que lhes permitisse decidir de forma directa sobre as grandes questões políticas de fundo (e sobre as figuras públicas que as incarnavam), quando a indecisão pudesse ser perigosa ou então sempre que os sentimentos se exaltassem a ponto de existir o risco de perturbações civis.

Há estudiosos que vêem nos processos de ostracismo um sinal de inconstância e de ingratidão do *dēmos* em relação a alguns dos seus maiores dirigentes e homens públicos. Esse risco poderia existir e por isso o sistema era claramente defensivo: a Assembleia tinha de reunir um *quorum* mínimo de 6.000 cidadãos. É certo que exilar alguém por dez anos representava uma forte punição, equivalente, de alguma forma, a declarar a 'morte política' do visado. Mesmo assim, trata-se de um procedimento bastante mais ponderado do que o assassinato político, recorrente noutras sociedades, mas quase ausente em Atenas – facto que pode constituir um indicador da real capacidade preventiva da lei do ostracismo.

4.4.2. *A lei sobre o juramento dos buleutas*

Esta lei teria sido introduzida, de acordo com a *Constituição dos Atenienses* (22.2), durante o arcontado de Hermocreonte. A respectiva datação não é segura, pois a referência a este arcontado não se encontra noutras fontes, embora a data de 501/500 seja a mais provável. [294] É possível, embora sujeito a discussão, que o juramento tenha sido feito pela primeira vez nesse ano, precisamente para formalizar a entrada em funções da primeira *Boulē* dos Quinhentos organizada já segundo o sistema de tribos instituído por Clístenes. A ser assim, o juramento dos buleutas ajudaria talvez a especificar melhor as funções deste conselho. Em todo o caso, são desconhecidos os termos exactos do juramento, pois os elementos facultados pelas fontes referem-se a um período mais tardio. O autor do tratado aristotélico sustenta que a mesma fórmula se manteve em uso até ao seu tempo (o século IV), mas é geralmente aceite que terão sido feitos ajustes e introduzidas cláusu-

---

[294] Sobre as dificuldades relativas ao estabelecimento desta datação, vide Cadoux (1948) 115-116; Rhodes (1981) 262-263.

las adicionais, embora a essência do juramento deva ter permanecido inalterada: os membros do conselho dos Quinhentos, ao entrar em exercício, juravam que se comprometiam a desempenhar as funções de acordo com as leis, no melhor interesse da pólis, e talvez lutar contra quem tentasse restabelecer a tirania. [295] Se o juramento foi mesmo implementado em 501/500, talvez seja justificado algum cepticismo relativamente à ideia de que Clístenes tenha sido mesmo o responsável pela definição dos termos do juramento. No entanto, se o juramento dos buleutas serviu para enquadrar as funções da *Boulē* constituída segundo a nova organização tribal, então será de aceitar que Clístenes seria de facto o seu criador, ao menos de forma indirecta. [296]

4.4.3. *A instituição da estrategia*

A estrategia [297] deriva, em termos orgânicos, da reforma das tribos introduzida por Clístenes, mas isso não implica necessariamente que seja uma inovação total, até porque há vários indícios de que essa magistratura existisse num período anterior. De resto, a *Constituição dos Atenienses* sugere em vários pontos (4.2-3, 17.2, 22.2-3) que os estrategos existiriam já antes como chefes do exército, eventualmente sob o comando do polemarco, sendo talvez destacados para missões pontuais decorrentes de conflitos fora da Ática. A inovação estaria no

---

[295] O compromisso de não submeter à Assembleia nenhuma proposta anticonstitucional seria talvez já uma disposição posterior. Sobre a finalidade do juramento e respectivo conteúdo, vide Hignett (1958) 166-168; Rhodes (1972) 194-199; (1981) 263-264.

[296] Ostwald (1986), 328, defende que o conselho dos Quinhentos teria, até às reformas de Efialtes (infra 6.2.1), essencialmente as funções de preparar a agenda e o expediente para as reuniões da Assembleia. Mesmo que esta leitura possa parecer um tanto restritiva, há que reconhecer que o papel de guardião das leis e da constituição caberia, nesta altura, mais naturalmente ao Areópago que à *Boulē* dos Quinhentos.

[297] Para designar a magistratura mais importante da Atenas do século V, adoptou-se a forma *estrategia*, mantendo a acentuação grega, por o termo *estratégia* designar hoje em português uma realidade mais genérica e só remotamente ligada com o sentido inicial. Idêntica razão levou a que se optasse pelo termo *estratego* (novamente mais próximo do grego) e não por *estratega* para designar os magistrados correspondentes.

modo de designação para o cargo – eleitos anualmente, de forma consecutiva e sem limitação de mandatos – e na sua distribuição pelas dez tribos – um por tribo. Se, como refere Heródoto (6.103-110), os estrategos entravam rotativamente em exercício, no momento da batalha de Maratona o comando pertenceria a Milcíades (por direito próprio e por nele terem delegado essas funções os estrategos que concordavam com a opção militar de combater os Medos), o qual, enquanto responsável pelas decisões, indicou a táctica a seguir e foi portanto o grande fautor da vitória (vide infra 5.2.1). Neste argumento se apoiam alguns historiadores para atribuir poder decisório aos estrategos desde Clístenes. ([298])

Outros, porém, consideram anacrónico e inverosímil este procedimento. ([299]) Para estes, a explicação não deve residir na rotatividade de funções dos estrategos, devendo ser possivelmente outra. Na batalha em causa, os estrategos, entre os quais se encontravam Milcíades e Temístocles, teriam tido papel decisivo no estabelecimento da estratégia a adoptar. Enquanto comandantes das tribos, formavam uma espécie de conselho, cuja influência deve ter aumentado desde a sua instituição por Clístenes, e da sua opinião dependeria em grande parte o polemarco, comandante do exército, que era na altura Calímaco. ([300]) A personalidade e a reputação pessoal faziam, naturalmente, de Milcíades o líder, e ele terá conseguido persuadir o colégio dos estrategos e o polemarco a aceitar a opção militar que propunha. Fosse essa ou outra a explicação, a táctica seguida foi a de Milcíades e a ele ficaram atribuídos os louros da vitória.

Possivelmente como efeito dessa liderança e do ascendente político que daí retiraram os estrategos, Maratona foi a última vez em que se ouviu falar do polemarco como líder militar. A partir daí, o comando, quer dos efectivos terrestres quer dos navais, pertencerá aos estrategos. Assim, mesmo que de início constituíssem apenas um órgão com funções consultivas, os estrategos ganharam progressivamente importância nos anos subsequentes até que, em 490, graças ao papel desempenhado na batalha de Maratona pelos seus represen-

---

[298] E.g. Rhodes (1981) 264-265.
[299] Como Ehrenberg (1968) 136-137.
[300] Vide Badian (1971) 22-27 e 31-32; Podlecki (1975) 10.

tantes de então, superaram definitivamente a importância do polemarco.([301])

Em meados do século V, os estrategos detinham um poder político importante e podiam ser considerados os verdadeiros chefes do poder executivo. Em todo o caso, é muito improvável que detivessem essa autoridade desde o início, pelo que esta afirmação na esfera institucional até pode ter sido uma consequência da sua eleição pelo conjunto do *dēmos* cujo verdadeiro alcance não fora inicialmente previsto. Símbolo da sua crescente influência é também o facto de, pela mesma altura, os arcontes passarem a ser tirados à sorte a partir de uma lista previamente eleita pelos demotas, num claro sinal de perda de influência política em favor dos estrategos – que passariam de futuro a dominar a cena política ateniense.

4.5. Motivação e mérito das reformas de Clístenes

O real móbil das reformas de Clístenes e a sinceridade democrática da sua actuação continuam a dividir a comunidade científica. A narrativa de Heródoto tende a fazer do Alcmeónida um oportunista que se põe ao lado de *dēmos* para tirar o poder a Iságoras. Na opinião do historiador, Clístenes, ao regressar à Ática, não traria propriamente um plano de reforma para construir a democracia, tendo sido antes a conjuntura política adversa que o levaria a chamar a si o *dēmos*.

Trata-se da discutida questão, a que antes se aludiu (supra 4.1), de saber se o Alcmeónida agiu como agiu por ser um defensor da soberania popular e se as suas reformas obedeceram a uma convicção efectiva da superioridade desse regime sobre as outras formas de governo, ou se, pelo contrário, ele não tinha um plano de actuação e, empurrado pelas circunstâncias, a abertura ao *dēmos* não passou de um mero instrumento para servir a sua ambição política e a glória da família. As fontes não permitem descortinar sem margem para dúvidas

---

([301]) Da transferência de competências não está dissociada também a luta política e social que se seguiu à referida batalha: um conjunto de processos de ostracismo e de significativas mudanças constitucionais operadas por volta de 488/87 (cf. *Ath.* 22.3-5). Vide supra 4.4.1 e infra 5.3.

o que estaria na mente de Clístenes e a certeza absoluta sobre esta matéria continuará, quase seguramente, a ser uma miragem.

Alguns autores modernos retomaram a opinião indiciada por Heródoto e procuraram desenvolvê-la, ao pôr em destaque os limites da democracia de Clístenes. Em termos gerais, consideram que ele organizou a formação das tribos de modo a que os Alcmeónidas daí pudessem retirar vantagens, ao agrupar na mesma tribo trítias em que pontificava essa família. Assim, Clístenes teria procurado dar ao *dēmos* o que este pedia, mas sem descurar a preocupação de o fazer de modo a que os seus rivais perdessem toda a possibilidade de prosseguir a sua política aristocrática, enquanto ele e a família conservavam essa capacidade. Tem sido sugerido ainda que, embora ele pensasse ser o *dēmos* o melhor juiz em todas as questões, considerava que o povo deveria ser guiado por homens sábios e abastados. Daí que tenha mantido as classes de Sólon e as condições de censo para o acesso às principais magistraturas. Aponta-se, além disso, a limitação dos poderes da *Ekklēsia* pela *Boulē*, onde os *thētes* talvez não tivessem ainda assento.

Pese embora a habilidade relativa de tais juízos críticos, é improvável que estas perspectivas estejam correctas, sobretudo a que apresenta o novo sistema de tribos e trítias como um meio de dar, quer a Clístenes quer à sua família, uma posição de destaque. Com efeito, afigura-se inverosímil que um estadista fizesse reformas tão profundas sem ser movido por fortes convicções sobre a forma como o Estado ou a sociedade deviam ser reorganizados e sem previamente ter elaborado um projecto político, ao menos em linhas gerais. E ainda que se postule a hipótese de a convicção democrática de Clístenes ser mais pragmática do que programática, essa eventualidade não escurece nem invalida o alcance real da obra do reformador. O mérito não está tanto em haver escolhido o lado do povo ou a causa dos mais desfavoráveis, mas antes em ter criado condições para a projecção política efectiva dessas pessoas. E foi nisso mesmo que se traduziu a acção de Clístenes: tivesse ele sido impulsionado por sincera convicção ou fosse antes impelido por razões conjunturais, o certo é que promoveu uma reestruturação política determinante para implementar uma soberania real do *dēmos*. Conseguiu esse feito ao reorganizar, por um lado, o corpo cívico de maneira a que a influência das famílias nobres não pudesse mais exercer-se dentro da tradicional lógica de relações de interdependência, e ao instituir, por outro lado, quadros novos onde a soberania do povo ganhava espaço de intervenção. As medidas de Clístenes estavam destinadas a um largo e fecundo futuro. Embora o processo que conduziria à implantação da soberania da lei e do *dēmos* tenha lançado as primeiras raízes com as reformas de Sólon e com a fortificação da ideia de Estado ao longo da tirania dos Pisistrátidas, a democracia nas suas características essenciais foi uma criação do século VI, que cresceu ao longo do século V, apurando o funcionamento e o equilíbrio global das suas instituições a ponto de tornar-se no regime por excelência da pólis ateniense.

Esta reorganização social e política irá alargar, no campo eleitoral, a isonomia ou 'igualdade perante a lei'. Esse teria sido, provavelmente, o nome que o reformador atribuiu à nova ordem por si criada. [302] Os aperfeiçoamentos viriam com a actuação de Temístocles, com o prestígio adquirido pelo *dēmos* nas Guerras Pérsicas e na Simaquia de Delos, com as reformas de Efialtes em 462 e com a acção de Péricles. A reflexão sobre estes aspectos irá ocupar os capítulos seguintes.

---

[302] Sobre esta questão, vide Ferreira (1992) 155-190.

5.
Milcíades e Temístocles

As reformas de Clístenes, analisadas no capítulo anterior, constituíram um passo definitivo para a instauração da soberania popular e para a afirmação futura da Ática dentro do mundo grego. Os Atenienses tinham agora motivos redobrados para sentirem orgulho na sua pólis e para acreditarem na superioridade de um regime político que, mais do que qualquer outro, lhes garantia uma efectiva liberdade e participação na vida da pólis. Com o aumento do número de cidadãos, a democracia trouxe igualmente um acréscimo da capacidade militar – reflexo seguro de uma melhoria do nível de vida, que, como Heródoto não deixa de salientar (5.78), se explicava igualmente pela igualdade de expressão (*isēgoria*) de que agora gozavam e que era sem dúvida «uma coisa excelente». No entanto, para conseguir crescer e granjear o respeito das outras póleis, a jovem democracia ateniense necessitaria de vencer os desafios que bem cedo foram colocados à sua existência. Na realidade, a poderosa Esparta encontrava-se entre os Estados que se opuseram vigorosamente à consolidação desse novo regime em Atenas e que saíra particularmente ressentida da forma como Cleómenes se vira rechaçado da Acrópole e sem capacidade para manter Iságoras no poder (supra 4.1). Não surpreende, por isso, que o mesmo Cleómenes voltasse à carga, facultando ao mesmo tempo um elucidativo exemplo da sua grande habilidade militar, ao promover, logo em 506, um ataque sincronizado em três frentes contra o território ático. No entanto, também desta vez a sorte será favorável aos defensores da democracia: os Coríntios começaram por se afastar do combate, por terem dúvidas quanto à justeza daquele ataque, sendo pouco depois seguidos por Demarato, o outro rei espartano que acompanhava Cleómenes na expedição.(303) Os restantes aliados retiraram também, deixando a descoberto o ataque pelo lado de Elêusis. Os Atenienses aproveitaram a situação, tendo conseguido vencer, num único dia, os Beócios e Calcidenses, que os haviam atacado por outros dois pontos (Heródoto, 5.77). Um epigrama inscrito numa quadriga de bronze, erguida na Acrópole em memória dessas vitórias, revela bem o orgulho dos Atenienses depois de haverem alcançado esses feitos: (304)

> Em lúgubre prisão, entre algemas, fizeram cessar a insolência
> os filhos dos Atenienses, nos trabalhos da guerra,
> ao domar os povos da Beócia e de Cálcis:
> estes cavalos a Palas ofereceram, como dízimo do seu resgate.

Atenas lograra debelar um ataque articulado em várias frentes e, ao fazê-lo, ganhou confiança, comprovou que infundia receio e compreendeu ainda que só podia contar com os seus próprios esforços, a fim de não incorrer no erro de Iságoras que, ao depositar a sua confiança em Esparta, acabou por sair da cena política humilhado.(305) Essa mesma força moral dos Atenienses viria a ser posta à prova, alguns anos depois, nas Guerras Pérsicas.

5.1. Atenas e a revolta iónica de 499-493

A oposição de Esparta e Tebas ao novo regime ateniense leva alguns dos seus governantes a ensaiarem uma aproximação aos Persas. Em breve, no interior de Atenas, se geram duas facções que, a cada passo, adquirem contornos ideológicos e se irão defrontar ao longo do século V e mesmo para além dele: a facção conservadora, de tendência oligárquica, que via na constituição de Esparta o modelo ideal e defendia, por isso, de modo geral, as boas relações com essa cidade e o con-

---

(303) Heródoto (5.74-75) informa que, depois deste incidente, os Espartanos fizeram aprovar uma determinação (*nomos*) no sentido de impedir que, de futuro, os dois reis estivessem juntos em campanha.

(304) Simónides, frg. 3 Campbell. O fragmento é citado por Heródoto (5.77.4), mas a ordem dos versos não é a mesma, verificando-se uma troca do primeiro pelo terceiro.

(305) Vide Bowra (1971) 24.

fronto com os Persas; a outra, defensora da democracia, considerava os Espartanos – que davam apoio aos oligarcas e procuravam impedir a evolução e consolidação do novo regime – o principal inimigo e iria preferir em diversos momentos o entendimento com os Persas.

Ante a ameaça de Esparta, Tebas e Egina, Clístenes e seus apoiantes tinham-se aproximado dos Persas, mas tal orientação política seria em breve rejeitada: o *dēmos* a quem ele dera força, logo em 499, vota favoravelmente uma ajuda à revolta dos Gregos da Iónia, assumindo, portanto, o confronto com os Persas (Heródoto, 5.97). A revolta iónica tivera início em Mileto.[306] Entre as primeiras medidas tomadas, encontra-se a decisão de expulsarem das póleis iónicas os tiranos favoráveis aos Persas, sendo que Aristágoras, tirano de Mileto e um dos revoltosos, deu o próprio exemplo ao proclamar uma isonomia ('igualdade perante a lei' ou igualdade de direitos em termos constitucionais) como forma de governo. Para que a iniciativa tivesse hipótese de ser bem sucedida, tornava-se imperativo procurar o apoio de outras cidades gregas. Em 499/8, Aristágoras procurou o apoio de Esparta, mas Cleómenes recusou, dada a imensidão da Pérsia, que levaria à diluição do exército espartano. Mas Atenas alinhou na revolta, facultando uma força de vinte navios, a que se juntou Erétria, com mais cinco.

Os primeiros momentos foram de sucesso para a força aliada, que chegou a incendiar Sardes, embora sofresse uma pesada derrota em Éfeso, pouco tempo depois. Ainda assim, o ataque a Sardes promovera a adesão de outras cidades do Bósforo e do Helesponto, dando uma maior dimensão à revolta, ainda que alimentasse uma justificada hostilidade da parte dos Lídios. A revolta tinha agora proporções sérias, mas sofreria um sério revés do lado grego, quando Atenas decidiu retirar o seu apoio, sendo talvez seguida pela Erétria. Estas baixas impediram os Iónios de segurar os aliados e de manter a ofensiva no mar, cuja importância estratégica já o historiógrafo Hecateu havia assinalado.[307]

---

[306] Para uma reconstituição destes eventos, vide Hammond (1986) 204-212; Soares (2002) 16-17. Apesar dos riscos inerentes a uma sublevação contra a poderosa Pérsia, a campanha constituía um elucidativo exemplo do amor pela liberdade próprio do sistema da pólis.

[307] Com efeito, Hecateu estava a par das manobras e procurou dissuadir os promotores da revolta; não tendo sido bem sucedido, aconselhou em todo o caso os conspiradores a tentarem ganhar o controlo estratégico do mar (cf. Heródoto, 5.35-36).

Aristágoras fugiu para a Trácia, acabando por ser morto em Mírcino (Heródoto, 5.124-126) e a campanha continuou desfavorável para o lado iónico: Mileto caiu em 494 depois de um curto sítio e, no verão de 493, já todas as cidades gregas da costa asiática a sul do Helesponto haviam sido dominadas. Apesar de terem combatido bem, aos aliados faltou uma liderança clara e a disciplina que dela decorreria, tendo em boa medida perdido a capacidade de iniciativa depois do êxito conseguido com o incêndio de Sardes. Ainda assim, não deve ser menosprezado o grau de unidade alcançado pelos Estados soberanos da Iónia e a forma como contribuíram com navios, homens e talvez fundos para o Conselho dos Iónios (*to koinon tōn Iōnōn*), confiando as suas posições a 'enviados' (*probouloi*) e o comando das suas forças a generais (*stratēgoi*) que actuavam de acordo com as instruções desse mesmo Conselho dos Iónios. [308]

Os Persas castigaram severamente os revoltosos, mas a punição mais dura foi reservada para Mileto: massacre de boa parte dos homens, redução à escravatura das mulheres e crianças, deportação da restante população para a costa do Golfo Pérsico. [309] Em 492, o rei persa Dario indigitou um novo comandante, o seu genro Mardónio, a quem foram atribuídos grandes recursos militares e forças navais, com o objectivo prioritário de reconstituir a satrapia da Europa. Tasos, o único poder naval que poderia opor-se, submeteu-se sem luta. Mardónio avançou e, apesar das perdas ao contornar o monte Atos por mar e das baixas sofridas, conseguiu impor a suserania persa até à própria Macedónia, retirando para a Ásia com o grosso das forças em 491 (Heródoto, 6.43-45). Atingidos estes objectivos, Dario preparou-se para avançar sobre a Grécia, movido antes de mais pelo intento de punir Atenas e Erétria pelo apoio à revolta iónica. Enviou emissários pelas ilhas do mar Egeu e póleis do continente grego, a fim de exigirem 'terra e água' como símbolo de submissão. Muitas cidades acederam (entre elas Egina, com a qual Atenas estava em guerra), de forma que,

---

[308] Cf. Heródoto, 5.38.2; 5.109.1 e 3; 6.7.

[309] É também curioso notar que, entre as medidas preventivas tomadas no rescaldo da revolta, a Pérsia tenha abandonado a política de apoiar tiranias nas cidades submetidas, passando a favorecer o estabelecimento de governos democráticos (Heródoto, 6.42-43).

em meados do Verão de 491, tornava-se claro para Atenas e Erétria que estavam isoladas e seriam atacadas no ano seguinte.

5.2. **Milcíades**

Não obstante o apoio dado inicialmente pelos Atenienses à causa iónica, que os levara a participar no ataque a Sardes, essa política acabou por sofrer uma alteração radical, que se traduziu na sua retirada, apesar de as razões para essa mudança não serem claras. [310] Em todo o caso, os Atenienses continuavam particularmente sensíveis à sorte dos antigos aliados iónicos. Uma tragédia de Frínico sobre a *Destruição de Mileto*, hoje perdida, foi apresentada possivelmente nas Dionísias de 493, portanto um ano após a queda da cidade, e impressionou de tal maneira a assistência que levou à aplicação de uma pesada multa de mil dracmas ao autor e à proibição de se representar de novo aquela tragédia. [311] O arconte epónimo no ano 493/2 era Temístocles, pelo que tem sido aventada a hipótese de ele se haver empenhado pessoalmente (talvez como corego) junto de Frínico na escolha deste assunto, como forma indirecta de recolocar na ordem política do dia o apoio à causa iónica. [312] Temístocles procedia de uma família conceituada, mas que não era rica. [313] Não se impôs, por isso, devido a uma influência familiar, mas graças ao engenho,

---

[310] Em 496/5, o arconte-epónimo era Hiparco, um nome que sugere proximidade com a família dos Pisistrátidas e, por extensão, com a corte de Dario. Por conseguinte, a sua eleição poderia constituir eventualmente um sinal de entendimento enviado pelos Atenienses à Pérsia. Vide Hammond (1986) 209.

[311] Cf. Heródoto, 6.21.2. Esta peça constitui, possivelmente, a mais antiga tentativa para tratar na tragédia um acontecimento histórico contemporâneo da representação. Os riscos dessa opção temática são evidentes pela forma como os Atenienses reagiram à proposta. Embora o mesmo Frínico tenha procurado explorar a mesma receita com o drama *Fenícias* (tal como Ésquilo com os *Persas*), as tragédias conservadas mostram que era muito mais sensato escolher um assunto do passado mítico ou proto-histórico. Vide Ferreira (1992) 225.

[312] A favor desta hipótese está o facto de, mais tarde, Temístocles ter apoiado Frínico na qualidade de corego na representação das *Fenícias* (de novo um drama ligado às Guerras Persas), possivelmente no ano de 476 (cf. Plutarco, *Them.* 5).

[313] É possível que fosse filho de mãe não-grega e que tivesse ficado a dever a cidadania plena às possibilidades abertas pelas reformas de Clístenes.

ao domínio das situações, à capacidade de visão política e à compreensão clara de onde poderiam vir os perigos e vantagens para Atenas. A tradição literária a seu respeito, iniciada em Heródoto (sobretudo nos Livros 7 e 8), é-lhe predominantemente desfavorável e só Tucídides viria a reconhecer o seu génio de estadista (1.138.3). Enquanto arconte, deu início à fortificação do Pireu que facultaria uma base naval com melhores condições do que o porto mais exposto de Fáleron. Esta política naval seria muito importante no futuro e permitia, no momento, ganhar vantagem na disputa com Egina. A conjugação destes indícios permite deduzir que, embora tenha havido oscilações e recuos relativamente à revolta iónica, os Atenienses estavam, em termos de política de fundo, motivados a resistir aos Persas através da guerra.

Ainda no mesmo ano de 493, Atenas assiste ao regresso de uma personalidade que iria marcar de maneira profunda a cena política durante os anos subsequentes: Milcíades. O estadista era membro de uma das mais poderosas famílias atenienses e, perante a ameaça persa após a queda de Mileto, optara por retornar a Atenas vindo do Querso- neso, para onde havia partido durante o governo de Hípias. Este regresso não deixou impávidos os seus inimigos, que lhe moveram um processo, tendo por base o facto de haver instaurado uma tirania durante o período em que esteve no Quersoneso. No entanto, o móbil real deveria ser sobretudo político, e nesse contexto a sua conhecida oposição à Pérsia e as simpatias dispensadas à revolta iónica eram argumentos a ter em conta. Porém, Milcíades conseguiu ser totalmente ilibado e esta absolvição significava, igualmente, um triunfo da tendência política dos que preferiam fazer frente à Pérsia. Pouco depois, será eleito para o cargo de estratego (Heródoto, 6.104), preparando-se assim para vir a ter um papel determinante nos enormes desafios que em breve Atenas seria obrigada a enfrentar.

5.2.1. *A batalha de Maratona*

No verão de 490, zarpava da costa da Cilícia, sob o comando de Dátis e Artafernes, uma força expedicionária persa, composta por uma poderosa frota que transportaria um contingente aproximado de cerca de vinte mil combatentes. (³¹⁴) No exército vinha integrado Hípias, filho de Pisístrato, e a ideia de Dario seria naturalmente estabelecer em Atenas, com base na figura desse antigo tirano, uma cidade submissa que lhe poderia servir de ponto de apoio para a conquista da Hélade. Com efeito, embora o objectivo imediato consistisse em punir as duas cidades que haviam apoiado a revolta iónica (Atenas e Erétria), o plano a médio prazo passava por submeter toda a Grécia continental. As primeiras campanhas foram, aliás, de grande sucesso para os Persas, pois a própria população grega estava dividida entre o receio de resistir e a vantagem de se submeter voluntariamente. Erétria decidiu defender as muralhas e ainda aguentou seis dias de sítio, mas caiu ao sétimo, traída a partir de dentro. Os Persas saquearam a cidade e queimaram-na, não poupando sequer os templos, como retaliação pelo incêndio de Sardes, alguns anos antes. A população foi reduzida à escravatura e deportada, de acordo com as instruções de Dario (Heródoto, 6.96-101). Atenas sabia, portanto, o que a aguardava.

Poucos dias depois os Persas avançaram para a Ática, mas não atracaram na baía de Fáleron (que estava bem defendida), mas antes em Maratona, talvez por influência de Hípias, já que o pai tinha conquistado Atenas em 546 a partir de Maratona (vide supra 3.2). Os Atenienses enviaram um mensageiro a Esparta – o corredor Fidípides –, mas os Lacedemónios estavam a celebrar as festas em honra de Apolo Carneio e só poderiam mandar os socorros solicitados depois da lua cheia, que era esperada para daí a seis dias. A sinceridade das razões de Esparta nunca foi posta em causa na antiguidade. (³¹⁵) Mas em consequência desse escrúpulo religioso, Atenas viu-se obrigada a enfrentar o inimigo sem outros apoios para além de um pequeno contingente de mil Plateenses.

(³¹⁴) Descontando já o exagero das fontes. Hammond (1986), 212, fala de um máximo de vinte e cinco mil combatentes. Vide também Ferreira (2000) 20-28, cuja análise é em parte recuperada nesta secção.

(³¹⁵) Cf. Heródoto, 6.118-120; Platão, *Lg.* 698c; *Mx.* 240c. Com efeito, partiram logo que lhes foi possível, mas, apesar de avançarem em marcha forçada, os dois mil Espartanos enviados em auxílio chegaram já depois de terminada a batalha, portanto somente a tempo de ver os despojos, de estudar as tácticas usadas por Milcíades e de felicitar os Atenienses pela vitória.

A batalha travou-se na baía de Maratona, entre a montanha e o mar, e os Atenienses, graças à conjugação de uma táctica hábil, com um moral elevado e uma boa preparação física, contiveram os Persas e obrigaram-nos a retroceder até aos barcos. O efeito mais significativo da vitória de Maratona não esteve em ter resultado num sério dano para o inimigo, mas em haver contribuído para um manifesto aumento da auto-confiança dos Gregos em geral – sobretudo dos Atenienses.

Outro efeito dessa vitória, agora no âmbito da política interna de Atenas, residiu na alteração de funções do arconte polemarco e dos estrategos. O problema da relação de competências entre o polemarco e os estrategos é complexo e a sua interpretação tem dividido os estudiosos, conforme se viu na análise feita às reformas de Clístenes, a propósito da instituição da estrategia (vide supra 4.4.3). Em todo o caso, é inegável que os dez estrategos presentes em Maratona (entre os quais se encontravam Milcíades e Temístocles) tiveram um papel determinante no estabelecimento da táctica a adoptar. Ainda assim, será o voto do arconte polemarco, comandante do exército, que era na altura Calímaco, que permitirá avançar para o combate, tal como informa Heródoto (6.109-110):

> Porém, as opiniões dos estrategos (*stratēgoi*) atenienses estavam divididas: uns não queriam combater (argumentando que eram poucos para conseguirem fazer frente ao exército dos Medos); os outros – com Milcíades entre eles – exortavam à acção. Encontravam-se divididos e a opinião menos sensata estava para vencer, mas havia ainda um décimo-primeiro votante. [...] Era polemarco, por essa altura, Calímaco de Afidna e foi para junto dele que Milcíades se dirigiu, falando-lhe nestes termos: «Agora, Calímaco, está nas tuas mãos lançar Atenas na escravidão ou torná-la livre e deixar de ti, enquanto a raça humana existir, uma recordação tal que nem Harmódio nem Aristogíton deixaram. [...] Ora de que maneira pode isso acontecer e como é a ti que cabe a decisão final no assunto, é o que vou passar a dizer-te. Entre nós, estrategos (*stratēgoi*), que somos dez, surgiram duas opiniões contrárias: uns querem ir para o combate, outros não. Ora, se nós não combatermos, temo que uma grande agitação se abata sobre os Atenienses e lhes perturbe os espíritos a ponto de se passarem para o lado dos Medos. Pelo contrário, se atacarmos antes que um qual-

quer pensamento funesto se instale em alguns dos Atenienses – e se os deuses se mostrarem neutrais – somos bem capazes de vencer a batalha. É, portanto, a ti que agora tudo diz respeito e só de ti depende.» [...] Ao falar nestes termos, Milcíades atraiu a si Calímaco e assim, com a adesão do polemarco, foi sancionada a ideia de combater. Em seguida, os estrategos (*stratēgoi*) que partilharam a opinião de se combater, à medida que ia cabendo a cada um o comando supremo (*prytaneia*) do dia, delegavam-no em Milcíades. E ele, embora aceitasse, não iniciou a luta antes de chegar a sua vez de estar no comando (*prytaneia*).

O passo em análise esclarece que Calímaco não teria assistido à reunião dos estrategos, tendo sido convencido entretanto por Milcíades a dar o seu apoio à decisão de enfrentar os Persas no local. Esse aspecto, juntamente com o facto de os estrategos que estavam do lado de Milcíades delegarem nele o comando supremo do exército, mostra que a sua personalidade e reputação faziam dele o líder natural do momento, cabendo-lhe portanto a definição da táctica a seguir, bem como os louros da tão improvável quanto estrondosa vitória alcançada.([316]) Um tal sucesso deve ter contribuído, seguramente, para dissipar a importância do polemarco em favor dos estrategos que, além de comandantes das forças terrestres e navais, se tornarão também na magistratura política com maior capacidade de influência em Atenas.

Apesar de não ter afectado grandemente a operacionalidade das forças persas, a batalha de Maratona foi decisiva porque permitiu levantar, de forma notável, o ânimo ateniense, encorajando outras cidades a resistir ao invasor. Mostrou ainda aos Espartanos a forma como a infantaria grega poderia derrotar a persa, alem de que o estudo das tácticas agora usadas viria a revelar-se muito importante, quando o sucessor de Dario – Xerxes – retomasse alguns anos mais tarde o projecto de anexar a Grécia (infra 5.4.3).

É possível que a batalha de Maratona tenha feito diluir um pouco as controvérsias da política interna, mas não as dissolveu. Após a

---

([316]) Vide Heródoto, 6.111-117. Para uma discussão dos principais problemas suscitados pela reconstituição da batalha, vide Hammond (1986) 213-217. O estudioso comenta (p. 217), de forma paradigmática, que este difícil momento havia produzido o general mais hábil e a força de infantaria mais notável de toda a história ateniense.

refrega com os Persas, logo os líderes das facções tentam de novo a busca do poder. Nessa luta, a vitória de Maratona –atribuída a um elemento de uma das mais poderosas e influentes famílias atenienses – será ampliada e mitificada, como insígnia política, pelos oligarcas e pelos nobres para se oporem abertamente à causa democrática. Maratona fora uma vitória nacional, mas a circunstância de Milcíades ser um aristocrata rico dava azo a que a batalha fosse celebrada como uma façanha sobretudo aristocrática nos círculos dos nobres que assistiam com renitência ao avanço da soberania popular.

5.2.2. *A expedição a Paros*

Um ano após Maratona, em 489, Milcíades solicitava à Assembleia uma armada de setenta barcos, um exército e respectivo financiamento, talvez sem explicitar as suas intenções nem o alvo que desejava atacar (cf. Heródoto 6.132). Apesar da oposição de outros líderes atenienses, o povo acede ao seu pedido e assim demonstra mais uma vez a confiança naquele governante. Milcíades dirige a expedição contra a ilha de Paros, a mais importante das Cíclades a seguir a Naxos. Não é inteiramente claro o motivo que justifica esta expedição, mas talvez se destinasse a punir as póleis que haviam abraçado a causa persa – ou 'medizado', como então se dizia – contribuindo assim para isolar Atenas e Erétria. [317] De qualquer modo, o assédio a Paros falha e a frota regressa a Atenas com o seu comandante gravemente ferido, ainda por cima para enfrentar a acusação de haver enganado a Assembleia, conforme relata Heródoto (6.136):

> Quando Milcíades regressou de Paros, andava na boca de todos os Atenienses, e, entre outros, sobretudo na de Xantipo, filho de Arífron, que levou Milcíades perante o povo (*dēmos*) e lhe moveu uma acusação capital por ter enganado (*apatēs heineken*) os Atenienses. Embora estivesse presente, Milcíades não era capaz de se defender, pois encontrava-se incapacitado pela gangrena que lhe atacava a anca. Enquanto ele jazia estendido num leito, os amigos

---

[317] Sobre a conquista de Lemnos por Milcíades e as relações com o oráculo de Apolo neste contexto, vide Leão (2000c) 46-47.

trataram da sua defesa, recordando os pormenores da batalha de Maratona, a tomada de Lemnos e a forma como, depois da conquista de Lemnos e da vingança sobre os Pelasgos, a consagrou aos Atenienses. O povo (*dēmos*) colocou-se do seu lado, livrando-o da punição capital, mas, pela falta, multou-o em cinquenta talentos. Entretanto, Milcíades, minado pela gangrena e com a anca a entrar em decomposição, acabou por morrer. Os cinquenta talentos foram pagos pelo seu filho, Címon.

Apesar de poder contar geralmente com a confiança do povo, Milcíades mantinha igualmente adversários fortes – entre os quais se destacava Xantipo,[318] casado com a alcmeónida Agariste – que sabem aproveitar o desaire. A expedição custara muito, quer em vidas quer em dinheiro, e Milcíades não cumprira o prometido. Xantipo acusa-o de enganar o povo (uma forma de traição) e propõe a pena de morte. O *dēmos*, embora rejeite a punição capital, condena-o a pagar a multa pesadíssima de 50 talentos.[319] Este aparatoso revés de Milcíades foi resultado de um julgamento com evidentes motivações políticas, mas também exprime uma das regras básicas do governo democrático: o povo concede aos líderes o poder e dá-lhes a sua confiança, mas exige que esses governantes correspondam às expectativas criadas, responsabilizando-os pelos actos praticados. Milcíades inaugurava, assim, uma galeria de grandes estadistas que, por razões várias, acabariam sentenciados pelo *dēmos* à desgraça, ao exílio ou à própria morte.[320] Com o falecimento do vencedor de Maratona, a multa será mais tarde assumida e paga pelo filho, Címon, que virá a desempenhar igualmente um lugar de relevo na futura cena política ateniense (vide infra 6.1).

---

[318] Pai de Péricles; a inimizade entre estas duas famílias ainda se manteria na geração seguinte, sendo então incarnada por Péricles e Címon.

[319] De acordo com Rhodes (2006*b*), 11, um talento ateniense equivalia a 27,6 kg, no século IV, embora antes pesasse um pouco menos (cerca de 25,8 kg). Em qualquer dos casos, a multa seria bastante superior a uma tonelada de prata.

[320] Conforme é sintetizado por Hammond (1986) 220.

5.3. Alterações políticas e constitucionais posteriores à morte de Milcíades

Depois da batalha de Maratona, o arconte polemarco perde definitivamente importância como chefe militar, em favor dos estrategos, que passam a assumir o comando das forças terrestres e navais. Esta alteração de competências entre magistrados deve estar ligada à luta política e social que marcou o período imediatamente posterior à batalha de Maratona, bem como a um conjunto de casos de ostracismo e de mudanças de natureza constitucional. Com efeito, pouco depois da morte de Milcíades, inicia-se em 488/7 uma série de processos de ostracismo que, até 482, afastam de Atenas vários políticos influentes, condenados um após outro ao exílio por dez anos: em 488/7, Hiparco da família dos Pisistrátidas; em 487/6, Mégacles que era alcmeónida; em 485/4, Xantipo da mesma família e pai de Péricles; Aristides, filho de Lisímaco e apelidado 'o justo', sofre a mesma punição dois anos mais tarde. ([321]) Nesses processos, a família dos Alcmeónidas é a mais atingida e tal facto deve-se possivelmente à ideia de que teriam chegado a um entendimento com os Persas, e isso pode ter criado na opinião popular a noção de que apoiavam o regresso de Hípias. ([322])

Pela mesma altura em que corriam estes exílios por ostracismo, verificam-se mudanças constitucionais de alguma relevância, que o autor da *Constituição dos Atenienses* refere nestes termos (*Ath.* 22.5):

([321]) O mesmo terá ocorrido com outro político cujo nome se desconhece, mas que talvez corresponda ao alcmeónida Calíxeno, pois aparece referido em muitos *ostraka* e num deles com o epíteto de 'traidor', mas não é seguro que se trate da pessoa ostracizada em 486/5, pois o autor do tratado aristotélico (*Ath.* 22.6) é omisso neste ponto quanto ao nome do arconte epónimo e do visado pelo ostracismo. Vide Ehrenberg (1968) 140-143. Para uma enumeração de *ostraka* relativos a estas figuras, vide Lang (1990) 3-4 e *passim*. Sobre as motivações políticas por detrás do uso do ostracismo ao longo do século v, vide Forsdyke (2005) 165-177.

([322]) Com efeito, havia-se espalhado a notícia de que os Alcmeónidas, na altura da batalha de Maratona, teriam mesmo feito um sinal aos Persas, com os escudos. Tratava-se de rumores que não tinham possivelmente fundo de verdade, e contra os quais já Heródoto (6.115 e 6.121-124) reagira, tomando por base a oposição dos Alcmeónidas à tirania, mas que eram eficazes para efeitos de luta política. Sobre o assunto, vide Ferreira (1992) 258 e n. 3.

No ano imediatamente a seguir, durante o arcontado de Telesino, procedeu-se à tiragem à sorte (*ekyameusan*) dos nove arcontes segundo as tribos (*kata phylas*), a partir de uma lista de cem demotas previamente escolhidos (*ek tōn prokrithentōn*); foi a primeira vez que se usou este processo depois da tirania: na verdade, os arcontes anteriores foram todos eleitos (*hairetoi*).

O autor do tratado aristotélico é a única fonte a mencionar o nome de Telesino, cujo arcontado cairia em 487/6. Ainda segundo a *Constituição dos Atenienses*, os arcontes seriam inicialmente designados pelo Areópago (8.2), até que Sólon (8.1) teria introduzido o mecanismo da *klērōsis ek prokritōn*, que combinava o recurso final à tiragem à sorte com a pré-selecção de um número reduzido de candidatos. No passo agora em análise, informa-se que, durante o período da tirania, os arcontes haviam sido eleitos de forma directa, sendo agora recuperado o processo da *klērōsis ek prokritōn*. O relato é consistente e afigura-se defensável, embora não esteja isento de dificuldades. ([323]) Com efeito, que a tiragem à sorte houvesse sido suspensa durante o governo dos Pisistrátidas está de acordo com a preocupação de colocar nesse importante cargo pessoas da confiança dos tiranos. Em sentido inverso, o recurso à tiragem à sorte, reintroduzido em 487/6, vinha desvalorizar esta magistratura em favor dos estrategos. A referência aos demos e à pré-selecção de quinhentos candidatos sugere uma confusão com o processo de constituição da *Boulē* dos Quinhentos. Parece mais provável que, à semelhança do que acontecia mais tarde, cada tribo facultasse um grupo de dez *prokritoi*, sendo ainda defensável que recuasse a este momento a adição de um secretário aos nove arcontes, perfazendo assim um colégio de dez elementos, mais consentâneo com o organismo cívico global resultante das reformas de Clístenes. A ser esta a realidade, a tiragem à sorte seria aplicada na parte final do processo, permitindo escolher um nome por tribo, entre os dez que cada uma havia previamente seleccionado (num total de cem candidatos e não de quinhentos, conforme se sustenta no passo em análise).

([323]) Nomeadamente no que diz respeito à harmonização com outras fontes (vide supra 2.5.2 e 4.3.3). Para uma síntese dos principais problemas levantados por este passo, vide Rhodes (1981) 272-274.

Esta tiragem à sorte vinha retirar qualquer possibilidade de influência pessoal e social na escolha dos arcontes. Ao mesmo tempo, desse novo processo de eleição decorre também uma alteração significativa na constituição do Areópago, visto que anualmente os dez novos arcontes se tornavam membros vitalícios daquele Conselho. Ainda representava uma honra ser arconte, mas a partir de então nenhum político ambicioso veria neste posto o meio ideal para ganhar notoriedade pública. Em consequência, o arcontado passará a ser preenchido por homens respeitáveis, mas sem verdadeira projecção política. Esta mudança no processo de designação dos arcontes parece corresponder também ao momento em que o polemarco perdeu o comando supremo do exército em favor dos estrategos, mantendo apenas algumas funções religiosas e legais (como o direito de presidir ao tribunal do Paládion em processos que implicassem estrangeiros). Desta forma se fundamentava, a nível da própria constituição, a crescente influência dos estrategos desde Maratona. Esta nova posição de comandantes supremos, associada ao facto de poderem ser eleitos por um número ilimitado de vezes, concedia aos estrategos a possibilidade de assumirem a liderança e de marcarem a agenda política a médio prazo, desde que não alienassem o apoio popular.

Tomadas como um todo, as medidas de 487/6 podem ser vistas, até certo ponto, como uma revolução constitucional ([324]) que assim aperfeiçoava a obra de Clístenes. Afigura-se também claro que, por trás destas reformas, se encontrava um único espírito e, a não ser Temístocles, nenhum dirigente das outras facções estaria tão interessado em medidas que vinham reforçar a soberania do *dēmos*, se bem que nenhuma fonte antiga o ligue de maneira inequívoca a estas reformas. Tem sido igualmente sugerida a marca da sua actuação na série de ostracismos que se verificaram entre 488 e 482. Um indício provável de que teria sido ele o instigador destes processos encontra-se no elevado número de votos que o contemplam, provavelmente provindos dos aristocratas. Se as coisas se passaram de facto desta forma, Temístocles havia então escolhido uma forma de proceder que dava ao *dēmos* plena responsabilidade na decisão, além de que ele próprio não estava isento de arriscar a mesma condenação, conforme o futuro iria mostrar (infra 5.5).

([324]) Para se retomar a expressão de Ehrenberg (1968) 142.

Liberto dos principais adversários – sobretudo de Aristides, o único rival sério que com ele podia ombrear em futuras candidaturas a estratego e na política a seguir (infra 5.4.1) – Temístocles tinha o caminho desimpedido para levar à prática a sua ideia fundamental, que há muito perseguia: dotar Atenas de uma marinha de guerra forte.

5.4. Temístocles

Era um homem a quem o mar atraía profundamente e que se terá mesmo dedicado ao comércio – atitude pouco habitual entre os nobres, mas que já em Sólon encontrara um notável precedente. Um claro sinal do seu interesse pela Magna Grécia pode ver-se no facto de ter atribuído a duas das filhas os elucidativos nomes de Itália e Síbaris.[325] A ideia de fazer de Atenas uma potência naval recuava pelo menos ao momento em que fora arconte epónimo no ano de 493/2, pois já então iniciara a fortificação do Pireu, a fim de dotar a pólis de um porto seguro e menos exposto que o de Fáleron (supra 5.2). Pensava que a cidade, gozando embora de uma disposição geográfica natural virada para o mar, só podia aproveitar-se verdadeiramente dessa localização favorável se possuísse uma frota de guerra válida e capaz de infundir receio.

Além disso, Temístocles vira talvez na marinha o instrumento ideal para resolver a eterna guerra com Egina e ainda também um meio para enfraquecer o poder das classes elevadas, na medida em que dava importância militar (e por extensão, política) aos remadores das trirremes, recrutados sobretudo entre os cidadãos mais carenciados. E em especial, terá compreendido que só uma frota de guerra eficaz e o consequente controlo do mar tornariam Atenas numa força dominante no mundo grego. O mar Egeu, caminho de consideráveis e vitais trocas comerciais, vivia sob a ameaça constante da pirataria, sem nenhum poder que retirasse o perigo das suas rotas. A potência que conseguisse a proeza de tornar seguro esse mar reuniria condições não só para retirar daí proveitos económicos, como também o correspondente peso militar e político em questões de diplomacia externa.

---

[325] Cf. Plutarco, *Them.* 32.2. Não é improvável também que tenha ensaiado a aproximação ao tirano Gélon de Siracusa. Vide Ehrenberg (1968) 144-147.

5.4.1. *A política de reforço da armada ateniense*

Temístocles devia estar informado sobre os preparativos para a invasão persa, da mesma forma que haviam sido conhecidas as movimentações que, cerca de dez anos antes, conduziram à batalha de Maratona. Com efeito, em 483, os Persas começaram a escavar um canal na península do monte Atos (Heródoto, 7.22-24), para evitar o desastre sofrido pela frota em 492, sendo que um esforço desta envergadura constituía um sinal inequívoco de que a invasão de Xerxes estaria iminente e de que o ataque seria lançado tanto por mar como por terra.

Uma vez que, em Atenas, estava decidida a resistência aos Persas, o reforço da armada constituía um imperativo de guerra. Temístocles conseguiu progressivamente convencer o povo das suas razões e das vantagens da política que propunha. Por essa altura, o porto do Pireu começava a ficar preparado para receber uma frota de trirremes, mas faltavam ainda os meios financeiros para suportar um investimento dessa dimensão. Foi então que se verificou na Ática um feliz e decisivo acontecimento (*Ath.* 22.7):

> No terceiro ano após estes acontecimentos, durante o arcontado de Nicodemo, foram descobertas as minas de Maroneia e a exploração rendeu à cidade um encaixe de cem talentos. Alguns aconselharam que os proventos fossem repartidos pelo *dēmos*, mas Temístocles opôs-se e, sem revelar que destino daria ao dinheiro, defendeu que se emprestasse um talento a cada um dos cem Atenienses mais ricos; depois, se o investimento agradasse, a despesa ficaria a cargo da cidade; caso contrário, o dinheiro seria retirado a quem havia contraído o empréstimo. Assim que recebeu o dinheiro nestas condições, tratou da construção de cem trirremes (a cada um dos cem cidadãos cabia construir uma) e com elas se combateram os bárbaros, em Salamina. Por esta ocasião, foi ostracizado Aristides, filho de Lisímaco.

O arcontado de Nicodemo cai em 483/2 e o autor da *Constituição dos Atenienses* informa que foi nesse período que se descobriu, em Maroneia, um novo filão de prata excepcionalmente rico que permitira a Atenas rendimentos na ordem dos cem talentos. A pólis concede a exploração dessas minas a particulares mediante a entrega de uma parte do minério extraído. Em vez de distribuir pelos cidadãos esses recursos, Temístocles submete à Assembleia a proposta – que consegue aprovar, graças ao seu prestígio e visão estratégica – de empregar esses rendimentos na construção de cem barcos de guerra. ([326]) Temístocles utiliza o forte argumento do poder naval de Egina, cujos barcos impunham na altura a sua presença no Pireu. Situada essa ilha no Golfo Sarónico, a apenas algumas milhas das costas da Ática, Atenas vivia em constantes lutas com ela, sem resultados positivos, já que a inexistência de uma frota eficaz tornava impossível subjugar a outra parte. ([327]) Embora Temístocles usasse esse argumento próximo para persuadir os Atenienses mais indecisos, estaria naturalmente a pensar sobretudo na ameaça persa. Não deixa também de ser significativo que o ostracismo de Aristides tenha ocorrido nesta mesma altura. O estadista é apresentado, com frequência, como rival 'aristocrático' do 'democrático' Temístocles, embora também apareçam ambos referidos como chefes populares (*Ath.* 23.3). Não é improvável que a oposição ao programa naval proposto por Temístocles tenha sido responsável pelo ostracismo de Aristides, se bem que as fontes antigas não confirmem essa hipótese, apesar de ser geralmente aceite pelos estudiosos modernos. ([328])

Construídos os barcos, era necessário tripulá-los e conseguir homens e remadores que os manobrassem, desempenhando essa função com um alto grau de eficácia. Tal desiderato só se atingia mediante um treino conjunto e prolongado. Dessa missão ficariam incumbidos os cidadãos mais pobres – essencialmente os *thētes*, membros da mais baixa das classes criadas por Sólon, com rendimentos inferiores a

---

([326]) As fontes antigas e os estudiosos deste período não estão totalmente de acordo quanto ao montante dos rendimentos da mina e ao número de barcos construídos, mas as cifras apontas pelo tratado aristotélico não são improváveis, atendendo ao facto de que, em 489, Atenas possuía uma frota de setenta barcos (Heródoto, 6.132) e de duzentos em 480 (id. 8.1), sendo que a diferença de trinta navios poderia ter sido completada nos antes anteriores a 483/2. Vide Rhodes (1981) 277-278.

([327]) Por volta do ano 488 Atenas entrara de novo em guerra com Egina, para apoiar um levantamento democrático naquela ilha, mas para isso teve de alugar, por um preço nominal, barcos a Corinto. A continuação da guerra ofereceu, por conseguinte, um pretexto e um argumento forte à política naval de Temístocles. Vide Podlecki (1975*b*) 58-59; Soares (2002) 20-21.

([328]) Vide Davies (1971) 48-49; Rhodes (1981) 280.

duzentas medidas (supra 2.5.1). Como, na Grécia, era o próprio cidadão-soldado quem fornecia o seu armamento, tal significava que a maioria dos *thētes* nunca havia participado no exército. A sua importância como remadores será um factor novo que irá trazer notáveis consequências a nível do reforço da soberania popular. A criação da frota implicou, assim, o aparecimento de um sector estreitamente dependente do Estado em termos de soldo e de subsistência. É então deste modo que se forma em Atenas uma força naval eficiente e treinada que vai dominar no Egeu até ao fim do século v e que, quando da segunda invasão persa em 480, estava pronta a actuar. Dirigida por um comandante hábil e de visão, Temístocles, irá obter as vitórias decisivas do cabo Artemísio e de Salamina, determinando a futura história de Atenas e da Hélade.

5.4.2. *As batalhas das Termópilas, de Artemísio e de Salamina*

Não obstante o facto de as cidades da Grécia continental admirarem Atenas pela vitória alcançada em Maratona, continuavam a identificar a liderança de uma frente comum contra os Persas mais naturalmente com Esparta do que com a pólis de Milcíades. Ambos os lados em conflito procuraram atrair os restantes Gregos à sua causa e houve, de facto, muitas cidades que optaram por 'medizar'. De resto, o próprio oráculo de Apolo em Delfos desencorajava claramente a resistência, tal o impacto causado pelas forças persas (e.g. Heródoto, 7.140; 7.220). Os 'Lacedemónios e os seus aliados (*symmachoi*)' constituíam o núcleo da resistência helénica,[329] embora a Aliança Grega – ou simplesmente os 'Gregos' (*Hellēnes*, e.g. Heródoto, 7.173.1) – não coincidisse totalmente com esta estrutura, em especial em termos de orgânica governativa, pois cada Estado individual contava somente por um voto através dos respectivos 'delegados' (*probouloi*) ao Congresso helénico. A decisão maioritária dos votantes seria vinculativa, mesmo para póleis como Esparta e Atenas.[330] As forças terrestres provi-

---

[329] Conforme Heródoto salienta, por duas vezes (7.157.1; 8.142.4).

[330] Pormenores em Hammond (1986) 225-226. Conforme salienta Ehrenberg (1968), 147, a celebração de uma trégua entre os Estados membros da Aliança permitiu pôr cobro à guerra entre Egina e Atenas, que haveriam aliás de distinguir-se ambas na batalha decisiva junto aos estreitos de Salamina.

nham essencialmente do Peloponeso, enquanto as navais procediam em especial das cidades do Golfo Sarónico, mas em ambos os casos enfrentavam contingentes persas bastante superiores.

Enquanto Xerxes se encontrava na Macedónia, os Gregos discutiam no Congresso do Istmo a estratégia a adoptar, tendo a maioria sido favorável a ocupar o estreito das Termópilas bem como a estacionar a armada em Artemísio. Estas posições ficavam suficientemente próximas uma da outra para permitirem o contacto entre o exército e a frota, articulando assim a respectiva actuação de acordo com a evolução dos acontecimentos. O rei espartano Leónidas comandava as forças nas Termópilas, enquanto a armada tinha por general supremo o também espartano Euribíades (Heródoto, 8.2). Entre os interlocutores privilegiados do comandante da armada encontrava-se o ateniense Temístocles, que havia sido eleito estratego e estava à frente do contingente mais numeroso de barcos. A espera nas Termópilas foi improcedente do ponto de vista militar, pois os Gregos acabaram vencidos, tendo perdido cerca de quatro mil homens (dos quais metade seria talvez constituída por hilotas). Do lado persa tombaram à volta de vinte mil combatentes e, embora isso não afectasse grandemente as suas forças, do ponto de vista moral a resistência helénica – e em especial a do rei Leónidas e dos seus trezentos Espartanos – ficaria como um símbolo poderosíssimo de entrega sem reservas ao dever de resistir ao invasor.[331] Isso mesmo atesta, com exemplar concisão, o epitáfio que mais tarde lhes foi dedicado (Heródoto, 7.228.2):

> Estrangeiro, vai dizer aos Lacedemónios que aqui
> jazemos, por obedecermos às suas ordens.

Já quanto à batalha de Artemísio, o desfecho foi mais favorável aos Gregos, pois com uma parte somente da sua frota as forças aliadas conseguiram rebater a poderosa armada persa, havendo mesmo capturado trinta barcos e destruído muitos outros, não sem a preciosa conivência dos elementos naturais. Por este conjunto de razões, o seu ânimo era elevado, até porque acreditavam que tinham os deuses marinhos do seu lado. A distinção na batalha foi dada aos Atenienses, por

---

[331] Cálculo das baixas em Hammond (1986) 236-237. Sobre os pormenores e simbolismo que envolveram a batalha das Termópilas, vide Cartledge (2007).

haverem «lançado as brilhantes fundações da liberdade», nas palavras de Píndaro. ([332](#))

A vitória grega em Artemísio ficou a dever-se, em boa parte, à actuação de Temístocles, mas a marca da sua liderança será visível, em especial, junto à ilha de Salamina, em cuja baía os Gregos haviam concentrado todas as suas forças, numa posição bastante próxima da adoptada em Artemísio, embora com maior vantagem estratégica. ([333](#)) De novo, o comando supremo fora confiado a espartanos: as tropas acampadas no Istmo eram chefiadas por Cleômbroto, irmão do rei Leónidas que havia perecido nas Termópilas; à frente da armada fora reconduzido Euribíades, em reconhecimento das óptimas qualidades demonstradas em Artemísio (Heródoto, 8.42; 8.71). Temístocles era um dos representantes atenienses no Congresso helénico e terá pressionado para ser adoptada a estratégia de estacionar a armada em Salamina, resolvendo assim a terrível situação terrestre na Ática, ao cobrir a retirada da população e ao depositar a esperança de vitória na frota. ([334](#)) A decisão de abandonar os campos da Ática, a cidade de Atenas e a própria Acrópole ao saque persa representou um duro golpe no moral das tropas. E é significativo que, neste momento particularmente difícil, os Atenienses tenham encontrado no prestígio religioso do Conselho do Areópago uma forma de aliviar os seus anseios. ([335](#)) Para o mesmo efeito contribuiu a informação de que a serpente de Atena que habitava na Acrópole não tinha consumido a oferenda mensal de um bolo de mel: era como se a própria deusa tivesse abandonado a cidade, sancionando a decisão tomada pelos seus habitantes (Heródoto, 8.41).

Depois da chegada de Xerxes a Atenas, a visão do fumo que se erguia da Acrópole despertou o pavor nos Gregos estacionados em

---

([332](#)) Frg. 77 Snell, citado por Plutarco, *Them.* 8.2.

([333](#)) Reconstituição dos pormenores da batalha em Hammond (1986) 237-244.

([334](#)) Esta solução apoiava-se, de resto, na hábil utilização do oráculo proferido pela pitonisa em Delfos (Heródoto, 7.141), ao interpretar a «muralha de madeira» como indicação para concentrar a resistência na armada.

([335](#)) Cf. [Aristóteles], *Ath.* 23.1. Sobre a hipótese de o Areópago ter distribuído oito dracmas por cada elemento da tripulação dos barcos, segurando assim as equipagens que combateriam em Salamina, ou, em alternativa, sobre um decreto de Temístocles que lhe permitiu reunir largas somas de dinheiro ao inventar um pretexto para revistar as bagagens dos que se preparavam para zarpar do Pireu (cf. Plutarco, *Them.* 10.6-7, que cita Clidemo), vide Rhodes (1981) 287-289.

Salamina, com a maioria a querer retirar para o Istmo. O próprio Euribíades estava inclinado para essa opção, mas Temístocles conseguiu convencê-lo das vantagens de permanecerem no local. Além de ter conseguido travar a debandada, a intervenção do general ateniense foi determinante ainda para dar ânimo às tripulações e para fazer chegar aos Persas a falsa indicação de que os Gregos estavam profundamente desmoralizados, levando Xerxes a aproveitar o momento para atacar. Em Salamina, a Aliança Grega alcançou uma grande vitória, graças à sua capacidade táctica e ao notável esforço de combate dos marinheiros gregos. Curiosamente, o primeiro prémio de bravura foi dado aos Eginetas, pois foram quem se tinha exposto mais na linha de batalha, mas coube aos Atenienses o mérito de terem virado a sorte do combate a favor dos Gregos.

5.4.3. *As batalhas de Plateias e de Mícale*

O recontro de Salamina não representou o fim da guerra, pois os barcos persas ainda eram superiores em número, mas Xerxes decidiu recuar para não se expor ao inverno, deixando um grande contingente acampado na Tessália, sob o comando de Mardónio. Com efeito, naquele momento o perigo até seria maior, na medida em que estas forças eram constituídas por tropas de elite, sendo, por conseguinte, mais eficazes do que o enorme e lento exército que começara por acompanhar Xerxes. A primeira preocupação de Mardónio consistiu em separar os Atenienses da causa grega, oferecendo um entendimento em termos vantajosos, mas que foram recusados.

Na realidade, o risco de separação existia de facto. Depois de Salamina, os Atenienses escolheram como seus líderes Aristides e Xantipo (que haviam entretanto regressado do exílio, beneficiando da amnistia geral anterior à invasão persa) e não Temístocles. No entanto, Aristides confirmou de forma categórica a oposição à Pérsia. A batalha decisiva seria então disputada em 479, junto de Plateias, tendo o exército grego combatido sob o comando de Pausânias, sobrinho de Leónidas. O ataque combinado das forças helénicas (conhecedoras da experiência de Maratona, supra 5.2.1) resultou num verdadeiro massacre das tropas persas e o próprio Mardónio foi morto em campo, precipitando a debandada geral das falanges e a dimensão do desastre. Esta vitória consistiu, sobretudo, num triunfo da infantaria espartana, que deu provas de uma assombrosa supremacia não somente no espaço grego como em todo o mundo civilizado de então. ([336]) A campanha de Plateias constituiu o feito mais notável da unidade helénica, ([337]) pois durante três semanas cem mil Gregos resistiram em conjunto aos ataques da cavalaria persa, em obediência ao solene juramento que fizeram antes da batalha de combater até à morte, colocando a liberdade à frente da própria vida (Heródoto, 9.7α2).

Ainda nesse mês de Setembro de 479, os Gregos contaram igualmente com uma importante vitória em Mícale, na costa da Ásia Menor. Esta campanha significava uma mudança de táctica da parte da Aliança Grega, ao decidir atacar o próprio território persa – o que não acontecia desde o envolvimento de Atenas e Erétria na revolta iónica. Além de libertar as cidades gregas da costa asiática, o avanço da frota grega visava impedir o envio de tropas persas e prevenir futuros ataques com a dimensão dos de 480. Pouco depois desta vitória, Heródoto termina o seu relato das Guerras Medo-persas, ao referir a captura simbólica dos cabos usados por Xerxes para construir a ponte sobre o Helesponto, que foram levados para Atenas por Xantipo, na primavera de 478 (9.120-121). Encerrada a fase crítica deste conflito entre o Ocidente e o Oriente, a Hélade entraria agora numa nova etapa da sua existência militar, política e económica.

5.5. Lutas políticas posteriores ao conflito persa: o ostracismo de Temístocles

Ainda que, do lado espartano, tenham sido mais marcantes as vitórias alcançadas em terra, o acontecimento mais decisivo na luta pela liberdade – a Batalha de Salamina – viera confirmar que o futuro de Atenas estava na força naval. No entanto, é importante registar que os marinheiros vencedores do Artemísio, de Salamina e de Mícale diferiam social e economicamente dos hoplitas e dos cavaleiros. Estes

---

([336]) Facultando assim o contributo determinante para afastar o risco de conquista persa. Cf. Heródoto, 9.58-70.

([337]) Para se usar a feliz expressão de Hammond (1986) 250.

últimos estavam ligados à terra e tinham a obrigação de custearem os próprios equipamentos e montadas. Os marinheiros, pelo contrário, eram assalariados da pólis e não possuíam outro meio de subsistência que não fosse o soldo recebido pela função exercida na frota. Desse modo os cidadãos mais pobres de Atenas, que haviam sido peças indissociáveis da eficácia da frota, saíram dessas vitórias muito prestigiados e quase granjeados ao estatuto de heróis. Por conseguinte, as Guerras Medo-persas, além de libertarem a Grécia do invasor externo, ajudaram a cimentar o regime democrático em Atenas e criaram ainda as condições para um aperfeiçoamento da soberania popular.

A prevenção da guerra contra a Pérsia, a formação de uma aliança de cidades à volta de Atenas – a Simaquia de Delos – para se protegerem da ameaça asiática, bem como a contenção das revoltas dentro dessa Simaquia, constituem elementos que espelham a importância da frota e dos *thētes* que nela serviram. A defesa dos interesses da pólis e a salvação da cidade passam cada vez mais por esses cidadãos de parcos recursos que até aí estavam excluídos de todo o poder que não decorresse da participação na Assembleia e nos tribunais da Helieia. Ganham consciência de si mesmos, do que representavam na pólis e à medida que tal acontecia passavam a desempenhar um papel mais activo na condução dos assuntos do Estado. [338]

Uma vez terminadas as Guerras Medo-persas, de novo a política externa volta a constituir em Atenas um ponto de tensão entre as facções, recuperando a velha questão de considerar Esparta um poderoso inimigo ou antes de ver nela uma aliada estratégica. É neste cenário que Temístocles tem um aparatoso regresso à ribalta política. Porque mantivera boas relações com todos os chefes gregos nos anos subsequentes a Salamina e estava consciente de que os Lacedemónios eram contrários a que Atenas reconstituísse as muralhas destruídas pelos Persas, dirigiu-se a Esparta, onde foi bem recebido, e procurou ganhar tempo mediante negociações que ia protelando, ao mesmo tempo que, em Atenas, se terminavam com presteza os muros da cidade. Concluídos os trabalhos, Temístocles rompe as negociações e regressa a Atenas, abrindo caminho ao conflito aberto com a cidade da Lacónia,

---

[338] De resto, é curioso observar que a marinha foi sempre a mais acérrima defensora da democracia em Atenas e que, por ocasião do golpe oligárquico de 411, foi ela que repôs a legalidade democrática (vide infra 8.4).

uma preciosa aliada nas Guerras Medo-persas, em vez de privilegiar, como até aí, a luta contra o invasor. Mas tal mudança não passou despercebida aos seus adversários, que começaram a preparar o fim político do vencedor de Salamina.

Os partidários de Temístocles provinham predominantemente de classes carentes de privilégios sociais e sem grande experiência política. Tornavam-se assim permeáveis ao aliciamento das famílias nobres e abastadas, adeptas de modo geral de um regime oligárquico e de um entendimento com Esparta. Temístocles, por sua vez, sem a riqueza dos rivais, vaidoso dos seus dotes e desejoso de afirmação pessoal, constituía um alvo fácil para uma propaganda hostil. Dizia-se que se deixava subornar – inclusive pelos Persas ou por aliados seus – e que depois não cumpria os compromissos assumidos.[339] Verdade ou não, essas acusações de corrupção serviram para os rivais se unirem contra ele e conseguirem que, em finais de 470, fosse punido com o ostracismo.[340] Obrigado a sair de Atenas, chega mais tarde mesmo a ser condenado por traição, acabando por morrer no exílio, ao serviço do rei persa Artaxerxes I. O ostracismo de Temístocles acentua igualmente, num outro plano, a crescente influência de Címon, filho de Milcíades, o vencedor de Maratona. É sobre esta nova geração de estadistas que se falará de seguida, bem como do contexto histórico que permitiu a sua afirmação na cena política ateniense.

---

[339] Análise dessas acusações no contexto da batalha de Salamina em Soares (2002) 31-33.

[340] Lang (1990) 102. Cf. Tucídides, 1.135.3.

6.
Címon e Efialtes

Quando, na primavera de 478, Xantipo levou para Atenas os cabos usados por Xerxes para construir a ponte sobre o Helesponto, encerrava, de forma simbólica, a fase crítica do conflito que opusera o Ocidente e o Oriente, inaugurando assim uma nova etapa na existência militar, política e económica da Hélade. Com efeito, entre o fim do conflito medo-persa e o início da Guerra do Peloponeso (431), estende-se um período de quase meio século, ao qual, por isso mesmo, se atribui usualmente o nome de *pentēkontaetia*. [341] Embora não chegue a usar directamente aquele termo, o criador do conceito é Tucídides (1.118.2):

> Todas estas operações que os Helenos levaram a cabo, fosse uns contra os outros fosse contra o bárbaro, passaram-se durante um período que ronda os cinquenta anos (*pentēkonta*), no intervalo compreendido entre a retirada de Xerxes e o início desta guerra.

O passo agora citado faz parte de um excurso famoso (1.89-118), onde o historiador analisa o crescente imperialismo ateniense, que constitui, segundo ele, o verdadeiro motivo que levou à eclosão da Guerra do Peloponeso, de consequências desastrosas para todo o

---

[341] A expressão *pentēkontaetia* é aplicada a este período somente uma vez, num escólio a Tucídides (1.89). Cf. Ehrenberg (1968) 187 e n. 1. Sobre a real dimensão cronológica desse momento histórico e sobre os problemas que levanta, vide Gomme (1945-1956) *ad loc*. Este comentador salienta ainda (vol. I p. 359) que os gramáticos antigos adoptaram o nome *pentēkontaetia* para o excurso compreendido entre os caps. 89 e 118, mas que, em termos rigorosos, isso não estará totalmente correcto, pois deveria incluir também os caps. 23-66 e ainda todos os acontecimentos narrados até ao fim do Livro I.

mundo grego. ([342]) Antes, porém, de se entrar nesta fase conturbada da história da Hélade (infra 7.4), convirá recordar alguns aspectos que tornam a *pentēkontaetia* numa época tão importante, sobretudo no caso de Atenas, e que, por serem muito conhecidos, se evocarão apenas brevemente. ([343])

Em 477, ainda no rescaldo das Guerras Medo-persas, era criada a Simaquia de Delos, que começou por ser uma aliança voluntária das cidades do Egeu e da Ásia Menor com Atenas, de forma a defenderem os interesses gregos e manterem as forças persas à distância. No entanto, essa confederação vai permitir à cidade de Atenas estabelecer um verdadeiro império económico, baseado no poder a na eficácia da frota, e alargar a influência política, favorecendo a instauração de democracias nas *poleis* aliadas. ([344]) Para atenderem aos objectivos enunciados, as cidades aliadas contribuíam ora com navios ora com dinheiro; as contribuições monetárias passavam a integrar o tesouro comum, que ficara depositado, inicialmente, na sede da Simaquia, em Delos. ([345]) Em 454, este fundo é transferido para Atenas, como garantia de melhor protecção contra eventuais ataques, mas esta decisão constituía igualmente um indício claro do imperialismo crescente da cidade. Por outro lado, não muito depois, Péricles leva a Assembleia a votar que essa reserva de dinheiro seja utilizada para reconstruir os templos, sobretudo os da Acrópole, que tinham ficado à mercê do saque persa (vide infra 7.2). Esta resolução, que os aliados podiam, com todo o direito, acusar de abusiva, ([346]) vai, no entanto, criar a

---

([342]) Cf. 1.23.6: «Ora o motivo mais sincero, e o menos declarado abertamente, assenta, segundo creio, no crescimento do poderio ateniense e no medo que infundiu nos Lacedemónios, a ponto de os impelir à guerra.»

([343]) Para mais informação, vide Ehrenberg (1968) 187-251; Hammond (1986) 333-344; Hornblower (1991) 9-38; Ferreira (2004) 129-149; Harrison (2006).

([344]) A este movimento se contrapõe a Simaquia do Peloponeso, liderada por Esparta, que procurava estabelecer oligarquias na sua área de influência política e militar. Este facto vai acentuar o dualismo de forças na Hélade, que desembocará naturalmente na Guerra do Peloponeso.

([345]) Tucídides, 1.96. Para um quadro cronológico relativo a este período, vide Gomme (1945-1956) I.394-396.

([346]) Na verdade, as tentativas, promovidas sobretudo pelos aristocratas de algumas das cidades aliadas, para se afastarem da Simaquia de Delos a fim de aderirem à do Peloponeso, foram sempre duramente reprimidas por Atenas.

oportunidade para grandes realizações artísticas como o Pártenon ou as estátuas da deusa Atena por Fídias. Estas grandes obras, ao mesmo tempo que constituem uma importante fonte de emprego para muitos assalariados (evitando, assim, que se criassem situações de agitação e revolta internas), são também a face visível da grandeza de Atenas. No domínio político, as reformas de Clístenes eram aperfeiçoadas por Efialtes e Péricles (infra 6.2.1), de forma que, em meados do século V, o equilíbrio e harmonia entre as diversas instituições permitiram atenuar grandemente o conflito de classes, concedendo possibilidades idênticas a todos os cidadãos. Era, portanto, a súmula de todos estes factores que guindava Atenas a um pedestal de quase perfeição, permitindo a Péricles, o grande guia dos destinos da cidade, considerá-la a verdadeira «Escola da Hélade». [347]

6.1. Címon

A referência ao ostracismo de Temístocles, com a qual se encerrou o capítulo anterior e que marca a inelutável decadência política do vencedor de Salamina, acentua igualmente, num outro plano, a crescente influência de Címon, filho do Milcíades que tinha alcançado a retumbante vitória de Maratona e haveria igualmente de cair em desgraça, depois do desaire da expedição a Paros (supra 5.2.2). O prestígio da família e a riqueza, que Címon distribuía com uma generosidade que roçava quase o desbaratamento, granjearam-lhe enorme popularidade, factores que, aliados a sucessivas campanhas vitoriosas, de certo modo explicam a sua reeleição frequente como estratego, permitindo-lhe que, entre 476 e 463, comandasse praticamente todas as operações promovidas pela Simaquia de Delos, como um dos grandes promotores dos sucessos obtidos pela aliança. Esta brilhante carreira militar granjeou-lhe, no entanto, poderosos inimigos e, em 461, acabou por sofrer o ostracismo, que marcaria o declínio da sua influência política, embora se mantivesse activo durante mais uma década, até perecer no decurso de uma campanha contra os Persas, a fim de recapturar Chipre.

---

[347] Nas palavras de Tucídides, 2.41.1.

Em 476/5 toma Éion aos Persas, uma importante cidade da Trácia e um porto bem fortificado que os Atenienses anexaram e colonizaram. Faz igualmente uma expedição à ilha de Ciros para de lá desalojar os piratas Dólopes que representavam uma ameaça no Egeu. ([348]) Os piratas são vendidos como escravos e a ilha, colonizada por atenienses (clerucos), passa a constituir um bom porto de apoio para os barcos que de Atenas se dirigiam para a Trácia e os Dardanelos. Mais celebrada porém do que essa vitória foi a descoberta de um túmulo na ilha com um esqueleto, apresentado como o do antigo herói ateniense Teseu. ([349]) Transportados esses restos mortais para Atenas, são aí recebidos como relíquias com pompa, manifestações de alegria e fervor patriótico. Talvez por volta de 467, Címon comanda ainda uma expedição grega à Panfília, uma rica planície que fica na costa sul da Ásia Menor. Ancorado no rio Eurimedonte, persegue os Persas e vence-os, colocando essa região na esfera de influência de Atenas.

Estas vitórias, de mãos dadas com a propaganda política, bem presente no episódio dos restos mortais de Teseu e no mito gerado à volta de Maratona, incendiaram o entusiasmo dos Atenienses. Apesar de ser o principal representante das famílias nobres, Címon conquistara Atenas com os seus êxitos militares e navais, campanhas que apareciam, aos olhos dos seus concidadãos, como um prolongamento do sucesso das Guerras Medo-persas e inspiradas por um mesmo espírito de vitória.

6.1.1. *Fundação de cleruquias e política de entendimento com Esparta*

Címon era, no entanto, um conservador, favorável a Esparta, ([350]) a quem não agradaria inteiramente o caminho que a democracia tomava em Atenas. Por isso tentou travar um pouco, senão mesmo fazer regredir, a tendência evolutiva que a caracterizava. Constatara

---

([348]) Tucídides, 1.98.
([349]) Vide Hammond (1986) 258-259.
([350]) Notar que deu o nome de Lacedemónio a um dos seus filhos e que Esparta via com aprovação a forma como conduzia as campanhas da Simaquia de Delos, ao favorecer a oposição à Pérsia. Vide Rhodes (2006*b*) 32.

que, graças ao prestígio acumulado nos momentos fulcrais das Guerras Medo-persas e em consequência de constituírem elementos determinantes para garantir a eficácia da frota (fundamental para a defesa da cidade e para a manutenção do poderio ático), os *thētes* detinham na vida da pólis um papel de certo relevo como esteios da democracia. Címon procurou, por isso, retirar-lhes capacidade de intervenção cívica, afastando-os de Atenas através da criação de cleruquias, colónias que, contra a prática generalizada na Grécia, mantinham a ligação política à metrópole. Esta forma de actuação também não deixava de comportar algumas vantagens do ponto de vista económico e social, pois, ao distribuir terras pelos clerucos, satisfazia também as reivindicações dos pobres, aliviava possíveis focos de tensão em Atenas, ao mesmo tempo que estabelecia importantes bases de apoio militar às campanhas da Simaquia de Delos.

Em todo o caso, esta estratégia recebeu um duro golpe com o desastre da cleruquia de *Ennea Hodoi* (à letra os 'Nove Caminhos'), cujos habitantes foram massacrados pelos Trácios em Drabescos (465/4). Por esse mesmo período e enquadrada em idêntico esforço para controlar os mercados da Trácia, disputados por Atenienses e Tásios, assiste-se à decisão de estes últimos abandonarem a Simaquia de Delos.[351] O facto de Címon conseguir reconquistar Tasos apenas ao terceiro ano de cerco (em 463/2) constituiu um outro revés pessoal e levou a que o homem que havia dominado a cena política ateniense durante mais de uma década estivesse, pela primeira vez, vulnerável a um ataque. Com efeito, estas dificuldades seriam aproveitadas pelos seus adversários, entre os quais pontificam Efialtes, que fora eleito estratego pela altura em que decorreram estes eventos, e o jovem Péricles.[352] No regresso de Tasos, ao submeter-se à apreciação (*euthyna*) da sua actuação, Címon seria acusado de se ter deixado subornar por não haver atacado a Macedónia, que teria talvez apoiado de forma indirecta as pretensões dos Tásios. Entre os acusadores encontrava-se Péricles, que se terá deixado convencer por Elpinice, irmã de Címon, a não explorar demasiado a questão.[353] Apesar de Címon sair

---

[351] Cf. Tucídides, 1.100-101.
[352] Vide Rhodes (2006*b*) 19-20 e 35.
[353] Cf. Plutarco, *Cim.* 14.3-15.1; *Per.* 10.6.

absolvido, este episódio tornava claro que de novo se refaziam as duas concepções de política externa que haviam oposto já Temístocles e Címon. Enquanto este último considerava os Persas o inimigo a combater e propunha um entendimento com Esparta, já Efialtes e Péricles, pelo contrário, tendiam a identificar os Lacedemónios com o principal adversário. Reacendia-se a querela entre anti-persas e anti-espartanos, que não se pode separar do diferendo ideológico decorrente do facto de Esparta atrair a admiração do sector conservador e oligárquico em Atenas.

Entretanto, Esparta enfrenta uma sublevação de hilotas e de alguns periecos, cujo epicentro se encontrava na Messénia. Os Lacedemónios pediram apoio aos aliados, incluindo Atenas, que ainda se encontrava vinculada pela Aliança Grega acordada em 481 (vide supra 5.4.2). Acompanhado por um contingente de 4.000 hoplitas,[354] parte em ajuda de Esparta, apesar da oposição da facção democrática, encabeçada por Efialtes. Este, na Assembleia que discutiu o problema, justificara a recusa de ajuda, alegando que os Atenienses não deveriam tentar libertar e restaurar uma cidade que é sua rival e, pelo contrário, deveriam deixar que se afundasse o orgulho espartano. No entanto, Címon conseguiu levar a melhor, com o argumento de que a Grécia necessitava de uma Esparta igualmente forte.[355]

Porém e contrariamente às expectativas, ao chegarem ao destino, os reforços foram acolhidos com desconfiança pelos Lacedemónios, talvez por recearem que a influência crescente de Efialtes levasse os Atenienses a apoiarem os revoltosos. E assim, a força de hoplitas é devolvida à procedência, sem chegar sequer a ser utilizada, facto que constituiu um sério revés para Címon. A política por ele defendida de confronto com os Persas e de entendimento com Esparta fora declinada pelos próprios Lacedemónios. Terminara o período em que Esparta e Atenas se proclamavam em boas relações e dispostas a dividir a hegemonia da Grécia. Com o episódio de Címon, Esparta tornava evidente que temia Atenas e se comprazia em humilhá-la perante os outros Gregos, desacreditando a confiança que nela depositavam os elementos oligárquicos e que procuravam torná-la numa aliada preferencial.

---

[354] Cf. Aristófanes, *Lys.* 1138-44.
[355] Plutarco, *Cim.* 16.8-10.

A afronta revoltaria os Atenienses, em especial os que discordavam da orientação política de Címon. A sua influência e credibilidade, já abaladas com os acontecimentos de 465 e 463, não resistem a mais esta contrariedade. Foi provavelmente durante a ausência do rival que Efialtes conseguiu fazer passar uma série de medidas que vieram alterar os poderes do Areópago e a relação de forças dentro dos órgãos democráticos. Ao regressar sem a aura de sucesso que lhe permitira resistir a outros ataques, Címon acabará por sofrer o ostracismo, em 461, sob a acusação de ser pró-espartano (*philolakōn*) e antidemocrático (*misodēmos*).[356] Ainda continuará politicamente activo durante a década seguinte, mas já sem o crédito de outrora, acabando por perecer quando chefiava uma derradeira campanha contra a Pérsia, a fim de recuperar Chipre.

6.2. Efialtes

As mudanças referidas na secção anterior a propósito da política externa ateniense reflectem um reajustamento na orientação da política interna e dos seus grandes protagonistas. No processo que conduzirá à afirmação da democracia radical, detém particular importância a figura de Efialtes. Embora não fosse rico, pertencia a uma família conceituada e começara por sobressair no comando de uma expedição à costa sul da Ásia Menor, em 465, não ocupando outro posto de destaque no período de apogeu de Címon. Embora os dados existentes sobre Efialtes sejam bastante reduzidos, depreende-se deles que seria uma pessoa determinada e à altura dos movimentos intelectuais do seu tempo, que tinha fama de ser incorruptível, circunstância que o colocava em boa posição para atacar os membros do Areópago que se serviam da sua posição para enriquecer.

Em 463, Efialtes não conseguiu convencer a Assembleia a retirar o apoio à pretensão de Címon de prestar auxílio aos Espartanos a fim de conterem uma sublevação de hilotas (supra 6.1.1). No entanto, o afastamento temporário do rival na Lacedemónia, iria permitir a

---

[356] Cf. Plutarco, *Cim.* 15.2-3, 17.3; *Per.* 9.5. Sobre as circunstâncias políticas que rodearam este ostracismo, vide Forsdyke (2005) 167-168.

Efialtes encabeçar, em 462, um movimento que preconizaria significativas reformas internas. Conseguiu a aprovação da lei com as medidas que retiravam ao Areópago a maioria dos poderes e afastavam da constituição ateniense os derradeiros traços de privilégios aristocráticos. Com ele, a democracia iria dar mais um passo decisivo e Efialtes aparecia assim como o primeiro reformador verdadeiramente democrático desde os tempos de Temístocles.

6.2.1. *As reformas do Areópago*

Apesar de os estudiosos deste período concordarem globalmente com o impacto da breve hegemonia política de Efialtes, o mesmo não se poderá dizer relativamente à natureza precisa das reformas feitas. O relato mais completo dessas medidas aparece na *Constituição dos Atenienses*, num passo que será vantajoso evocar (*Ath.* 25.1-5):

> Durante cerca de dezassete anos após as Guerras Médicas, o governo permaneceu nas mãos dos Areopagitas, ainda que começasse, a pouco e pouco, a descair. Com o aumento do poder da multidão (*plēthos*), tornou-se chefe do povo (*dēmos*) Efialtes, filho de Sofónides, que aparentava ser incorruptível e leal para com a constituição (*politeia*), e que havia de lançar um ataque sobre o conselho do Areópago. Em primeiro lugar, destituiu muitos dos Areopagitas, ao mover-lhes processos relativos à sua actividade. Em seguida, durante o arcontado de Cónon (462/1), ele retirou ao conselho todas as funções adicionais (*ta epitheta*), que lhe permitiam garantir a salvaguarda (*phylakē*) da constituição (*politeia*), e distribuiu-as ora pelo conselho dos Quinhentos, ora pelo povo (*dēmos*) e pelos tribunais (*dikastēria*). Atingiu estes objectivos com a conivência de Temístocles, o qual pertencia ao Areópago, mas estava para ser julgado pela acusação de aliança com os Medos. Com o intuito de fazer cair o conselho, Temístocles disse a Efialtes que o Areópago tinha intenção de prendê-lo e informou os Areopagitas de que lhes iria mostrar certas pessoas, que conspiravam para derrubar a constituição. Ele conduziu os delegados do conselho para o lugar onde estava Efialtes, a fim de lhes revelar esse encontro, e dirigiu-se a eles com animosidade. Assim que os viu, Efialtes, tocado pelo receio, assentou-se sobre o

altar, revestido apenas com a túnica. Porque todos ficaram espantados com o ocorrido e porque, depois disso, reuniu o conselho dos Quinhentos, Efialtes e Temístocles acusaram os Areopagitas e voltaram a levantar a mesma acusação diante do povo (*dēmos*), até que lhes retiraram o poder. Mas também Efialtes perdeu a vida pouco depois, sendo morto à traição por Aristódico de Tânagra.

Entre as reformas de Sólon (594/3) e as de Efialtes (462/1) as fontes poucas vezes se referem ao Areópago.[357] Permitem deduzir, no entanto, que este órgão continuou a granjear poder e respeito, tendo escapado ileso, no essencial, à tirania dos Pisistrátidas e à instauração da democracia por Clístenes. É possível ainda, como implica noutro ponto o autor do tratado aristotélico (*Ath.* 23.1), que o velho conselho tenha visto reforçada a sua importância pela forma como moralizou os Atenienses nas vésperas da batalha de Salamina (vida supra 5.4.2) e que esse acto lhe aumentasse a capacidade de intervenção política nas duas décadas subsequentes.

É neste ponto que se dá a intervenção de Efialtes, sintetizada pela *Constituição dos Atenienses* nas seguintes fases: o estadista moveu, em primeiro lugar, processos contra vários Areopagitas. Estas acções promovidas por Efialtes devem dizer respeito não às actividades oficiais do Areópago, mas antes ao desempenho individual dos Areopagitas, quando ainda eram arcontes, portanto à prestação de contas (*euthynai*) a que tinham de se sujeitar quando abandonavam o cargo. Ainda assim, tais processos terão permitido a Efialtes lançar, indirectamente, descrédito sobre o órgão. Depois, é referido o aspecto central da reforma: retirou ao conselho do Areópago todas a 'funções adicionais' ou 'acrescentos' (*ta epitheta*), que lhe permitiam assegurar a salvaguarda (*phylakē*) da constituição (*politeia*), distribuindo essas atribuições ora pelo conselho dos Quinhentos, ora pela Assembleia (*dēmos*) e pelos tribunais populares (*dikastēria*). Embora o sentido político geral destas medidas se afigure claro (reforçar a autonomia do poder e dos princípios democráticos), o verdadeiro problema que tem dividido os estudiosos centra-se na exacta interpretação de *ta epitheta*: por outras palavras, nas prerrogativas políticas que estariam abrangidas por

---

[357] Vide Wallace (1989), 70-87, para uma sinopse dos principais problemas que envolvem este período.

aquela expressão e na identificação do momento em que o Areópago as haveria usurpado. (358)

A questão central deve referir-se à *nomophylakia* (à letra 'salvaguarda das leis'), que dava ao Areópago uma elevada capacidade de intervenção em matéria governativa e constitucional e no controlo dos magistrados (sendo, portanto, um travão à soberania popular), direito esse que deve ter caracterizado o órgão desde os tempos de Sólon. No entanto, se essas prerrogativas remontavam pelo menos aos inícios do século VI, seria difícil a Efialtes e aos outros democratas defini-las como 'acrescentos', pois remetiam para um período áureo da história constitucional ateniense, susceptível de servir tanto os interesses dos progressistas como dos conservadores. No entanto, a *nomophylakia* poderia ser vista como *epitheta* se, com o passar do tempo, o Areópago continuasse a usar o seu prestígio para exercer um tipo de controlo que já não se ajustava à realidade democrática e que, por conseguinte, apareceria como uma usurpação dentro do novo contexto político. Outra hipótese seria interpretar *epitheta* como uma designação genérica que englobasse todas as funções que houvessem sido acrescentadas ao Areópago, desde a sua fundação enquanto tribunal de homicídio. (359)

A primeira possibilidade afigura-se mais convincente, mas, em todo o caso, continua a ser necessário esclarecer de maneira mais precisa os limites relativos à maneira como a 'salvaguarda' das leis ou da constituição se efectuava. Uma das formas seria através da *eisangelia* ('informação pública' ou 'denúncia') que consistia num processo de denúncia às autoridades relativo a faltas de natureza grave, em especial de crimes contra o Estado (como traição ou tentativa para derrubar a constituição). (360) Como essa prerrogativa estivera nas mãos do Areópago desde os tempos de Sólon (*Ath.* 8.4) e em tempos posteriores aparecia entre as atribuições do Conselho dos Quinhentos, da Assembleia e dos tribunais populares, não será desajustado concluir

---

(358) Plutarco (*Cim.* 15.2) apresenta um relato mais breve das medidas, mas com uma coloração menos favorável.

(359) São de Rhodes e de Jakoby, respectivamente, estas hipóteses interpretativas; síntese da discussão em Wallace (1989) 85-86.

(360) Sobre as dificuldades em definir de forma exacta o tipo de crimes cobertos pela *eisangelia*, vide Sealey (1981).

que poderia ter sido retirada ao Areópago precisamente com as reformas de Efialtes. Há ainda outras funções que quadrariam bem com a noção de *nomophylakia* e que talvez existissem num período recuado, embora não haja certezas quanto a isso: assim acontece com a validação da idoneidade dos magistrados antes de tomarem posse (*dokimasia*) e a prestação de contas ou avaliação da respectiva conduta no termo do mandato (*euthynai*). Se o Areópago possuía de facto estas prerrogativas legais (*eisangelia, dokimasia, euthynai*), continuava a deter, em meados do século v, uma grande capacidade de influência política, que pareceria um 'acrescento' ou então um desajuste relativamente à realidade de tempos mais recentes. A transferência destas atribuições para órgãos marcadamente democráticos – o conselho dos Quinhentos, a Assembleia e os tribunais populares – viria assim reforçar o alcance da soberania popular. [361]

À parte a legitimidade relativa destas interpretações, o certo é que, a partir das reformas de Efialtes, o Areópago perdeu grande parte dos seus poderes, ficando, essencialmente, com a jurisdição em casos de homicídio intencional.[362] Será também esta a competência que Atena lhe atribuirá, no terceiro drama da trilogia *Oresteia* (nas *Euménides*), pelo que não é improvável que Ésquilo concordasse com o sentido das reformas de Efialtes, até porque a *Oresteia* havia sido apresentada em 458, portanto num momento em que toda a polémica recente estaria ainda bem viva na mente dos espectadores. Trata-se de uma marca de actualidade política no drama esquiliano, mas daí até considerar a trilogia uma obra de apologia ideológica vai uma longa distância, que não se afigura viável nem sequer vantajoso percorrer.[363] Um outro aspecto característico da *Oresteia* reside no apelo ao entendimento dentro do corpo social e à aplicação imparcial da justiça. Também neste pormenor a trilogia pode ecoar a tensão interna que se vivera escassos anos antes, em Atenas. Com efeito, Címon ainda ten-

---

[361] Vide observações de Rhodes (2006*b*) 35-39, esp. 36-37; Sealey (2007) 243-244.

[362] Sobre outro tipo de criminalidade coberta igualmente pelo Areópago (como a morte por envenenamento, casos de incêndios e ofensas religiosas), vide MacDowell (1963) 44-47. Cf. [Aristóteles], *Ath.* 57.3-4, 60.2.

[363] Para uma análise mais pormenorizada das relações entre o drama esquiliano e as reformas de Efialtes, vide Leão (2010).

tou contrariar o andamento das reformas promovidas por Efialtes, mas não só foi mal sucedido como acabou por se ver arredado da cena política ao ser visado pelo ostracismo, em 461 (supra 6.1.1).

Uma dimensão importante destas reformas consiste no facto de a transferência de poderes ter ocorrido não através de uma revolução ou da luta armada, mas antes no quadro do relacionamento entre órgãos, o que mostra que a democracia tinha amadurecido já bastante desde os tempos de Clístenes. Ainda assim, as medidas implementadas suscitaram fortes sentimentos antagónicos e, além de Címon, é razoável pensar que muitos outros atenienses mais conservadores se devem ter sentido afectados.

Prova disso mesmo é o facto de, conforme sustenta a *Constituição dos Atenienses*, Efialtes ter sido assassinado por Aristódico de Tânagra, que seria com bastante probabilidade um agente ao serviço de algum cidadão ateniense. Em todo o caso, o verdadeiro mentor do assassínio de Efialtes nunca foi encontrado, o que poderá indiciar que outros conspiradores o encobriram, talvez entre a classe nobre. O homicídio político era invulgar em Atenas, já que podia activar-se o ostracismo, um recurso bastante mais humano e tolerante, como acontecera de resto no caso de Címon. Por conseguinte, além de ser um claro sinal das reacções contraditórias potenciadas pelas reformas de 462, o expediente do assassinato mostra que, nesta circunstância específica, o ostracismo se revelaria uma opção ineficaz, dado o apoio de que Efialtes gozava entre as camadas populares.

Porém, a morte de Efialtes não iria comprometer o caminho de afirmação da soberania popular. Com o estadista colaborara de perto o jovem Péricles, que iria marcar de forma indelével as próximas três décadas da história de Atenas, a ponto de o regime democrático e o próprio século durante o qual viveu se confundirem com a sua pessoa. A esta figura singular se dedicará o próximo capítulo.

7.
Péricles

Para o leitor comum, que não cultive a preocupação de ter um conhecimento histórico detalhado sobre a Grécia antiga, a figura de Péricles surge como sinónimo de um período áureo, marcado pelos maiores feitos da democracia e pelas conquistas civilizacionais do século v, cuja designação aparece inclusive, e não raras vezes, substituída pela expressão de 'o século de Péricles'. Uma tal perspectiva não é propriamente errada ou ilegítima, embora incorra também, com relativa facilidade, no risco de ser amplificada até às raias da mitificação. A época de Péricles foi, sem dúvida, um período notável da história de Atenas e merece a atenção e o crédito que lhe são dispensados. Ainda assim, importa estar consciente de que a esta figura não podem ser atribuídas reformas políticas e legais tão marcantes como as implementadas por Sólon ou Clístenes, ou então feitos militares tão emblemáticos como os granjeados por Milcíades ou Temístocles. Em qualquer um desses planos, a actuação de Péricles pode até ser considerada relativamente discreta, de maneira que as razões da sua grandeza devem ser procuradas antes na forma carismática como soube manter-se à frente dos destinos de Atenas, sem haver recorrido a meios anticonstitucionais. Com efeito, é particularmente sintomático da sua habilidade política que tenha conseguido ser eleito estratego quinze vezes consecutivas (infra 7.2). E embora o funcionamento da democracia, com o peso dado à soberania popular e à colegialidade no desempenho dos cargos, não permita sustentar que Péricles fosse o chefe único e incontestado de Atenas ou a pessoa directamente responsável pelos sucessos políticos, militares e culturais alcançados pela cidade, ainda assim não se pode fugir à evidência de identificar nele a figura mais marcante deste período.

7.1. A democracia no tempo de Péricles

Na época de Péricles, a democracia ateniense atingira o apogeu e apresentava-se como uma construção harmoniosa e equilibrada. Atenas constituía então um exemplo válido – que continuou a fornecer durante longo tempo – de coexistência conseguida entre direcção política e participação popular, sem a apatia que em boa parte caracteriza os cidadãos das modernas democracias. [364]

Essa participação fazia-se sobretudo através de três grandes instituições: a Assembleia (*Ekklēsia*) que agrupava todos os Atenienses que nela tinham o direito e o dever de tomar parte, o Conselho (ou *Boulē*) dos Quinhentos e os tribunais populares (*dikastēria*), sendo que para estes dois últimos órgãos eram escolhidos, por tiragem à sorte, de cada uma das dez tribos, cinquenta e seiscentos cidadãos, respectivamente.

Atenas possuía ainda, além de outros órgãos e magistraturas, os dez arcontes, um por tribo, e o Areópago, constituído por ex-arcontes, que, embora muito influentes na Época Arcaica, haviam perdido grande parte da sua importância ao longo da primeira metade do século V, em consequência da evolução democrática: os Arcontes a partir de 487/6 (supra 5.3), data em que começaram a ser tirados à sorte, e o Areópago a partir de 462 (supra 6.2.1), altura em que perdeu grande parte das suas competências.

Os estrategos, em número de dez, um por tribo, constituíam também uma magistratura de grande importância na democracia ateniense, cuja ascensão foi acompanhada, em sentido inverso, pela já mencionada perda de importância dos arcontes. Os estrategos eram escolhidos por eleição e, porque podiam ser reeleitos em anos sucessivos, tinham boas hipóteses de imprimir à pólis as suas ideias no que respeita à política interna e externa. Assim aconteceu com várias figuras, entre as quais se destacam Temístocles e em especial Péricles.

Marcado pela oposição entre 'ricos' e 'pobres' – ou como também lhe chamavam as fontes, entre *plousioi* e *dēmos* (o termo que, como é sabido, entra na composição da palavra democracia) –, o regime ateniense tinha na busca da igualdade um traço fundamental, talvez mesmo o mais saliente: dar aos cidadãos as mesmas possibili-

---

[364] Finley (1973) 33-37.

dades, sem olhar à categoria social, aos meios de fortuna ou à cultura. Atenas considerava este aspecto tão importante que se gabava de possuir a isonomia, a isegoria e a isocracia, ou seja e respectivamente, 'a igualdade perante a lei', a 'igualdade no acesso à palavra' (ou liberdade de expressão, para usar o conceito modernamente consagrado) e a 'igualdade no acesso ao poder'.([365]) Era uma democracia directa e plebiscitária e não concebia o sistema representativo. A totalidade do corpo de cidadãos reunia em plenário para as questões mais importantes e não confiava a outrem a sua representação e a resolução dos seus problemas. Fazia-o em especial na Assembleia, que constituía o coração do sistema democrático, e possuía o direito e o poder de tomar todas as decisões políticas.

7.2. A personalidade política de Péricles

Péricles é, sem dúvida, a figura mais marcante da democracia ateniense e o seu nome representa, por extensão, o que de melhor foi legado à posteridade pelo espírito ático. E embora o período da sua liderança política não correspondesse a uma época assinalada por reformas espectaculares, os aperfeiçoamentos então verificados fizeram da sociedade democrática um organismo harmonioso e equilibrado. Para isso muito contribuiu a acção moderadora e avisada deste estadista e dirigente excepcional. Sendo uma personalidade de acentuadas afinidades com Efialtes, manifestava aspirações culturais, forte preferência democrática, oposição à política pró-espartana de Címon e elevada integridade moral. Era, de resto, exemplar a sua famosa incorruptibilidade em assuntos de dinheiro.

Na juventude a tradição dá-o como discípulo do músico Dámon e de Zenão de Eleia, cujos ensinamentos o teriam influenciado.([366]) Já

([365]) A propósito destes conceitos, vide Ostwald (1969) 96-137, 146-147, 153--158 e 180-182.

([366]) Os inimigos do estadista iriam mais tarde votar Dámon ao ostracismo. Há vários textos que se referem a Dámon na qualidade de músico e mestre de Péricles (e.g. Isócrates, 15.235; Plutarco, *Arist.* 1.7; *Per.* 4.1-4). A *Constituição dos Atenienses* (*Ath.* 27.4) fala de certo Damónides de Oie que teria sido um influente conselheiro de Péricles (a propósito da mistoforia e de outros assuntos) e viria por isso a sofrer como político e governante, teve no seu círculo de amigos artistas, escritores e pensadores famosos, ou com eles pelo menos conviveu: Anaxágoras de Clazómenas, que sobre ele exerceu uma influência poderosa; Protágoras, cuja doutrina sobre a melhor forma de governar, de manter a sociedade e o respeito pela lei, terá possivelmente influenciado o pensamento e acção de Péricles; Fídias, a quem o unia uma amizade estreita e frutuosa e com o qual sentia identidade de ideias e de espírito que estiveram na base do projecto grandioso de remodelação da Acrópole; Sófocles, que foi seu colega como estratego na guerra contra Samos (440), e ao qual chegou mesmo a repreender pela inclinação amorosa do poeta pelos jovens, observando que nem só as mãos deve um general conservar limpas, mas também os olhos. ([367])

Logo após o desaparecimento de Efialtes (supra 6.2.1), Péricles não se impôs com toda a clareza como figura única, nem conseguiu de imediato o poder que mais tarde deteve. A sua ascensão só se materializa verdadeiramente a partir de 454, altura em que foi eleito estratego principal. De resto, a entrada de Péricles na vida política deu-se, inclusive, relativamente tarde e isso talvez se explique, ao menos em parte, por certas experiências traumatizantes a nível familiar. Pela parte da mãe, Agariste, pertencia à família dos Alcmeónidas, que havia marcado profundamente a história passada de Atenas, embora nem sempre de forma isenta de polémica. Já desde os tempos do golpe de Cílon (supra 1.2), em finais do século VII, que o clã dos Alcmeónidas arrastava consigo a mancha de os seus elementos serem considerados 'sacrílegos' (*enageis*) por não haverem observado a piedade religiosa devida aos suplicantes. Durante os tempos da tirania, os Alcmeónidas cultivaram uma situação ambígua com os Pisistrátidas, ora colaborando com os tiranos ora liderando a oposição, mas é inegável o enorme serviço prestado à cidade por Clístenes, ao promover as reformas que conduziriam à instauração da democracia. Mas isso não livrou a família de Péricles de dissabores futuros, pois tanto o pai Xantipo como o tio materno Mégacles viriam a ser vítimas do ostracismo. É

---

também o ostracismo. Vide Davies (1971) 383; Rhodes (1981) 341-342; Stadter (1989), 69-72, para um conspecto das fontes antigas relativas a esta questão e para uma análise da hipótese de estas duas figuras corresponderem a uma única personalidade ou de então Dámon ser filho de Damónides.

([367]) Cf. Plutarco, *Per.* 8.8. Vide Stadter (1989) 109.

geralmente reconhecido que esta difícil experiência vivida por Péricles na adolescência e início da idade adulta o terá levado a hesitar sobre os benefícios de se lançar numa carreira política, cujo início adiou para um período relativamente tardio, além de que deverá ter ajudado a marcar alguns dos traços do seu carácter, como a violenta oposição a Esparta, a preocupação de se rodear de filósofos e pensadores racionalistas, bem como a de garantir o apoio popular, através do favorecimento da democracia radical. ([368])

Em 473/2, financiou (enquanto *chorēgos*) a produção dos *Persas* de Ésquilo, vindo a destacar-se novamente dez anos depois (em 463), ao participar no processo movido contra Címon, o grande político de momento. Embora o processo não fosse bem sucedido e talvez não houvesse passado de um *pro forma* (supra 6.1.1), terá servido a Péricles para se aproximar de Efialtes e apoiar as medidas que levaram à reformulação do Areópago, e que seriam aprovadas no ano seguinte. O assassínio do líder progressista abriria o caminho à ascensão de Péricles, mas de novo as fontes facultam poucos dados sobre a sua carreira, no período compreendido entre 463 e 451/0 (ano da lei sobre a cidadania, infra 7.3.2), de maneira que não se pode reconstituir com segurança a sua actuação nesse período. ([369]) Participou directamente em algumas campanhas militares importantes: combateu com as forças atenienses em Tânagra, comandou a expedição a Sícion e Acarnânia (c. 454) e, entre outros conflitos, integrou os contingentes que combateram na Guerra Sacra em defesa de Delfos, na viragem para a década seguinte, e na Guerra de Samos (440/39), entre outros conflitos. Terá comandado também expedições para fundar colónias na zona do Quer-

---

([368]) Vide Samons II (2007) 285-291, esp. 285-287.

([369]) É possível que as *Euménides* de Ésquilo, apresentadas em 458, sugiram um apoio às reformas de Efialtes e indiciem que Péricles seria por essa altura uma personalidade marcante, mas essa hipótese não é totalmente segura. As posições assumidas posteriormente em relação a Esparta permitem inferir que ele se terá oposto à aliança de Atenas e Esparta contra a Pérsia, situação que levaria, pelo contrário, a que as duas cidades se envolvessem, em lados opostos, na chamada Primeira Guerra do Peloponeso (c. 460-446). Vide Leão (2005*a*) 24-25; Samons II (2007) 287-288. Rhodes (2007), 32-33, apresenta um breve mas elucidativo conspecto da informação que as fontes fornecem em relação a aspectos concretos da actuação política de Péricles.

soneso e do Mar Negro, (370) e promovido um encontro de todos os Gregos para discutirem um eventual programa que levaria a Simaquia de Delos a transformar-se numa Liga Pan-helénica. O plano não foi bem sucedido, mas poderia ter conduzido a Grécia para um cenário político bem diferente, conforme comenta Plutarco (*Per.* 17.1-4):

> Dado que os Lacedemónios começavam a importunar-se com o crescimento de Atenas, Péricles, para exaltar ainda mais a confiança do *dēmos* e persuadi-lo de que estava destinado a grandes feitos, propôs um decreto (*psēphisma*) a convidar todos os Helenos, fosse qual fosse o lugar da Europa ou da Ásia em que habitassem, e todas as cidades, pequenas ou grandes, a que enviassem delegados para um congresso em Atenas, com o fim de deliberarem sobre os templos gregos que os bárbaros haviam incendiado, sobre os sacrifícios que eram devidos aos deuses em consequência dos votos feitos pela Hélade, quando estavam em luta contra os bárbaros, e no que respeita ao domínio do mar e aos meios de assegurar que todos naveguem nele com segurança e vivam em paz. Para esse fim, foram enviados vinte homens que já tivessem feito cinquenta anos: desses, cinco foram convocar os Iónios e Dórios da Ásia e das ilhas até Lesbos e Rodes, cinco percorreram os lugares do Helesponto e da Trácia até Bizâncio, cinco outros foram enviados para a Beócia, Fócida e Peloponeso e desta região, através da Lócrida, para o continente vizinho até Acarnânia e Ambrácia; os restantes foram pela Eubeia até junto dos Oiteenses e dos habitantes do golfo de Mália, até aos Ftiotas, Aqueus e Tessálios. Tentaram pela persuasão convencê-los a vir participar nos debates sobre a paz (*eirēnē*) e sobre os interesses comuns (*koinopragia*) da Hélade. Nada se realizou, contudo, nem as cidades se reuniram, já que os Lacedemónios, ao que se diz, se opuseram secretamente, sendo no Peloponeso que a tentativa primeiro fracassou.

Péricles está também ligado a uma série de importantes construções públicas, entre as quais se destacam as obras de reedificação e embelezamento da Acrópole, com destaque para o Pártenon, cujos trabalhos se iniciam em 447/6. Junta-se ainda a construção de um novo

---

(370) Plutarco, *Per.* 19.1; 20.1-2.

lanço das Longas Muralhas e do Odeão, que as fontes apresentam como sendo uma imitação de um edifício persa. ([371]) Embora este programa não possa, obviamente, depender apenas de Péricles, também não pode ser dissociado da decisão de transferir para Atenas (em 454), por alegadas questões de segurança, o tesouro comum da Simaquia, que havia começado por ficar depositado em Delos. A medida era popular em Atenas, pois permitia contratar muitos assalariados, entre artistas e construtores em geral, além de contribuir para enaltecer o orgulho da cidade. No entanto, não foram apenas os aliados que consideraram a medida abusiva, pois também em Atenas houve opositores a este ambicioso programa de construção. ([372]) O principal líder da oposição era Tucídides, filho de Melésias, mas a decisão de puni-lo com o ostracismo (c. 442) mostra que o *dēmos* era claramente partidário da política de Péricles. ([373]) Foi também a partir dessa altura e até ao ano da sua morte (429/8) que Péricles iniciou uma série impressionante de quinze eleições consecutivas para o posto de estratego. ([374])

Esta notável vitalidade política deve-se às qualidades, geralmente reconhecidas, de probidade, dinamismo e de exímia capacidade oratória, que lhe permitiram conseguir impor os seus pontos de vista e as suas ideias. Apesar desta sua influência, Péricles nunca ultrapassou os seus direitos nem deixou de cumprir as obrigações constitucionais, submetendo-se à regular prestação de contas da gestão dos negócios da pólis. ([375]) No entanto, já os antigos reconheciam que a sua influência

---

([371]) Cf. Platão *Grg.* 455e; Plutarco, *Per.* 13.7, 13.9-11.

([372]) O facto de o período áureo da democracia ateniense assentar, em parte, na exploração do tributo dos aliados que integravam a Simaquia de Delos é um dos problemas que mais tem sido debatido entre os estudiosos da antiguidade. Rhodes (2007), 33, chama a atenção para uma característica da democracia ateniense que pode ajudar a compreender melhor este paradoxo: o poder popular assentava não em direitos humanos, mas sim em direitos dos cidadãos. E tal como não havia a preocupação de conceder iguais direitos às mulheres, metecos e escravos, os Atenienses também não sentiam a obrigação de tratar como iguais as póleis que a eles se aliaram dentro do mundo grego.

([373]) Plutarco, *Per.* 12; 14. Sobre as circunstâncias que rodearam este ostracismo, vide Forsdyke (2005) 168-169.

([374]) Plutarco, *Per.* 15-16. Vide ainda Samons II (2007) 289.

([375]) Vide de Romilly (1962) XVI-XXIX; Bowra (1971) 78.

sobre o povo residia em algo mais do que a capacidade de persuasão. Devia-se à incontestável imagem de autoridade que sabia passar aos concidadãos, conforme escreve o historiador Tucídides (2.65.8):

> A razão do seu prestígio residia no facto de ter uma autoridade baseada na consideração e nas qualidades de espírito e de ser de uma integridade transparente em questões de dinheiro; de conter a multidão (*plēthos*), sem lhe ameaçar a liberdade, de dirigi-la em lugar de se deixar arrastar por ela.

Neste e noutros passos, Tucídides apresenta Péricles como um estadista superior: uma pessoa ao mesmo tempo distante e apaixonadamente comprometida, idealista e prática, versada na arte e na filosofia, aberta a todas as manifestações culturais; um homem, cujas personalidade e acção oferecem uma espécie de equilíbrio entre o antigo ideal da tradição aristocrática e os novos paradigmas propostos pelos ensinamentos sofísticos, sobretudo os de Protágoras de quem o estadista foi amigo. Este perfil intocável, que domina as fontes antigas e a generalidade das apreciações modernas relativas a Péricles, tem no entanto vindo a ser questionado em estudos mais recentes, embora não a ponto de pôr em causa o carácter excepcional do estadista. Com efeito, o enorme ascendente de Péricles sobre o *dēmos* ateniense e a sua firme convicção de que a afirmação do poder ateniense seria o melhor meio de garantir que cidade continuaria a ser a «Escola da Hélade» [376] no futuro podem ter conduzido a que, indirectamente, ele acabasse por precipitar a Guerra do Peloponeso. Com efeito, ao advogar que nenhum tipo de cedência deveria ser feita a Esparta, teria deitado por terra os esforços diplomáticos desta última para seguir a via do entendimento. [377]

Em todo o caso, há que reconhecer que o embate entre as duas potências do mundo grego poderia talvez ter sido adiado, mas isso não impediria que a questão se agudizasse de novo mais tarde. E mesmo

---

[376] Nas palavras de Tucídides, 2.41.1.

[377] Vide observações de Samons II (2007), 290-291, que chama a atenção para o facto de, segundo Tucídides (1.140-144), Péricles se ter oposto a qualquer tipo de concessão a Esparta, em obediência ao princípio de que a superioridade ateniense era um dado inquestionável.

que algumas das opções políticas de Péricles se afigurem menos felizes, analisadas a frio, depois da urgência do momento, ainda assim não se poderá negar que o estadista tenha actuado em função do que julgava ser a melhor solução para a pólis. Também neste particular, ele estabelecia um notável contraste com a figura dos chefes populares que se lhe seguiram, conforme claramente atesta o autor da *Constituição dos Atenienses*, ao facultar um panorama geral de um dos aspectos mais característicos da disputa do poder em Atenas (*Ath.* 28.1-3):

> Ora enquanto Péricles esteve à frente do *dēmos*, a situação política manteve-se num cenário favorável; após a sua morte, porém, ficou bastante pior. De facto e pela primeira vez, o *dēmos* escolheu para seu chefe (*prostatēs*) alguém que não gozava de boa reputação entre as classes superiores, quando, até então, estas haviam estado sempre à frente da vontade popular (*dēmagōgountes*).
>
> Assim acontecera, de facto, desde o início: Sólon havia sido o primeiro chefe do povo (*prostatēs tou dēmou*), Pisístrato o segundo – e ambos pertenciam ao grupo dos aristocratas e dos notáveis; com o derrube da tirania, foi a vez de Clístenes, da família dos Alcmeónidas, que não teve adversário à altura, depois do exílio de Iságoras e seus apoiantes. Em seguida, Xantipo foi o dirigente do *dēmos* e Milcíades o chefe dos aristocratas; depois vieram Temístocles e Aristides; a seguir a estes, Efialtes esteve à frente do *dēmos* e Címon, filho de Milcíades, chefiou a classe dos ricos; finalmente, coube a Péricles a liderança sobre o *dēmos* e a Tucídides, parente de Címon, a da outra facção. Com a morte de Péricles, o guia dos notáveis foi Nícias, que havia de perecer na Sicília, e coube a Cléon, filho de Cleéneto, a direcção do *dēmos*. Ao que parece, foi este, com as suas impulsividades, quem mais corrompeu o *dēmos*: foi o primeiro a gritar na tribuna, a usar termos insultuosos e a discursar com a roupa cingida, enquanto os outros se exprimiam com decoro.

Nas sociedades modernas, pensa-se que os partidos políticos são essenciais à democracia e tende-se a considerar que devem ser os dirigentes dos partidos a decidir e não o povo, cuja vontade é ponderada apenas em determinados momentos (como as campanhas eleitorais ou manifestações de rua mais visíveis). Em Atenas a situação era consideravelmente diversa. Estava-se perante uma democracia directa e plebiscitária, cujo órgão principal – a Assembleia do povo – reunia todos os cidadãos, num agrupamento de massas de natureza heterogénea. O *dēmos*, além de possuir a elegibilidade para ocupar os cargos e a prerrogativa de escolher os magistrados, tinha o direito de decidir soberanamente em todos os domínios e de, constituído em tribunal, julgar toda e qualquer causa (pública ou privada), por mais importante que fosse. Daí que o dirigente político de Atenas vivesse em constante tensão e precisasse de convencer a pólis, em cada reunião dos órgãos soberanos, da superioridade da sua política e de que as medidas por ele propostas eram as que melhor serviam os interesses da cidade. Enfim, precisava de ser, por excelência, um demagogo – no sentido neutro da palavra enquanto 'condutor do povo' e não com a carga negativa que começara a adquirir logo no último quartel do século V, precisamente a seguir à morte de Péricles, e que ainda hoje a acompanha.

Ora os demagogos – na acepção original – tendem a exercer um papel tanto mais significativo quanto maior for o peso atribuído à intervenção efectiva dos cidadãos nos destinos da sociedade e nas decisões do Estado. Não surpreende, por isso, que na democracia ateniense os demagogos constituíssem elementos estruturantes do próprio sistema e do seu correcto funcionamento. Neste sentido genérico, o termo pode inclusive ser aplicado a todos os líderes políticos de Atenas, sem olhar à classe ou pontos de vista, embora esteja sobretudo conotado com os líderes da facção popular e mais progressista, se bem que, em termos de proveniência social, esses chefes acabassem por ser tradicionalmente recrutados entre as famílias aristocráticas. Ora foi precisamente em relação ao estrato social de origem dos demagogos que se terá verificado uma considerável evolução após a morte de Péricles (em 429). Então e pela primeira vez, o povo escolheu um chefe que não vinha da classe aristocrática – Cléon. A estas personalidades emergentes, que, provindo embora de meios não nobres, atingem o primeiro plano político, os autores antigos e os adversários políticos, de modo geral os aristocratas ou os círculos aristocráticos partidários da oligarquia, passam a chamar demagogos, mas agora em tom depreciativo. E será precisamente sob a acção desses homens e por pressão nociva da Guerra do Peloponeso que Atenas caminhará para um radicalismo cada vez mais violento e intolerante, o qual acabará por ditar o fim da hegemonia política, económica e militar que havia marcado a cidade durante o governo de Péricles.

7.3. Iniciativas legais atribuídas a Péricles

Uma vez ponderada a personalidade política geral deste estadista de excepção, que soube manter, de forma notável, o equilíbrio de forças na Ática, será altura de analisar mais em pormenor as duas medidas legislativas que lhe são geralmente atribuídas. Embora estas inovações legais não possam comparar-se ao impacto da actividade legisladora de Sólon ou às reformas implementadas por Clístenes, ainda assim iriam, por vias diferentes, afectar grandemente o exercício da cidadania em Atenas. Essas diligências dizem respeito à instituição do pagamento pela prestação de determinados serviços públicos (mistoforia) e à lei sobre a cidadania. A natureza específica, e de algum modo problemática, destas duas medidas aconselha a que sejam tratadas em secções autónomas.

7.3.1. *A remuneração* (misthos) *de serviços públicos*

Na democracia ateniense, havia dois mecanismos que favoreciam de forma especial a colocação de todos os cidadãos no mesmo plano de possibilidades: a escolha para a maioria dos cargos por tiragem à sorte e a existência de um subsídio diário (*misthos*) para quem estivesse impedido de trabalhar na sua actividade usual, por se encontrar a exercer determinadas funções ao serviço da pólis. No que respeita ao processo da eleição por tiragem à sorte, não é improvável que os seus inícios possam estar relacionados com a crença religiosa de que, com a aplicação deste mecanismo, a escolha seria remetida para o arbítrio da divindade. De resto, a sua utilização é já anterior à democracia, aparecendo nos mitos e nos Poemas Homéricos aplicada a fins como a designação dos elementos para um combate individual ou para a divisão de uma herança. ([378]) A sua aplicação aos órgãos democráticos

---

([378]) Platão mostra-se totalmente avesso à utilização do princípio na vida política. Conserva-o, no entanto, para certas funções religiosas e para a repartição de terras (cf. *Lg.* 741b; 759b).

remonta possivelmente a Clístenes (supra 4.3.3) e destina-se já a atingir um objectivo diferente: limitar, por um lado, as lutas e as manobras de bastidores a que toda a eleição se presta e, por outro, impedir o desenvolvimento de grandes autoridades individuais. ([379])

Trata-se de um princípio essencial da democracia, conforme sustenta Heródoto (3.80.6), pondo-o em pé de igualdade com o facto de os eleitos terem de prestar contas da sua actuação no final do mandato e de todas as decisões se basearem na vontade da maioria. De tal modo a tiragem à sorte constituía um mecanismo associado à democracia mais desenvolvida (ou radical) que a sua abolição era uma das medidas imediatas, sempre que o sistema era substituído por regimes oligárquicos. ([380]) Com efeito, os partidários da oligarquia ou de uma democracia mais restrita criticavam a aplicação da tiragem à sorte por entenderem que promovia a incompetência, pois o mecanismo descurava a preocupação de escolher os mais capazes e os melhores apetrechados para os diversos cargos. O risco existia, de facto, mas há que reconhecer que se encontrava diminuído pela conjugação preventiva de vários factores: a experiência cívica do cidadão ateniense (bastante mais intensa do que a que caracteriza as democracias modernas); a colegialidade no desempenho dos cargos, que permitia diluir a eventual influência de algum elemento menos capaz; a sujeição dos futuros magistrados a juramento e à verificação, antes da tomada de posse, da idoneidade do seu comportamento cívico; a não aplicação da tiragem à sorte em campos (como os cargos militares ou financeiros), em que a colegialidade não era possível ou nos quais era requerida determinada qualificação mais especializada. ([381])

Embora o mecanismo de tiragem à sorte seja anterior a Péricles, justifica-se que se tenha começado esta secção fazendo a análise (ainda que sucinta) da sua aplicação, na medida em que ajuda a enquadrar melhor o alcance de uma das inovações legais de Péricles: a criação de um pagamento pelo desempenho de determinadas funções políticas ou

---

([379]) Neste aspecto, a tiragem à sorte conjuga-se com a proibição da escolha do mesmo cidadão em anos seguidos para os mesmos cargos ou órgãos como forma de promover a rotatividade no exercício de funções.

([380]) Assim aconteceu em Atenas, no golpe oligárquico de 411 e no chamado Governo dos Trinta Tiranos de 404. Vide Leão (2001*a*) 56-71.

([381]) Vide Ferreira (2004) 101-104.

mistoforia. Na biografia do estadista, Plutarco apresenta a medida em termos não inteiramente elogiosos (*Per.* 9.2-3):

> A princípio, empenhado em contrabalançar a influência de Címon, Péricles procurou, como já disse, captar a simpatia do *dēmos*. Címon, todavia, dispunha de mais riqueza e recursos, dos quais se serviu para atrair os pobres (*penētes*): todos os dias provia de refeição os Atenienses carecidos e vestia os anciãos. Chegou ao ponto de retirar as cercas das suas propriedades, para permitir colher frutos a quem quisesse. Péricles, desse modo desfavorecido diante do *dēmos*, recorreu a prodigalidades garantidas com as receitas do Estado, a conselho de Damónides de Oie, segundo o que narra Aristóteles (frg. 365). Corrompeu assim o *plēthos* por meio de fundos para espectáculos (*theōrika*), receitas (*lēmmata*) para os juízes e outros pagamentos (*misthophorai*) e liberalidades (*chorēgiai*), que prodigamente distribuía, e dele se serviu depois contra o Areópago, do qual não fazia parte: nunca fora designado para as funções de arconte epónimo, tesmóteta, rei ou polemarco.

Plutarco enquadra esta medida no contexto da disputa de poder entre Címon e Péricles, bem como na lógica dos avultados gastos pessoais que o financiamento de uma carreira política pressupunha. Não tendo capacidade para contrabalançar a riqueza de Címon,[382] Péricles optaria por recorrer ao pagamento indirecto de ajudas, através de subsídios custeados pelo próprio Estado. O autor da *Constituição dos Atenienses* entende a questão em termos idênticos (27.3): «Foi Péricles o primeiro a estabelecer pagamentos para o serviço nos *dikastēria*, como forma de fazer frente à riqueza de Címon e ganhar o favor do *dēmos*.». Ainda que descontada em relação a esta medida certa animosidade de fundo (talvez de inspiração oligárquica), é provável que a justificação avançada pelas fontes esteja correcta, mas há que reconhecer também que Péricles soube interpretar habilmente o que se havia tornado numa necessidade incontornável do funcionamento da democracia. Com as novas atribuições dos tribunais populares, decorrentes das reformas de Efialtes (supra 6.2.1), e com o reforço da activi-

---

[382] Que deveria ser notável, tendo em conta os padrões atenienses no século v. Notar que Címon havia custeado, após a morte de Milcíades, a multa de cinquenta talentos que fora aplicada ao pai na sequência da expedição a Paros (supra 5.2.2).

dade judicial resultante do crescimento do império ático, os *dikastēria* teriam de funcionar com uma regularidade que deixaria o cidadão comum com sérias dificuldades para garantir o rendimento diário, dado que passaria muitos dias dedicado à causa pública e não a tratar dos assuntos privados. Por outro lado, os fundos para este investimento eram facultados pela prosperidade económica gerada através da Simaquia de Delos. A datação desta medida é discutível, mas pelo que ficou exposto parece lógico deduzir que terá sido introduzida depois das reformas que limitaram as funções do Areópago (em 462) e não o contrário, conforme sugere Plutarco, possivelmente hasteado na autoridade de Teopompo. Que a medida tenha ou não sido proposta quando Efialtes era ainda vivo, não se pode deduzir com segurança do estado das fontes, mas em qualquer das hipóteses terá dado uma projecção importante ao jovem Péricles, numa altura em que a sua presença na cena política ateniense seria ainda discreta. [383]

Esta iniciativa de Péricles representou, sem dúvida, um passo significativo no caminho da democracia, mas a remuneração não foi aplicada ao mesmo tempo a todos os cargos e variava consoante as funções e as épocas. [384] Os membros dos tribunais foram os primeiros contemplados, mas o pagamento atribuído foi sempre relativamente moderado. Começaram por receber dois óbolos no tempo de Péricles, três durante o governo de Cléon, valor que se manteve inalterado até à data da composição da *Constituição dos Atenienses*, no último quartel do século IV. Por essa altura, já a prática de pagar um *misthos* se havia estendido a muitos outros cargos e funções (*Ath.* 62.2):

> Há os seguintes pagamentos de serviço público (*misthophorein*): em primeiro lugar, o *dēmos* recebe uma dracma para assistir às reuniões ordinárias da *ekklēsia* e nove óbolos para a sessão principal; para integrar os *dikastēria*, três óbolos; para a *boulē*, cinco

---

[383] Vide Hignett (1952) 342-343; Rhodes (1981) 239-240, Stadter (1989) 117. Fornara & Samons II (1991), 25-26, defendem uma data a rondar 450 ou até mais tardia, mas já Hignett se mostrava crítico em relação a essa mesma possibilidade.

[384] Apesar de a atribuição destes salários ser conotada com os regimes democráticos, há poucos indícios de que fossem efectivamente pagos noutras cidades além de Atenas. Aristóteles (*Pol.* 1304b27-31) aponta um paralelo oriundo de Rodes.

óbolos. Aos prítanes é atribuído mais um óbolo, como subsídio de refeição. Além disso, os nove arcontes recebem quatro óbolos cada um, para alimentação, mas cabe-lhes manter o arauto e o flautista. O arconte de Salamina recebe uma dracma por dia. Os comissários dos jogos comem no Pritaneu durante o mês de Hecatombéon, por altura da celebração das Panateneias, a partir do dia quatro. Os membros da Anfictionia que são enviados a Delos recebem uma drama por dia, custeada pelos fundos de Delos. Todos os magistrados enviados a Samos, Ciros, Lemnos e Imbros recebem uma soma em dinheiro, para despesas de alimentação.

A medida visava, em teoria, assegurar a todos os Atenienses iguais possibilidades no acesso aos cargos e evitar que alguém ficasse afastado da vida política pela sua pobreza. A atribuição de um subsídio para assistir às reuniões da Assembleia, na viragem do século V para o século IV, é um claro sintoma disso mesmo. [385] Com este procedimento, mesmo os cidadãos sem recursos podiam participar na governação da pólis e tinham o caminho aberto à maioria dos cargos. Embora não seja possível definir com exactidão o peso relativo que tinham nesses órgãos, há indícios de que o Conselho dos Quinhentos era normalmente constituído por pessoas remediadas, ou abastadas mesmo, e de que os tribunais da Helieia tinham um carácter mais popular, que se acentua com o decorrer do tempo.

---

[385] Se bem que indicie, igualmente, sinais de decadência no empenho cívico dos cidadãos, conforme informa o autor da *Constituição dos Atenienses* (41.3): «De início, foi recusada a atribuição de pagamento (*misthophoros*) para se assistir às reuniões da assembleia. Contudo, porque os cidadãos não compareciam nas sessões e os prítanes se tinham de valer de artifícios para garantir a presença das pessoas necessárias à ratificação das votações, Agírrio foi o primeiro a atribuir um óbolo; em seguida, Heraclides de Clazómenas, apelidado o "rei", instaurou o dióbolo e Agírrio, novamente, fixou o trióbolo.» A introdução do pagamento pela assistência às reuniões da assembleia deve ser pouco posterior à restauração democrática; na altura em que Aristófanes apresentava *As mulheres na assembleia* (c. 392), o subsídio já havia atingido os três óbolos. Nesta peça (vv. 186-188; 289-293), o comediógrafo parece deixar claro que o subsídio seria só para os que chegassem primeiro. Cf. Rhodes (1981) 492-493. Sobre o início da atribuição do *misthos ekklēsiastikos*, vide ainda Hignett (1952) 396-397; David (1984) 29-32; Hansen (1987) 46-48; Mossé (1998) 328-329.

Para os oligarcas e conservadores, secundados por alguns historiadores modernos, a instituição do salário para os cargos públicos – em especial para remunerar a presença no Conselho dos Quinhentos e nos tribunais – atraía, por um lado, os mais pobres, menos competentes ou irresponsáveis mesmo, e por outro afugentaria os mais capazes. É nesta lógica que se enquadram as críticas de Platão (*Grg.* 515e), ao afirmar pela boca de Sócrates que «Péricles havia tornado os Atenienses indolentes, cobardes, palradores e sôfregos por dinheiro, ao instituir pela primeira vez a mistoforia (*misthophoria*)».

Será legítimo afirmar que, com esta medida, os pobres viam facilitado o acesso a posições importantes, mas isso não implicava que os mais abastados optassem por afastar-se da vida pública. De resto e como se viu pela referência aos valores pagos, a remuneração não era particularmente substancial: constituía uma ajuda bem-vinda para os muito pobres, mas seria claramente limitada aos olhos dos que podiam viver dos seus rendimentos. Além disso, não é correcto nem admissível partir do princípio de que os mais pobres entre os cidadãos eram necessariamente maus, preguiçosos e irresponsáveis, porque se norteavam somente pela busca do ganho e do interesse próprios. Uma tal perspectiva representa, no fundo, um preconceito oligárquico, visível já nos Poemas Homéricos e que caracterizou sobretudo o pensamento da Época Arcaica, deixando marcas mesmo na própria linguagem: os nobres eram *agathoi* 'bons' ou *aristoi* 'os melhores', enquanto os elementos das classes baixas eram *kakoi* 'maus' ou 'vilões'. [386]

Por permitir uma maior igualdade na participação do governo da pólis, a remuneração dos cargos públicos ficou estreitamente ligada ao regime democrático de Atenas, como uma das suas mais destacadas características. Por isso, não surpreende que os adversários da democracia mais progressista ou radical não se cansassem de entenebrecer as intenções da sua criação, cujos malefícios faziam alinhar com os riscos do mecanismo da tiragem à sorte, referido no início desta secção. Daí também que os oligarcas, quando por momentos ascenderam ao poder em 411 e 404, tenham decretado, como uma das primeiras medidas, a abolição desse salário. [387] Mas assim que se ultrapassou a

---

[386] Sobre esta questão, vide Adkins (1972) 10-57.
[387] E.g. Tucídides 8.67.3 e 8.97.1-2; [Aristóteles], *Ath.* 29.5; 30.2 e 33.1-2.

breve experiência oligárquica em Atenas, logo a prática da mistoforia foi retomada e, após a restauração democrática de 403, não mais voltou a ser posta em causa.

Dados os objectivos que assistiram à sua criação, é natural que a remuneração pelo exercício de funções cívicas concitasse a oposição dos oligarcas, da mesma forma que despertava o apoio do *dēmos*. No entanto, a mistoforia foi objecto de reflexão entre os autores antigos apenas de forma indirecta, na medida em que se atacava ou defendia o próprio princípio da igualdade democrática, os seus inconvenientes ou as suas virtudes, e não esta ou aquela instituição especificamente característica da democracia. [388]

7.3.2. *A lei da cidadania*

Os dois mecanismos referidos na secção anterior – a tiragem à sorte e o pagamento pelo exercício de funções públicas – revelaram-se fundamentais para alargar a soberania popular a todos os cidadãos. Contudo e como é bem sabido, nem todos os habitantes da pólis gozavam de cidadania plena nem poderiam, por conseguinte, usufruir dos direitos garantidos por esse estatuto. Com efeito, a maioria dos elementos do corpo cívico havia adquirido o estatuto de *politēs* juntamente com a herança própria de um filho legítimo, portanto de alguém que havia nascido de forma regular (e como tal havia sido publicamente reconhecido), no seio de uma família de cidadãos. [389] Até meados do século V, período em que o regime democrático foi cimentando a sua estabilidade, bastaria, em princípio, que o pai fosse cidadão, para assegurar a transmissão de idêntico direito à respectiva descendência. Desta forma, mesmo que o matrimónio tivesse sido contraído com uma estrangeira, mantinha-se a prerrogativa atrás enunciada. Há, de resto, vários exemplos de cidadãos ilustres, cuja mãe era estrangeira (*mētroxenos*). É o caso de Mégacles, um dos membros mais destacados da família dos Alcmeónidas que, na primeira metade do

---

[388] De Romilly (1975) 17.

[389] Nesta secção é recuperada, nas linhas essenciais, a argumentação usada em Leão (2005*c*) 54-57.

século VI, havia desposado Agariste, filha de Clístenes, o tirano de Sícion. Entre os seus filhos, conta-se o futuro criador da democracia, também de nome Clístenes. ([390])

Este princípio viria precisamente a ser alterado por Péricles, numa lei proposta em 451/0, que obrigava a que ambos os progenitores fossem já cidadãos, como condição para que o mesmo estatuto transitasse para a respectiva prole. Afigura-se improvável que a disposição tivesse carácter retroactivo, até porque afectaria figuras importantes da cena política ateniense, tendo em atenção que os aristocratas em particular procuravam reforçar a sua capacidade de influência estabelecendo laços de matrimónio com famílias nobres provenientes de outras póleis. Por outro lado, há também dúvidas de que tenha sido sempre aplicada sem restrições no período posterior, em particular nas últimas fases da Guerra do Peloponeso, uma vez que a lei teria sido reactivada em finais do século V, aplicando-se apenas aos que houvessem nascido em 403/2 ou depois disso. ([391]) Esta medida vem mencionada brevemente e de forma lacunar na *Constituição dos Atenienses*, em termos que será ainda assim vantajoso recordar (*Ath.* 26.4):

> Durante o arcontado de Antídoto (451/0), foi decretado que,
> devido ao elevado número de cidadãos e sob proposta de Péricles,
> só teria direito de cidadania quem fosse filho de pai e mãe cidadãos.

O autor do tratado justifica a medida como forma de controlar o «elevado número de cidadãos», o que talvez seja um indício de que os Atenienses pretenderiam circunscrever, a um círculo de pessoas menos abrangente, as prerrogativas cívicas facultadas pelo governo democrático. Entretanto, os estudiosos deste período têm aventado outras hipóteses, como o desejo de preservar a pureza racial ou o receio de que, a manter-se a prática existente, as cidadãs atenienses das melhores famílias poderiam ficar sem partidos dignos da sua posição. Em todo

---

([390]) Cf. Heródoto, 6.130.2. Sobre a situação análoga de Temístocles e de Címon, cujo estatuto de cidadão também não foi, ao que se sabe, alguma vez posto em causa, vide Rhodes (1981) 279; 324-325.

([391]) Cf. Demóstenes, 57.30. Esta é a interpretação mais corrente entre os estudiosos; a título de exemplo, vide Harrison (1968-1971) I.26 n. 1; MacDowell (1978) 67; Rhodes (1981) 332-333.

o caso, a *Constituição dos Atenienses* parece autorizar somente a primeira interpretação. Ainda assim, o alcance global da lei de Péricles afigura-se claro: limitar o número de cidadãos, através de uma aplicação mais restritiva do *ius sanguinis*. Em consequência, os filhos nascidos de casamentos mistos não teriam acesso aos direitos cívicos, ao menos na sua totalidade.

Há, porém, aspectos marginais desta regulamentação que se mantêm obscuros e continuam a ser fonte de animada discussão entre a comunidade científica. De facto, a lei, tal como nos foi transmitida no tratado aristotélico, incide sobre o estatuto dos filhos, mas não sobre a natureza da relação existente entre os pais. No que se refere à contracção de matrimónios mistos, a lei de Péricles não chega a esclarecer se essas uniões passaram a ser ilegais. A este respeito, há duas normas citadas no discurso *Contra Neera*, falsamente atribuído a Demóstenes, que costumam ser evocadas para mostrar que as uniões mistas eram proibidas por lei. Na primeira delas ([59].52), Apolodoro, ao acusar Neera, cita a disposição que tornaria inviável que uma mulher estrangeira pudesse ser dada como esposa a um cidadão ateniense. No entanto, é possível que a lei evocada visasse punir somente a falsa tutela e o matrimónio que assentasse na presunção fraudulenta de que a mulher em questão seria cidadã ateniense. Portanto, indirectamente tratava-se de um caso de usurpação de cidadania (*graphē xenias*). De resto, no início do mesmo discurso ([59].16), é apresentada uma série de duras punições para o estrangeiro ou estrangeira que desposasse um cidadão ou cidadã, servindo-se de manobras que devem referir-se também à apropriação indevida do estatuto de cidadão. Contudo, não há garantias de que estas disposições já estivessem previstas na lei de Péricles, sendo até mais provável a hipótese contrária, se for tida em conta a natureza da reactivação da lei operada em 403/2. Em qualquer das situações e mesmo que os casamentos mistos não fossem proibidos por Péricles, tais uniões tornavam-se muito pouco atractivas, pois as limitações estatutárias que legariam aos descendentes implicavam um sério prejuízo tanto no que à participação na vida da pólis dizia respeito, como relativamente à própria capacidade para transmitir os bens aos descendentes. ([392])

([392]) Sobre esta debatida questão, vide síntese de Todd (1995) 111 e 177-178.

Existia, no entanto, ainda um outro cenário deixado na sombra pela referida lei; diz respeito à situação das pessoas cujos pais, sendo embora ambos cidadãos, não tivessem contraído legalmente o matrimónio. Os testemunhos relativos a este problema são muito escassos e de interpretação altamente controversa. O primeiro é fornecido também pela *Constituição dos Atenienses* (42.1), que, ao discutir as qualificações dos cidadãos, não dá qualquer indicação clara de que os respectivos progenitores tivessem de ser legalmente casados. O segundo ocorre num decreto citado por Pseudo-Plutarco (*Moralia*, 834a-b), que determinava a punição de *atimia* (regra geral, um castigo aplicável apenas a cidadãos) extensiva tanto aos filhos *gnēsioi* ('legítimos') como *nothoi* (geralmente interpretados como 'ilegítimos').[393] O último testemunho é transmitido pelo orador Iseu (3.45) e diz respeito a File, mulher identificada alegadamente como filha ilegítima de cidadãos e que, na aparência, teria contraído matrimónio legal com um cidadão, numa altura em que as uniões mistas eram já proibidas por lei. Embora a leitura pareça sugerir que os filhos nascidos de uma relação não oficializada teriam direito ao estatuto de cidadão, há que reconhecer que os argumentos são, em boa medida, ambivalentes.[394] A leitura é complicada pela própria dificuldade de interpretar o termo *nothos*, que, como atrás se dizia, é uma palavra geralmente traduzida por 'ilegítimo' ou 'bastardo', na convicção de que designa o produto de uma relação não-marital e de que um dos elementos envolvidos será um homem cidadão. Desta discussão, que já remonta ao século XIX, resultam implicações e teorias várias que não cabe aqui evocar. No entanto, estudos mais recentes,[395] têm chamado a atenção para o facto de que *nothos*, embora possa opor-se a *gnēsios* ('legítimo', 'bem--nascido'), não é equivalente à moderna noção de 'ilegítimo' ou 'bastardo', pois estas últimas designações englobam filhos nascidos de casos de adultério, incesto, prostituição, entre outros, que não seriam

---

[393] Sobre a *atimia*, vide Leão (2005c), 61-63, e a bibliografia aí citada.

[394] Para dar apenas dois dos exemplos mais flagrantes da disparidade de leituras, vide MacDowell (1976a), que sustenta que as fontes autorizam a hipótese do direito à cidadania; Rhodes (1978a) usa precisamente os mesmos passos para defender a hipótese contrária.

[395] Especialmente Patterson (1990), que passa em revista as diferentes abordagens feitas e cujas posições se adoptam neste ponto.

abrangidos pelo termo *nothos*, cujo âmbito de aplicação era mais técnico e restrito. De facto, designaria antes o fruto de uma união mista ou desigual (no sentido de que a esposa não havia sido transferida para o marido de acordo com as normas de contrato social), mas cuja paternidade é reconhecida pelo progenitor. A relação mais típica é a que existe entre um *kyrios* cidadão e a sua *pallakē* não-cidadã ('concubina', mas que detém com o senhor da casa uma relação mais estável do que a de uma *hetaira* ou 'prostituta'). Uma vez que os filhos *nothoi* não tinham acesso ao património do pai, então a lei de Péricles viria acentuar, também no plano social, a marginalização que já existia na célula familiar, desde o tempo de Sólon. [396]

Das fontes que mencionam esta disposição, somente a *Constituição dos Atenienses* aponta uma possível justificação: o elevado número de cidadãos. [397] A esta motivação, comentada já no início desta secção, os estudiosos modernos têm juntado outras, como desencorajar os aristocratas de estabelecerem alianças com cidadãos de outras póleis, garantir a pureza racial ou impedir que os proventos do império fossem distribuídos por demasiadas pessoas. [398] Não é improvável que todas estas possibilidades bailassem globalmente na cabeça dos Atenienses, na altura em que aprovaram a proposta de Péricles. Ainda assim e mesmo contando com as perdas humanas em campanhas militares, o desejo de limitar o número de cidadãos e o consequente acesso à distribuição de regalias como a mistoforia, que se encontrava em vigor possivelmente havia já alguns anos (supra 7.3.1), devem ter tido um peso determinante. A democracia do século V alargara, como nenhum outro regime, a base de participação da soberania popular, mas também não poderia aumentar indefinidamente o número de cidadãos, pois de outra forma correria o risco de pôr em causa a própria natureza de uma democracia directa e participativa.

---

[396] Que teria determinado que os filhos *nothoi* se encontravam arredados dos direitos de parentesco. Cf. [Demóstenes], 43.51. Vide Leão (2005*b*) 8-19.

[397] Plutarco, ao referir a mesma lei (*Per*. 37.2-5), informa também que, após a morte dos seus filhos legítimos, Péricles teria convencido os Atenienses a reconhecerem esse estatuto ao filho que tivera de Aspásia, também com o nome de Péricles. Vide Stadter (1989) 340. As fontes relativas à forma como o direito ático tratava os casamentos mistos e os filhos ilegítimos encontram-se reunidas em Harrison (1968-1971) I.61-68.

[398] Síntese destas posições e respectivos defensores em Stadter (1989) 334-335.

7.4. O início da Guerra do Peloponeso

A imagem de equilíbrio interno e de prosperidade económica e cultural que Atenas cimentara ao longo do período de supremacia política de Péricles vai, contudo, ser profundamente abalada pela Guerra do Peloponeso (431-404). Já atrás se comentava (supra 7.2) que Péricles poderá ter contribuído para precipitar o embate militar, ao decidir opor-se a qualquer tipo de concessão a Esparta, por estar convicto de que a superioridade ateniense era um dado inquestionável. [399] Com efeito, a pressão que o imperialismo ático exerce sobre os próprios aliados e o receio que provocava na confederação liderada por Esparta levaram a que os Lacedemónios fossem vistos como os salvadores do momento, tal como relata Tucídides (2.8.4-5):

> A simpatia pendia nitidamente para os Lacedemónios, sobretudo depois de haverem proclamado a sua intenção de libertar a Hélade. Cidades e particulares, todos se esforçavam por secundá-los na medida das suas possibilidades, quer por palavras quer por actos; a cada um parecia que a coisa poderia correr mal, se ele próprio não estivesse presente. Tal era a cólera que a maioria tinha contra os Atenienses: uns pelo desejo de libertarem do seu domínio, outros pelo receio de virem a ser subjugados.

Iniciado o conflito, os Atenienses começam por seguir, ainda que relutantes, a estratégia delineada por Péricles de se recolherem dentro das muralhas. Uma vez que a cidade se encontrava ligada ao Pireu por muralhas, era, assim, assegurado o abastecimento de víveres por via marítima, onde a supremacia da frota ateniense era clara. Desta forma, evitava-se o confronto por terra com os Peloponésios, com todas as

---

[399] Além desta motivação de fundo, Tucídides apresenta como causas imediatas da guerra o duplo antagonismo entre Atenienses e Coríntios, com o foco de tensão centrado a ocidente em Corcira (1.24-55) e a oriente em Potideia (1.56-65). Ao contrário de outras fontes antigas e dos próprios estudiosos modernos, Tucídides não atribui grande importância ao decreto que vedava aos Megarenses o acesso aos portos da Simaquia de Delos e aos mercados da Ática; dele apenas se encontram alusões em 1.67 e 1.139. Entre os vastos estudos relativos ao desencadeamento da Guerra do Peloponeso, vide Kagan (1969); de Ste. Croix (1972); ou a colectânea de estudos reunidos por Low (2008).

perdas humanas que isso acarretaria. (400) Porém, esta medida obrigava a tributar um preço elevado. Antes de mais, no moral da população, ainda marcadamente rural, a quem se tornava muito custoso não só abandonar as casas e os campos ao inimigo, como assistir, do interior das muralhas, ao espectáculo da destruição periódica da sua terra (Tucídides, 2.14 e 16).

> Os Atenienses, ao escutarem-no, deixaram-se convencer e começaram a transportar dos campos para a cidade mulheres e crianças, bem como todo o mobiliário de uso doméstico e o material de madeira que retiravam das próprias casas; os rebanhos e os animais de carga, enviaram-nos para a Eubeia e para as ilhas próximas. Difícil contudo se lhes tornou o êxodo, já que a maioria teve sempre o costume de viver nos campos.
> Os Atenienses tinham, por conseguinte e por muito tempo, ocupado o país em habitações autónomas e, mesmo depois de se haver processado o sinecismo, a maioria deles, por hábito, tanto nos tempos mais recuados como nos mais recentes até à guerra actual, continuou a viver nos campos com as famílias e lá tinha as suas habitações. Desse modo, não foi sem custo que fizeram a migração, tanto mais que, depois das Guerras Médicas, haviam há pouco refeito as suas instalações. Era para eles uma situação muito dolorosa e com pena suportavam ter de abandonar as casas e os santuários que ao longo dos tempos haviam sido os seus, de pais para filhos, desde a antiga organização política, e ter de mudar os seus hábitos de vida e cada um abandonar nada mais do que a própria terra.

Se, nalguns agricultores, esta situação extremamente incómoda poderia fazer despertar o desejo da paz, na maior parte acicatou apenas o ódio contra o inimigo e, ao menos num primeiro momento, o desejo de combater. A este cenário desolador de abandono do lar vinha jun-

---

(400) Cf. Tucídides, 1.143.4; Aristóteles, *Rh.* 1365a32. O testemunho de Plutarco é particularmente elucidativo dessa preocupação humanitária; depois de salientar o risco que seria enfrentar um tão elevado número de hoplitas peloponésios e beócios, o biógrafo acrescenta (*Per.* 33.5): «Aos que ansiavam por entrar em combate, sem conseguirem suportar o rumo dos acontecimentos, cuidou de acalmar, lembrando que as árvores cortadas e derrubadas depressa voltavam a crescer, enquanto que aos homens, uma vez abatidos, não era fácil substituir.»

tar-se a concentração excessiva de pessoas no interior da cidade, alojadas em condições sanitárias muito deficientes, [401] que favoreceram o aparecimento da peste. [402] Por conseguinte, a decisão de avançar para o conflito nas circunstâncias acima descritas constitui, provavelmente, a prova mais evidente da enorme influência política de Péricles. E embora as provações dos primeiros tempos de guerra hajam suscitado grande oposição, que talvez se tenha traduzido numa pena pecuniária e na deposição do posto de estratego (em 430/29), ainda assim o *dēmos* voltaria a elegê-lo no ano seguinte para o mesmo cargo. [403]

Em todo o caso, também Péricles viria a ser vítima da epidemia pouco depois (em 429), quando eram já decorridos dois anos e seis meses de conflito. [404] É convicção de Tucídides e dos estudiosos em geral que a Guerra do Peloponeso teria conhecido um desenlace diferente, se Péricles tivesse continuado à frente dos destinos da cidade que conduzira de forma única, já que nenhum dos seus sucessores lograra combinar de maneira tão notável as elevadas qualidades éticas e intelectuais necessárias a um estadista democrático. [405] No passo atrás evocado da *Constituição dos Atenienses*, [406] o autor do tratado comentara que, após a morte de Péricles, ficara desimpedida a porta que permitiria a 'condutores do povo' menos cientes do interesse público subir ao poder e levar a cidade a tomar decisões irreflectidas e de consequências por vezes desastrosas. Várias figuras tentariam

---

[401] Tucídides, 2.17.1-3.

[402] O relato de Tucídides (2.47-54) mostra todo o dramatismo da calamidade, bem como as consequências que a peste teve sobre a psicologia colectiva dos Atenienses, favorecendo o desrespeito quer dos ditames religiosos quer das leis cívicas e morais. O poder descritivo deste passo atraiu um grande número de imitações. Vide Gomme (1945-1956) *ad loc.*; Ferreira (2004) 131-134.

[403] Tucídides, 2.65.3-4; Plutarco, *Per.* 35. Vide ainda Samons II (2007) 291.

[404] Segundo Plutarco (*Per.* 38.1), Péricles apanhou a pestilência, mas não sucumbiu directamente à doença, se bem que a fraqueza dela resultante acabasse por lhe ser fatal.

[405] Cf. Tucídides, 2.65.5-13, onde, além de referir a morte de Péricles, o historiador fornece uma síntese do carácter e influência do filho de Xantipo, bem como de alguns dos erros para os quais os Atenienses se deixaram arrastar, assim que perderam a sábia previdência do estadista.

[406] *Ath.* 28.1-3. Vide supra 7.2.

ocupar o posto de referência deixado livre pela morte de Péricles. Um familiar do estadista – Alcibíades – tinha qualidades suficientes para vir a ser um sucessor à altura, se a vaidade, o excesso e a imponderação o não deitassem a perder. É à sua controversa e fascinante figura que será dedicado o último capítulo desta galeria formada por grandes estadistas atenienses.

8.
Alcibíades

8.1. Atenas depois da morte de Péricles

O longo conflito entre Gregos que deu corpo à Guerra do Peloponeso viria a ter repercussões políticas e culturais muito importantes, sendo aliás recorrente encontrar, na expressão literária desse período, ecos das vicissitudes provocadas por esta luta fratricida. Com efeito, a dimensão 'política' da comédia antiga leva a que as comédias de Aristófanes possam inclusive servir de guia para compreender o ambiente que se vivia na Atenas do último quartel do século V e do sentimento de desencanto que iria criar condições para que o regime democrático fosse posto abertamente em causa, cerca de um século depois da sua criação. Com efeito, as duas tentativas oligárquicas para derrubar a democracia radical devem ser entendidas como resultado do cansaço e das contrariedades decorrentes da Guerra do Peloponeso (infra 8.4). Portanto, além de usufruírem da oportunidade criada por campanhas militares mal sucedidas, os fautores desses golpes vão, igualmente, aproveitar a vontade, sentida por muitos dos Atenienses amontoados no interior das muralhas, de voltarem ao *status quo* anterior à guerra. A este sentimento saudosista, os revolucionários saberão associar determinadas tonalidades políticas, que correspondiam ao conceito polissémico da *patrios politeia*.[407]

Um dos temas a aparecer com maior insistência na produção aristofânica é a expressão de um profundo desejo de paz, ao qual se aliam ideias de prosperidade e abundância. Dado que o mundo grego

---

[407] Sobre a natureza e implicações políticas deste ideal propagandístico, vide Leão (2001*a*) 43-72, cuja linha de argumentação é aqui parcialmente retomada.

se encontrava dividido por um conflito generalizado, tornam-se particularmente significativos os momentos em que Aristófanes combina esse anseio de paz com um entendimento geral entre os Gregos, ou seja pan-helénico.([408]) A presença destas ideias pressente-se já na peça mais antiga que nos chegou de Aristófanes (os *Acarnenses*), apresentada nas Leneias de 425. Nesta comédia, o dramaturgo lida com as consequências directas da estratégia defendida por Péricles, evocada já no capítulo anterior (supra 7.4): em virtude de os Atenienses se terem refugiado no interior das muralhas, deixaram os campos à mercê do inimigo, condição particularmente difícil de suportar para os agricultores. Na peça, é um desses campesinos que vem defender na Assembleia a causa da paz: Diceópolis. Perante a inoperância do projecto, acaba por estabelecer uma trégua particular com os Lacedemónios, que o protagonista se recusa a partilhar([409]) e é para ele fonte de abundância, o que vem mostrar que a defesa da paz era o caminho certo. Idêntica proposta se encontra nos *Cavaleiros*, drama representado no ano seguinte, no mesmo festival, e que, como o anterior, arrebatou o primeiro lugar.([410]) Esta peça constitui um ataque cerrado ao demagogo Cléon, que lograra trazer aprisionada para Atenas a guarnição espartana de Esfactéria, apresentando-se como o grande obreiro desta proeza militar, embora o plano estratégico fosse, realmente, da responsabilidade de Demóstenes. ([411]) Embora a cidade estivesse a viver um

---

([408]) Para o desenvolvimento desta questão, vide Ferreira (1992) 416-442.

([409]) Cede apenas aos rogos de uma noiva, que, por ser mulher, não tem culpa do conflito (vv. 1061-62). A peça alude, também, em termos paródicos, à guerra como consequência do decreto que fechava a Mégara os portos da Simaquia de Delos e os mercados áticos. Vide Dover (1972) 87-88.

([410]) Ehrenberg (1968), 272, salienta que o primeiro prémio dos *Acarnenses* não deve atribuir-se meramente a critérios estéticos, mas também a um reconhecimento, por parte da audiência, dos malefícios que a guerra lhes trazia. Contudo, não pensa que houvesse por assim dizer um 'partido da paz' em Atenas, juízo que o mesmo estudioso volta a referir a propósito dos *Cavaleiros* (p. 278).

([411]) Cf. Tucídides 4.27-40. Estes Espartanos, que eram, na sua maioria, membros das melhores famílias, tornavam-se um poderoso dissuasor de futuras operações de razia na Ática, além de constituírem um duro golpe no orgulho lacedemónio, pois quebrava-se a tradição da sua invencibilidade em terra. Por outro lado, surpreendia o facto de os sobreviventes se terem rendido, em vez de combaterem até à morte, como seria de esperar. Em todo o caso, esta vitória tornava Cléon no líder indisputado do momento. Vide observações de Ehrenberg (1968) 275.

momento de efémera euforia, Aristófanes acaba por reflectir sobre os perigos da democracia radical, nos momentos em que o povo se deixa conduzir por políticos oportunistas. No final da peça, Paflagónio (que representa Cléon) é vencido por um Salsicheiro, também ele caricatura dos demagogos, mas que arranja para o *Dēmos* uma bela mulher, a «Trégua de trinta anos», com quem o manda viver para o campo. O desfecho retoma, assim, o apelo a uma paz que permitisse o regresso à vida anterior ao início da guerra.

Alguns anos mais tarde, depois de sucessos e contrariedades distribuídos por ambas as partes em conflito, o recontro em Anfípolis (em 422) iria constituir um passo importante no sentido de se conseguirem tréguas. Para Atenas, representava uma pesada derrota e Cléon, o grande impulsionador da campanha, acabaria por morrer durante a fuga. Do lado espartano, Brásidas, apesar de sair vencedor, sucumbiria igualmente aos ferimentos recebidos. Desta forma, no mesmo dia, desapareciam da cena política os dois maiores impulsionadores da continuação da guerra.[412] Encetaram-se, portanto, negociações de paz, dirigidas pelo rei espartano Plistóanax e por Nícias, do lado ateniense, que irão conduzir ao período de tréguas conhecido por 'Paz de Nícias'. Precisamente poucos dias antes da celebração desse pacto, Aristófanes apresentava, nas Dionísias Urbanas de 421, a *Paz*, cujo enredo explora, uma vez mais, o contraste entre a miséria da guerra e a abundância e felicidade companheiras de uma existência pacífica. Desta vez, porém, a proposta de paz adiantada por Aristófanes é geral e visa abranger toda a Hélade e beneficiar todos os Gregos, como simboliza o facto de o Coro designar os seus membros por *Panellēnes*.[413] Significativamente, a outra peça de Aristófanes com conteúdo pan-helénico (*Lisístrata*), e também o seu derradeiro esforço para dar uma solução à guerra, é apresentada em 411, no mesmo ano do golpe oligárquico (infra 8.4). Elucidativo do sentimento conciliador expresso

---

[412] Cf. Tucídides 5.6-11. Gomme (1945-1956), no comentário a 5.16.1, salienta que esta derrota não afectou a reputação de Cléon, cujo nome ficara gravado numa estela comemorativa dos que tinham morrido em combate pela cidade. Por outro lado, ninguém, depois dele, mesmo com Brásidas morto e com um comandante competente, conseguiu provar que era possível atingir sucesso em Anfípolis.

[413] *Pax* 302. Para a análise do desenvolvimento da ideia de pan-helenismo neste drama, vide Ferreira (1992) 423-435.

no drama é a proposta de uma união grega contra os Persas, beneficiários directos das divisões entre Helenos, e o facto de Lisístrata encontrar na espartana Lâmpito a principal aliada. ([414]) Para o poeta, urgia que a Hélade se unisse, antes que uma luta fratricida a aniquilasse totalmente.

8.2. Surgimento de Alcibíades na cena política ateniense

Neste momento particularmente difícil da vida em Atenas, Alcibíades, filho de Clínias, começava a ganhar importância enquanto figura política. Pelo lado da mãe, Alcibíades pertencia à poderosa família dos Alcmeónidas e como guardião tivera, aliás, Péricles, que era primo da mãe. A sua crescente influência na vida política de Atenas permitiu-lhe conseguir que, em 415, a Assembleia aprovasse uma empresa militar em larga escala à Sicília, com o pretexto de auxiliar as cidades democráticas atacadas por Siracusa, mas cujo real objectivo consistia em alargar o poder ático para ocidente. ([415]) A proposta comportava alguns riscos, de que o mais sério correspondia a criar uma nova frente de combate, quando seria mais aconselhável concentrar as forças. Nícias, o grande obreiro da paz com o seu nome, foi um dos generais escolhidos para chefiar a expedição, apesar de se ter oposto a ela de forma avisada, exactamente por temer o envolvimento num projecto que, a correr bem, poucas vantagens traria e, caso contrário, poderia acarretar graves consequências, uma vez que o investimento de fundos e de pessoas seria muito elevado. Como o próprio Tucídides salienta (6.26.2), somente nesta altura é que Atenas começava a refazer-se das baixas humanas, causadas pela peste e pela guerra, e da depauperação generalizada. Contudo, este breve fôlego conseguido pelas tréguas de 421, em vez de aconselhar ponderação nos benefícios da paz, lançava a cidade numa aventura de consequências trágicas.

Ainda segundo Tucídides, na defesa ardente da expedição à Sicília encontrava-se portanto Alcibíades, para quem o projecto cons-

---

([414]) A defesa da dupla hegemonia grega (com Atenas a agir principalmente no mar e Esparta em terra) também encontra apoio na *Paz*. Vide Ferreira (1992) 434 e 440-442.

([415]) Tucídides, 6.1; 6.6; 6.8-26.

tituía, sobretudo, uma oportunidade para satisfazer as ambições pessoais (6.15.2), mas que sabia, da mesma forma, alimentar os desejos imperialistas dos Atenienses (6.16-18). Alcibíades aspirava a preencher o lugar vacante na cena política depois da morte de Péricles. E, de facto, possuía alguns atributos importantes que o poderiam guindar a esse posto: por várias ocasiões, haveria de revelar-se um militar brilhante e ainda bom diplomata, qualidades que combinava habilmente com a sedução do aspecto, da juventude e ainda com um comportamento arrebatado. [416] Faltavam-lhe, contudo, a firmeza de carácter e a necessária percepção de todas as implicações de um programa político de longo alcance, para fazer dele um digno substituto de Péricles. [417] Não surpreende, por conseguinte, que Alcibíades despertasse sentimentos contraditórios: tal como podia ser útil à democracia radical, da mesma forma despertava a inveja dos outros políticos, que nele viam um sério opositor. Assim acontecera com o demagogo Hipérbolo, que, em 417, tentou usar contra ele o ostracismo, medida inactiva como arma política desde 443. O golpe era engenhoso, mas Alcibíades, aliando-se a Nícias, conseguiu que Hipérbolo acabasse vítima da própria manobra. [418] Contudo, este episódio veio acentuar a determinação dos inimigos de Alcibíades – que se podiam contar entre todas as tendências políticas – em o afastarem da corrida à liderança.

A oportunidade para desforra parece ter surgido com a expedição à Sicília. Os primeiros momentos foram de sucesso para o jovem aristocrata, que conseguira convencer não só a juventude desejosa de

---

[416] Ainda que este último constituísse uma característica ambivalente, pois se a extravagância pessoal lhe granjeava admiradores, sobremaneira entre a população mais jovem, poderia também, como adiante se verá (infra 8.3.2), revelar-se uma imprudência que um estadista a viver num regime democrático deveria evitar (cf. Tucídides, 6.15.3-4). Para uma análise global a esta personalidade fascinante e controversa, vide o estudo feito por De Romilly (1995).

[417] Como salienta Hignett (1952), 265-268, Alcibíades era capaz de trabalhar empenhadamente para que a cidade se tornasse poderosa, mas apenas na medida em que essa grandeza servisse os propósitos da sua ambição pessoal.

[418] Cf. Plutarco, *Alc*. 13.6; *Nic*. 11.5. O facto de os seguidores de Nícias e Alcibíades serem capazes de se organizar, de forma a ditarem sobre quem incidiria o ostracismo, vem revelar não só que eram numerosos, mas ainda que possuíam uma estrutura de relações que, pelo menos em algumas alturas, poderia ser activada de forma eficaz.

aventuras, como ainda muitos dos mais velhos, embalados pela nostalgia de projectos grandiosos. Contudo, na véspera da partida, dois eventos iriam mudar definitivamente a sorte de Alcibíades: a mutilação dos Hermes e a paródia aos Mistérios de Elêusis. Embora Alcibíades só pareça ter estado envolvido na questão dos Mistérios, as fontes espelham alguma ambiguidade favorável à confusão entre os dois sacrilégios, que poderia ser aproveitada pelos inimigos do estadista.[419] Com efeito, ao mesmo tempo que asseverava a inocência, Alcibíades mostrava-se disposto a ser julgado, mas os seus adversários políticos preferiam chamá-lo assim que tivesse chegado à Sicília, já que, desta forma, ele não teria o apoio dos soldados e, entretanto, poderiam conjurar o envolvimento num delito mais grave.[420] E isso mesmo acabaria por acontecer de facto. Na sua ausência, os inimigos acusaram-no de preparar um golpe para derrubar a democracia. Alcibíades é chamado, mas, iludindo a escolta enviada para o trazer a Atenas, foge para Esparta. Ainda assim, acabaria por ser julgado *in absentia* e condenado à morte, juntamente com os companheiros.

8.3. Os escândalos de 415

Na sequência da breve sinopse, feita na secção anterior, sobre os condicionalismos históricos e políticos que envolveram os acontecimentos de 415, é chegada a altura de reflectir mais em pormenor sobre a natureza dos dois escândalos religiosos que ocorreram pela mesma altura. As principais fontes directas sobre estes sacrilégios são Tucídides (6.27-29; 6.53; 6.60-61) e o orador Andócides (1.11-70), os quais servirão, por conseguinte, de guias para a abordagem proposta nas secções seguintes.[421]

---

[419] Em fontes mais tardias, como Diodoro (13.2.3-4; 13.5.1), a ligação aos dois sacrilégios encontra-se já bem patente. No entanto, Tucídides (6.27-28.2) distingue os dois crimes, embora deixe entrever (6.28.2) que, aos olhos dos inimigos, Alcibíades seria suspeito de estar por detrás também da mutilação dos Hermes ou pelo menos de lhe dispensar simpatias.

[420] Cf. Tucídides, 6.29; 6.53.1-2; 6.60-61; Plutarco, *Alc.* 18.4-9.

[421] Para uma visão mais pormenorizada deste problema, vide Leão (2004). Os argumentos agora expostos derivam, em parte, da análise apresentada nesse estudo.

Para o leitor ou estudioso moderno, o julgamento de Sócrates constitui o mais importante caso de impiedade religiosa (*asebeia*) e, à luz das fontes, foi também o que recebeu um tratamento mais extenso, já na antiguidade. No entanto, essa perspectiva ficou a dever-se sobretudo à influência de Platão e ao sucesso que teve em apresentar a figura do mestre como um mártir do pensamento filosófico. De facto, para o ateniense médio de finais do século V, teriam tido mais impacto os graves acontecimentos ocorridos nas vésperas da expedição contra a Sicília, responsáveis pela criação de um sentimento colectivo de receio, que se traduziria numa verdadeira 'caça às bruxas', ou seja, na busca ansiosa de informação que conduzisse aos presumíveis autores de tão reprováveis actos. É sobre esses eventos, cujos efeitos se farão sentir na sociedade ateniense durante anos, que importa reflectir agora mais em pormenor.

8.3.1. *A mutilação dos Hermes*

Hermes era um deus associado a montículos de pedras e aos pilares usados quer para designar um ponto de encontro ou o local onde se encontrava uma tumba, quer ainda para delimitar uma estrema. Desta forma e por extensão, Hermes era também a divindade que assistia aos assuntos da Ágora (onde as pessoas se encontravam para trocar impressões e firmar negócios), que conduzia as almas dos mortos ao Hades, que acompanhava os viajantes e garantia a protecção da propriedade privada. Na sua representação mais elaborada, as estátuas que caracterizavam a imagem de Hermes consistiam numa coluna de forma quadrangular, adornada com um grande falo ao centro e com a figuração da cabeça do deus, no topo. É sobre estes pilares que um grupo de desconhecidos irá exercer a sua violência, para espanto e escândalo dos seus contemporâneos, conforme relata Tucídides, numa exposição permeada por termos que remetem para a esfera legal, o que poderá ser um indício de que o historiador se estaria talvez a basear em algum documento oficial (6.27.1-2):

> Entretanto, todos os Hermes de pedra que havia na cidade de
> Atenas (segundo o costume da região, tratavam-se de estruturas
> quadrangulares, existentes em grande número à frente da entrada

de casas privadas e em lugares sagrados) foram, na sua maioria e numa só noite, mutilados no rosto. Ninguém conhecia os responsáveis pelo acto, mas eles foram investigados, com a oferta de grandes recompensas, custeadas pelo Estado. E decretou-se ainda que, se alguém soubesse de qualquer outro sacrilégio (*asebēma*) cometido, sem receio (*adeōs*) o denunciasse (*mēnyein*): quem o desejasse fazer (*ho boulomenos*), entre cidadãos (*astoi*), estrangeiros (*xenoi*) ou escravos (*douloi*).

Os primeiros indícios deixavam prever que o sacrilégio havia sido efectuado de forma orquestrada, já que o ultraje, embora de alcance alargado, tinha ocorrido no espaço de uma só noite. Tucídides refere que os pilares sofreram mutilação apenas na face, mas Aristófanes deixa claro que o falo das estátuas também fora alvo da agressão. [422] O historiador diz ainda que o desacato atingiu a «maioria» dos Hermes; no entanto, Andócides (1.62) afirma que foram todos mutilados, com excepção do que se encontrava junto da sua casa paterna, precisamente o que lhe havia sido destinado. Não é improvável, porém, que as palavras do orador correspondam a algum exagero, para facilitar a sua defesa, já que ele teria sido o único a não executar as instruções aparentemente acordadas com os respectivos cúmplices. [423] Em consequência, a versão de Tucídides será possivelmente a mais correcta.

A natureza deste acto de impiedade (*asebēma*) afigura-se clara: a mutilação das representações figurativas de Hermes era um desrespeito directo ao deus. Que os Atenienses o levaram muito a sério está patente na reacção enérgica que motivou. De facto, foi activado o mecanismo especial da *mēnysis* ('informação'), que alargava a qualquer pessoa (*ho boulomenos*) o direito de fornecer elementos que levassem à identificação e detenção dos autores do crime. Esta medida de excepção é significativa, pois se um simples estrangeiro (*xenos*) e até um meteco (*xenos metoikos*) conheciam entraves à sua capacidade

---

[422] *Lys.* 1093-94. Nesse passo, o comediógrafo usa o termo *Hermokopidai* ('mutiladores de Hermes') para designar os responsáveis pela agressão ao deus.

[423] Vide Leão (2004) 220-224. A declaração de Andócides é reforçada, entre outras fontes, por Plutarco (*Nic.* 13.3). Contudo, noutro ponto (*Alc.* 18.6; 21.3), o mesmo Plutarco segue antes a versão de Tucídides. Para mais pormenores, vide MacDowell (1962) 103.

jurídica, essa limitação tornava-se mais visível ainda no caso de um escravo, cujo testemunho não seria considerado em tribunal, a menos que fosse expressamente aceite por ambas as partes e obtido sob tortura. Ora a suspeita de crimes graves de natureza política ou religiosa (conspiração, sacrilégio e desvio de dinheiros públicos) poderia motivar a activação do processo da *mēnysis*, que permitia a qualquer pessoa (homem ou mulher, ateniense ou estrangeiro, livre ou escravo) fornecer a informação incriminadora diante da *Boulē* ou da *Ekklēsia*. Cabia depois a estes órgãos a decisão sobre o que fazer com os dados recebidos, o que eximia o informador da obrigação de promover outras diligências de natureza legal. ([424]) O passo de Tucídides deixa entrever que as autoridades visavam, inclusive, estimular a delação da parte de algum eventual cúmplice, uma vez que o decreto garantia *adeia* ('impunidade'). A *adeia* não deveria prevalecer em qualquer circunstância, mas apenas se a informação se revelasse verdadeira; caso contrário, o seu autor seria punido com a morte, conforme se pode deduzir das palavras de Andócides (1.20), o qual teria aliás de viver com as consequências de haver denunciado não só os cúmplices, como até o próprio pai. ([425]) Esta responsabilização requerida pela *mēnysis* terá que ver com a gravidade do crime que a motivava, pois, como o mesmo passo ilustra, os acusados de *asebeia* enfrentavam a punição capital. As palavras de Tucídides deixam perceber ainda outras medidas adicionais, que as restantes fontes corroboram. De facto, para garantir que os culpados seriam entregues à justiça, foi constituído um corpo de investigadores (*zētētai*) e estabelecida uma recompensa para quem fornecesse elementos que conduzissem à detenção dos res-

---

([424]) A fonte mais completa relativa ao processo de *mēnysis* é precisamente o discurso de Andócides *Sobre os Mistérios*. Demóstenes (24.11), Dinarco (1.95) e Plutarco (*Per.* 31.2) fornecem outros exemplos de *mēnysis*, mas não acrescentam propriamente nada de novo. Sobre o funcionamento deste mecanismo, vide MacDowell (1978) 181-183.

([425]) A justificação desse acto (bem como a negação de ter denunciado o pai) ocupa boa parte do seu esforço de defesa, quando proferiu o discurso *Sobre os Mistérios* (cf. 1.48-60). Em 1.20, Andócides parecer referir-se à lei sobre a *adeia* aplicada em 415 como se já não estivesse em vigor por alturas do julgamento de 400/399. Nesse caso, talvez os termos da impunidade passassem a ser estabelecidos pelo decreto da *Boulē* ou da *Ekklēsia* que determinava a *adeia* para um processo em particular.

ponsáveis. (426) O escravo Andrómaco e o meteco Teucro (a quem a *Ekklēsia* e a *Boulē* haviam concedido, respectivamente, a *adeia*) terão sido talvez os beneficiários da recompensa, que cobriria informações tanto relativas à mutilação dos Hermes como à paródia dos Mistérios. (427)

A ligação entre os dois sacrilégios aparece tanto nas fontes como nas reflexões dos estudiosos modernos. No entanto, há indícios bastante fortes de que seriam, de início, eventos independentes e que, passados os primeiros instantes de aproveitamento político, terão dado também origem a dois processos distintos. Uma vez mais, Tucídides pode constituir um bom ponto de partida (6.28.1-2):

> Ora alguns metecos e servos deram informações (*mēnyetai*) já não sobre o caso dos Hermes, mas antes sobre mutilações de imagens (*agalmata*), ocorridas anteriormente, por obra de jovens, movidos pela brincadeira e pelo vinho, e ainda sobre os Mistérios, celebrados em casas particulares, por irreverência (*hybris*). De envolvimento nestas faltas era acusado também Alcibíades. Aproveitaram-se destas acusações aqueles que mais irritados andavam com Alcibíades (pois este era um empecilho a que eles mesmos comandassem o povo, com segurança, e julgavam que, se lograssem expulsá-lo, tomariam a dianteira), aumentaram-nas e puseram-se a espalhar que fora para derrubar a democracia que a celebração dos Mistérios e a mutilação dos Hermes tinham ocorrido e ainda que nada disso acontecera sem a cumplicidade de Alcibíades. Ajuntavam ainda o desprezo pela legalidade (*paranomia*), que marcava todos os seus hábitos, de forma contrária à democracia.

Na sequência dos elementos fornecidos pelos informadores tomou-se conhecimento de anteriores mutilações de estátuas e, sobretudo, foi trazido à luz do dia um segundo escândalo, relativo à celebração profana dos Mistérios de Elêusis, em casas de particulares.

---

(426) Cf. Andócides, 1.14; 1.27; 1.40.

(427) No entanto, outras listas de cúmplices foram fornecidas ainda por uma mulher de nome Agariste, pelo escravo Lido, por um homem chamado Dioclides (que acabou por ser executado, dado que a informação fornecida era falsa) e pelo próprio Andócides, por quem se ficaram a conhecer estes pormenores (1.11-68).

É neste sacrilégio que Alcibíades se vê directamente implicado e o envolvimento da sua pessoa terá sido um factor determinante para avolumar a indignação, pois que os seus inimigos depressa entreviram os dividendos políticos do caso. Daí que se perceba nas palavras de Tucídides que Alcibíades seria suspeito de estar por detrás também da mutilação dos Hermes ou pelo menos de nutrir simpatias por esse acto, se bem que seja improvável o seu envolvimento a esse nível. ([428]) Por outro lado, terá sido o receio infundido pelo caso dos Hermes que levou à divulgação da celebração dos Mistérios, uma cerimónia que estava certamente destinada a permanecer na esfera privada. Por conseguinte, se não for feita a ligação entre os dois sacrilégios, afigura-se claro que apenas a mutilação das estátuas visava tornar-se num facto público.

Uma vez lançadas estas premissas, será então pertinente discutir a eventual motivação dos *Hermokopidai*. Os informadores referidos por Tucídides dão conta de mutilações anteriores, o que mostra que este acto de vandalismo não se tratava de um exemplo isolado. De resto, o historiador inclina-se para uma explicação que nada tem a ver com a teoria de conspiração política: tratar-se-ia apenas de uma brincadeira de mau gosto, motivada por uma noite de vinho e de excessos. Apesar de simples, esta explicação afigura-se perfeitamente plausível e foi seguida por muitos estudiosos modernos. De facto, ainda hoje se torna fácil encontrar paralelos frequentes em cidades universitárias, como Coimbra. Ao longo de todo o ano (mas com especial incidência no período em que decorrem as festas académicas), há pequenos actos de vandalismo a estátuas, sinais de trânsito e pilares existentes ao longo das ruas, curiosamente a 'vítima' preferida dos boémios. Seria errado ler nestes actos uma qualquer forma especial de protesto, pois consistem apenas em manifestações episódicas de euforia, pesem embora os incómodos e prejuízos que acarretam. Contudo, há que reconhecer que nem sempre a leitura de actos similares foi assim tão linear. De facto, em pleno período de lutas estudantis, em finais dos anos sessenta do século passado, formas análogas de vandalismo podiam e deveriam ser lidas como expressão de contestação política ao poder instituído.

([428]) Tucídides, aliás, dá sinais de estar consciente disso mesmo (cf. 6.53.1; 6.61.1). Vide infra 8.3.2.

Por conseguinte, tudo depende do contexto em que os eventos ocorrem, e a verdade é que o contexto ateniense era bastante específico e particularmente sensível. Antes de mais, porque a mutilação de estátuas poderia constituir um crime de *asebeia* e, como tal, ser punido com a morte; em seguida, porque a dimensão do sacrilégio fazia suspeitar de uma afronta premeditada; por último, porque ocorreu em vésperas de uma importante empresa militar, para a qual representava um mau augúrio. [429] É a conjunção destes elementos que torna insuficiente a explicação avançada por Tucídides, o que não implica que esteja, à partida, errada. E se é prudente manter uma reserva metódica em relação à teoria da conspiração, sobretudo se tiver sido avançada pelos inimigos políticos das figuras do momento, talvez seja de ponderar as razões apontadas por uma das pessoas directamente implicadas no escândalo dos Hermes: o orador Andócides. Valerá a pena evocar alguns pormenores do discurso em que ele recorda esses eventos (1.61; 1.63 e 1.67):

> Foi por este motivo que eu disse à *Boulē* que conhecia os autores do sacrilégio e revelei o que se havia passado: que, numa altura em que estávamos a beber, Eufileto tinha apresentado este projecto, que eu me pronunciei contra e que, dada essa minha oposição, o plano não tinha sido então posto em prática. [...] Foram ter comigo de manhã Meleto e Eufileto, para me dizerem: «Está feito, Andócides, nós executámos o combinado. Ora se tu ficares calmo e calado, continuarás a ver em nós amigos, como antes; se assim não procederes, perderás mais em ter-nos por inimigos do que ganharás com os amigos que fizeres à nossa custa.» [...] Nestes eventos, cidadãos, a minha sorte foi tal a ponto de a todos causar comiseração e o resultado da minha conduta deveria valer-me a reputação de pessoa correcta, já que, no momento em que Eufileto apresentava a mais pérfida das provas de confiança (*pistis*) que existem entre homens, eu opus-me, pronunciei-me contra e até o insultei, como se impunha.

De momento não interessam tanto as circunstâncias atenuantes que Andócides evoca em sua defesa, mas antes a motivação que terá

---

[429] Sobre a ligação entre presságios de diversa natureza e a expedição à Sicília, vide Powell (1979).

assistido aos *Hermokopidai*. Na sua versão dos acontecimentos, Andócides remete, à imagem de Tucídides, para o contexto de banquete. No entanto, afirma que o sacrilégio não resultou propriamente da euforia causada pela bebida, mas sim de um plano apresentado por Eufileto, um dos companheiros de divertimento, desígnio esse que Andócides terá recusado, ao menos numa primeira fase. Por conseguinte, houve premeditação no acto de sacrilégio, facto que determinou uma forma de actuação concertada, a qual se traduziria na grande visibilidade da afronta e, em consequência, na vigorosa reacção da opinião pública ateniense. Resta, contudo, a pergunta fundamental de saber se esta *hetaireia* ou 'grupo de amigos' agiu apenas por irreverência juvenil, ou se obedeceu também a motivações políticas. Andócides afirma que o plano de Eufileto visava obter uma prova de confiança (*pistis*) da parte dos elementos do grupo. A natureza deste tipo de vinculações voluntárias é explicitada por Tucídides num passo em que fala dos problemas sociais decorrentes de um clima de guerra civil (*stasis*), ao afirmar que os laços firmados entre companheiros de uma *hetaireia* se tornavam mais fortes que as próprias ligações familiares, dada a propensão para a audácia que caracterizava esses clubes com interesses afins. De facto, segundo o historiador (3.82.6) «eles reforçavam a fidelidade (*pistis*) entre si não pela observação dos ditames (*nomos*) divinos, mas antes cometendo alguma ilegalidade (*paranomein*) em conjunto». Ora tanto a cumplicidade num assassínio como a provocação aos deuses são duas formas típicas de desafiar a autoridade instituída. Não deixa de ser significativo que, no passo de Tucídides (6.28.2) anteriormente comentado, o historiador dissesse que os inimigos de Alcibíades classificavam a sua actuação irreverente como *paranomia*. [430] De resto, Polieno, num passo dos *Estratagemas* (1.40.1), atribui a este mesmo estadista uma prova de *pistis* que passava pela pretensa cumplicidade num assassínio e, ao longo da antiguidade, aparecem outros exemplos semelhantes. [431]

---

[430] Uma vez que o termo *nomos* engloba tanto a lei com incidência constitucional como os ditames religiosos tradicionais, *paranomia* poderia representar uma transgressão de ambos. Vide Dover (1970) 285.

[431] E.g. um homicídio praticado por conspiradores em Samos (Tucídides, 8.73.3); a partilha de sangue humano na bebida, entre os partidários de Catilina (Salústio, *De Coniur. Cat.* 22) ou até o canibalismo (Plutarco, *Cic.* 10.4), mesmo

No entanto, ainda que a mutilação dos Hermes obedecesse ao desígnio de celebrar um pacto de fidelidade entre companheiros, isso não implicava, por si só, que essa iniciativa fosse uma forma de conspiração política. Para sustentar essa possibilidade, são necessários mais elementos e, de facto, não é improvável que este grupo cultivasse ideais oligárquicos. Aliás, há inclusive fortes indícios de que Andócides teria escrito para os amigos um panfleto de propaganda oligárquica.[432] A aceitar-se esta hipótese, teria alguma pertinência imaginá-lo a participar no planeamento de um sacrilégio contra as estátuas de Hermes, divindade protectora dos viajantes, numa altura em que a frota ateniense estava a ponto de zarpar para a Sicília. Este mau augúrio serviria de dissuasor para a expedição, o que não deixaria de ir ao encontro dos interesses da facção ateniense que preferia a paz à continuação da guerra, e que correspondia sobretudo à área de influência oligárquica.[433] Ainda assim, admitir a eventualidade de uma grande conjura que visasse derrubar a democracia afigura-se claramente excessivo. Isso acontecerá de facto em 411, mas nessa altura o governo popular encontrava-se muito enfraquecido pelo resultado das decisões tomadas alguns anos antes. O contexto era, portanto, muito diferente. Ir além destas suposições afigura-se pouco seguro. Em alternativa e na esteira de Tucídides (6.60.2), cuja vantagem sobre Andócides consiste em ser um testemunho mais isento, caberá reconhecer que a verdade total sobre a motivação destes acontecimentos não chegou a ser então cabalmente apurada. Por conseguinte, dificilmente o poderá ser também agora.

8.3.2. *Representação paródica dos Mistérios de Elêusis*

Ao analisar o problema da mutilação dos Hermes já se aludiu também ao outro grande escândalo de 415: a celebração paródica dos

---

quando se trata apenas de uma suposição, como aconteceu com os Cristãos (Minúcio Félix, *Oct.* 9.5), ou é feito de forma paródica (Petrónio, *Sat.* 141). Oportunas as observações de Graf (2000) 120-121.

[432] Cf. Plutarco, *Them.* 32.3.

[433] Fontes do século IV e mais tardias atribuem as responsabilidades da mutilação aos Coríntios, que seriam uma das partes prejudicadas, no caso de a expedição se realizar. Ponderação destas várias hipóteses em MacDowell (1962) 192-193.

Mistérios de Elêusis, sacrilégio em que a figura de Alcibíades esteve directamente envolvida. Conforme Tucídides sustentava (6.28.2), os políticos rivais terão procurado criar na opinião pública a ideia de que o estadista teria responsabilidades em ambos os escândalos, mas o próprio historiador mostra estar consciente (6.53.1; 6.61.1) de que não seria essa a realidade. Por conseguinte, tudo leva a crer que foram instaurados dois processos distintos e que Alcibíades foi chamado da Sicília para responder somente por causa da questão dos Mistérios.[434] No entanto, a tendência para associar a uma pessoa excepcional actos igualmente espectaculares levou a que, já no século IV, Demóstenes afirmasse que Alcibíades «tinha mutilado os Hermes» (21.147) e a confusão acabou por instalar-se na tradição historiográfica, como ilustra claramente Diodoro (13.2.3-4; 13.5.1).[435]

Por outro lado, como também já se comentou na secção anterior, há que reconhecer uma certa conexão entre os dois sacrilégios, ainda que seja provavelmente involuntária. De facto, a magnitude da mutilação dos Hermes escandalizou a opinião pública ateniense e, com isso, estimulou a busca de informações, que conduziram não só à denúncia de anteriores exemplos de vandalismo sobre outras imagens (*agalmata*), como ainda às informações sobre a paródia aos Mistérios. Não fosse esta preocupação de punir os culpados, exorcizando um mal que, de outra forma, poderia recair sobre toda a comunidade, e talvez estas práticas tivessem continuado despercebidas. Ora ainda antes de ponderar as eventuais motivações para este segundo sacrilégio, há que apontar, desde já, algumas diferenças fundamentais entre os dois casos. A mutilação dos Hermes foi um crime de natureza pública, provavelmente premeditado e, porque se realizou de uma só vez, teve um impacto e uma visibilidade bastante maiores. A celebração ímpia dos Mistérios, pelo contrário, tinha-se cumprido no domínio privado e não visaria, em princípio, sair da esfera das pessoas que haviam participado nessa representação paródica. Por outro lado, há indicações claras de que se realizou repetidas vezes e por grupos diferentes. Sobre este

---

[434] Vide Graf (2000) 118-120.
[435] Conspecto das personalidades envolvidas ora em ambos os sacrilégios ora somente num deles (bem como dos autores da respectiva denúncia) em Dover (1970) 276-280.

aspecto, valerá a pena reflectir um pouco mais, até para entender melhor a natureza do sacrilégio em questão. ([436])

De facto, a informação (*mēnysis*) é facultada por diferentes pessoas e com indicações distintas. A primeira é fornecida por Andrómaco (escravo de Polemarco e não-iniciado nos Mistérios): a celebração ocorreu em casa de Pulício e nela estiveram envolvidos Alcibíades e mais nove pessoas (excluindo o senhor da casa). ([437]) Em seguida, um outro meteco, chamado Teucro, fugiu para Mégara e ofereceu-se para dar informações, desde que lhe fosse garantida igualmente a impunidade (*adeia*): facultou uma lista de doze pessoas, que o incluía também, mas onde não figuravam os nomes implicados por Andrómaco. ([438]) Em terceiro lugar, Agariste (esposa de Alcmeónides e membro da família dos Alcmeónidas) denunciava o mesmo sacrilégio, perpetrado agora na casa de Cármides, por iniciativa de Alcibíades, Axíoco e Adimanto, se bem que outras pessoas pudessem ter estado presentes. ([439]) Em quarto, Lido (escravo de Férecles do demo Témacos) deu a conhecer uma representação idêntica realizada em casa do seu amo. ([440]) Entre os denunciados está também o pai de Andócides, que, segundo o orador, estaria a dormir, coberto por roupas, na altura da celebração, pormenor que tem a sua importância para ilibá-lo de culpas. Finalmente, Plutarco (*Alc.* 22.4) transmite os termos da acusação, segundo a qual o estadista teria voltado a parodiar os Mistérios em sua casa, tendo como celebrantes o próprio Alcibíades (como hierofante), Teodoro (na função de *kēryx* 'arauto') e Pulício (enquanto *daidouchos* 'portador de archote'). Deve tratar-se de uma ocasião diferente da referida por Andrómaco, já que os oficiantes eram outros, embora Alcibíades continuasse a aparecer entre eles. Por conseguinte, afigura-se legítimo depreender a partir destas denúncias oficiais que o sacrilégio fora realizado quatro ou cinco vezes e que

---

([436]) Vide Murray (1990), de cuja argumentação se recupera o essencial, no que a este aspecto diz respeito.
([437]) Cf. Andócides, 1.11-14.
([438]) Andócides, 1.15.
([439]) Andócides, 1.16. Murray (1990), 154, comenta, com acerto, que não se esclarece como é que Agariste tomara conhecimento de eventos ocorridos em aposentos masculinos, para mais numa casa que não era sua.
([440]) Andócides, 1.17-18.

Alcibíades terá participado em duas ou três e nelas assumido um papel preponderante.([441]) Mesmo sem postular a hipótese de que tenha havido outros exemplos que ficaram por revelar, parece evidente que o desrespeito às práticas religiosas gozava de alguma popularidade em contextos de banquete e que a responsabilidade por esse facto não pode ser assacada inteiramente a Alcibíades. De resto, além dele, apenas Pulícion aparece referido por duas vezes, numa das quais como dono da casa onde havia ocorrido o sacrilégio, o que não é garantia de que nessa altura tivesse tomado parte nele. Por outro lado, se não forem tidas em conta as dezenas de figuras não referidas directamente pelo nome,([442]) das sessenta e oito personalidades mencionadas, apenas cinco (Eufileto, Leógoras, Meleto, Férecles e Teodoro) foram acusadas simultaneamente da mutilação dos Hermes e da paródia aos Mistérios.([443]) Por conseguinte, este cenário reforça a ideia, exposta no início desta secção, de que as ofensas tiveram uma motivação independente e deram também origem a processos separados.

Para designar o sacrilégio em análise, tem-se usado termos como 'celebração', 'representação' e 'paródia', que não são propriamente sinónimos. O primeiro remete preferencialmente para a esfera religiosa e pode aplicar-se, com legitimidade, ao culto celebrado em Elêusis; o último é o único que tem uma conotação marcadamente negativa, enquanto 'representação' se encontra, de alguma forma, num espaço intermédio. A oscilação terminológica tem até aqui sido voluntária, na medida em que não se conhece com segurança qual fora a natureza exacta deste acto de *asebeia*. Contudo, justifica-se, neste momento, uma tentativa de procurar entender melhor a razão do escândalo e, por conseguinte, será pertinente evocar alguns dos aspectos ligados ao rito efectuado em Elêusis.([444])

([441]) Andócides (1.25) sustenta que a sua lista de quatro denúncias se encontra completa, mas omite precisamente a referida por Plutarco.

([442]) Denunciadas por Lido e Dioclides (Andócides, 1.17; 1.43, respectivamente).

([443]) Para o estabelecimento deste cálculo, fui usado o conspecto dos acusados fornecido por Dover (1970) 276-280. Murray (1990), 154-155 e n. 18, não inclui Leógoras, porque este último, tendo embora sido acusado de ambos os crimes, acabou por conseguir ser ilibado dos dois.

([444]) A abordagem clássica desta matéria continua a ser a de Mylonas (1961), mas muitos outros autores se detiveram sobre este problema; e.g. Lauenstein (1987).

Originalmente, os Mistérios eram um culto realizado na pequena cidade de Elêusis, situada a escassos quilómetros de Atenas. Quando Elêusis foi incorporada em território ático, a celebração transformou--se num dos mais emblemáticos festivais atenienses. Tendo embora, em termos de realização, uma natureza local, estes Mistérios constituíam o mais importante dos cultos de mistério gregos. Realizaram-se durante cerca de dois mil anos e neles foram iniciados quase todos os Atenienses, para além de outros Gregos e de bárbaros, e até, mais tarde, imperadores romanos como Antonino Pio. Ainda assim e não obstante as alegadas revelações de 415, a verdade é que pouco se sabe sobre o ritual em si, dado o secretismo que sempre o rodeou. [445] Apesar disso, não era difícil candidatar-se à iniciação: ao menos na Época Clássica, os Mistérios estavam abertos a todos os que falavam grego e que não houvessem cometido o crime de homicídio – homem ou mulher, livre ou escravo, grego ou estrangeiro.

O festival era realizado em honra das 'duas deusas': Deméter, a deusa da terra e da agricultura, e sua filha Perséfone (ou *Korē*), rainha do Hades. Os Gregos não possuíam, regra geral, uma casta sacerdotal, de maneira que os Mistérios de Elêusis representavam uma das raras excepções a esse nível, pois os responsáveis pelo rito eram sacerdotes descendentes de duas famílias: os Eumólpidas forneciam o sacerdote principal, o hierofante ('que mostra coisas sagradas' ou 'que as torna visíveis'); os Cerices davam o 'portador de archote' (*daidouchos*) e o 'arauto sagrado' (*hierokēryx*), embora existissem ainda outros sacerdotes auxiliares no santuário. A parte preliminar da iniciação (conhecida por Mistérios Menores) era realizada em Atenas e tinha um carácter público, pelo que são conhecidos bastantes pormenores sobre a sua natureza. No entanto, a iniciação efectiva era feita durante os Grandes Mistérios, em Elêusis, que se realizavam em Setembro/Outubro (*Boēdromiōn*). Aqui, havia duas fases de iniciação: à primeira chamava-se *myēsis*, pelo que o *mystēs* (enquanto iniciando) será ainda aquele 'que fecha os olhos' ou 'mantém a boca fechada'; a fase final da inicia-

---

[445] Para o conhecimento do culto, há informação arqueológica (construções do santuário, especialmente a do *telestērion* ou 'sala de iniciação'), inscrições e ainda representações em relevos e vasos. Das referências literárias, a mais importante é o *Hino Homérico a Deméter*, talvez de inícios do século VI. Para mais pormenores, vide Foley (1994) 29-31.

ção designa-se por *epopteia* ('contemplação') e, por conseguinte, *epoptēs* é 'o que vê'. As pessoas que estavam a ser iniciadas pela primeira vez eram orientadas pelo *mystagōgos* ('condutor do *mystēs*'). [446]

Uma vez que a cerimónia decorria no interior do *telestērion* ou 'sala de iniciação', dela só se conhece, em boa verdade, o que se pode deduzir de certas expressões usadas nas fontes para descrever o ritual. Trata-se de três particípios substantivados: *ta drōmena* ('coisas feitas'): fontes tardias referem a representação de um drama místico (sobre o rapto de Perséfone e os lamentos e buscas de Deméter), embora a falta de visibilidade e a organização do *telestērion* estejam contra tal hipótese; *ta deiknymena* ('coisas mostradas'): seriam provavelmente os *hiera* ou 'objectos sagrados', se bem que se desconheça a sua exacta natureza; *ta legomena* ('coisas ditas'): talvez algum tipo de litania, tão importante a ponto de o conhecimento do grego ser uma das condições obrigatórias para a admissão. Por conseguinte, afigura-se defensável que os ritos sagrados não visariam propriamente transmitir uma doutrina secreta, mas antes que as suas bênçãos provinham da própria experiência iniciática e dos laços que se estabeleciam entre os companheiros iniciados. [447]

Relativamente à natureza do sacrilégio perpetrado por Alcibíades e outras pessoas, as fontes não falam propriamente de paródia, pois os verbos utilizados para designar o delito remetem, de preferência, para as noções de 'realização' (*poiein*, *gignesthai*) ou 'representação' (*apomimeisthai*). [448] Por conseguinte, parece haver razões para pensar que não se trataria tanto de uma inversão do ritual (uma espécie de 'missa negra'), mas antes de uma 'celebração' sacrílega. Esse carácter de profanação advém-lhe das circunstâncias de o culto ter sido feito num contexto impróprio (em casas particulares e não no santuário), pelas pessoas erradas (cidadãos comuns e não os sacerdotes encarregados do ofício) e com a transgressão do sigilo que protegia os Misté-

---

[446] Cf. Foley (1994) 66.

[447] Aristóteles (Frg. 15 = Sinésio *Díon*, 10 p. 48a) salienta que o iniciado não é levado a aprender (*mathein*) alguma coisa, mas sim a experimentar (*pathein*) os Mistérios, o que pode constituir um indício de que a celebração teria uma natureza mais emotiva do que intelectual.

[448] E.g. Andócides, 1.12; 1.16-17; [Lísias], 6.51; Isócrates, 16.6; Plutarco, *Alc.* 19.1.

rios (já que, entre a assistência, se encontravam não-iniciados). ([449]) A forma como Plutarco (*Alc.* 22.4) reproduz a acusação movida a Alcibíades é, a este nível, bastante elucidativa: ([450])

> Téssalo, filho de Címon do demo Lacíades, acusa (*eisēngeilen*) Alcibíades, filho de Clínias do demo Escambónides, de ofender (*adikein*) as duas deusas, [Deméter e *Korē*], ao representar (*apomimoumenon*) e mostrar (*deiknyonta*) os Mistérios aos companheiros (*hetairoi*), em sua própria casa. Ele trajou a mesma indumentária que o hierofante usa, quando mostra (*deiknyei*) os objectos sagrados (*hiera*); proclamou-se a si mesmo hierofante, designou Pulícion como 'portador de archote' (*daidouchos*) e a Teodoro, do demo Fegeia, como 'arauto' (*kēryx*); dirigiu-se ainda aos restantes companheiros (*hetairoi*) como a *mystai* e a *epoptai*, contrariamente às leis e costumes estabelecidos pelos Eumólpidas, pelos Cerices e pelos sacerdotes de Elêusis.

Portanto, o crime de impiedade religiosa (*asebeia*) resultava da realização de uma cerimónia em que se pretendia reconstituir o momento mais importante da iniciação nos Mistérios, mas sem respeitar o seu contexto natural nem o sigilo que o rodeava, e ainda sem contar com a presença das pessoas habilitadas para a execução do ritual. Houve, portanto, uma clara contravenção das leis e costumes tradicionais estabelecidos pelos responsáveis do culto.

Resta discutir, ainda, a possível motivação deste crime. Já se comentou que os Atenienses o ligaram não só à mutilação dos Hermes, como ainda relacionaram ambos os sacrilégios com um plano para derrubar o regime democrático. Como atrás se disse, é improvável que fosse essa a realidade. Basta, aliás, pensar no caso de Alcibíades, provavelmente a personalidade mais 'mediática' de todo o episódio.

([449]) Conforme se depreende da defesa de Andócides (1.12; 1.28; 1.29), houve o cuidado de que os não-iniciados ficassem arredados de todo o processo de julgamento. Vide Murray (1990) 155-156; Graf (2000) 124-125; Leão (2004) 220-224.

([450]) Alcibíades terá sido primeiro objecto de uma *eisangelia* por Pitonico (cf. Andócides, 1.14); contudo, uma vez que os Atenienses acordaram em adiar o julgamento até que ele regressasse da Sicília, tornava-se necessário fazer uma nova denúncia. Deve ser a este segundo caso que se refere a acusação de Téssalo. Vide Murray (1990) 154 n. 17.

Quando os escândalos se tornaram conhecidos, ele representava a figura pública do momento e a expedição à Sicília era, em grande parte, a expressão visível da sua capacidade de condução das massas. Portanto, não lucraria nada com um plano dessa natureza. É muito plausível que Tucídides (6.28) esteja no bom caminho ao assinalar o aproveitamento político da situação pelos inimigos do estadista e ainda ao ligar estes acontecimentos a certa manifestação de *hybris*, que neste contexto deve ser interpretada como 'irreverência' e 'provocação', de alguma forma própria do estilo de vida da juventude aristocrática, perigosamente potenciada até às margens da ilegalidade.[451] A coincidência destes exageros com um período delicado da história ateniense e com a visibilidade de outros actos incautos levaram à enérgica reacção da opinião pública, traduzida nos inquéritos e nos processos a que deram origem.

8.4. O desastre da expedição à Sicília e a sobrevivência política de Alcibíades

A abordagem dos escândalos de 415 mostra que um crime de *asebeia* de grande dimensão obrigava a comunidade a tomar uma reacção enérgica e eficaz, pois, se o não fizesse, corria o risco de expiar em conjunto a afronta que apenas alguns dos seus elementos haviam praticado. Da leitura das fontes, ressalta o uso político a que os sacrilégios foram sujeitos, em particular assim que foi descoberto o envolvimento de Alcibíades. Estes eventos tiveram grande impacto entre a população, em especial devido ao facto de ocorrerem nas vésperas de uma importante expedição militar, que haveria de marcar profundamente o futuro próximo de Atenas. A conjugação desses factores ajuda a explicar, ao menos em parte, a imponderação que caracterizou a actuação do governo democrático na condução das várias fases deste processo.

---

[451] De resto, a paródia a práticas religiosas não era inusitada na comédia ática e o próprio ritual dos Mistérios de Elêusis foi usado com efeitos cómicos nas *Rãs* de Aristófanes. Contudo, para além da relativa impunidade de que gozava o teatro cómico, é evidente que os dramaturgos não iriam fazer aos espectadores revelações interditas.

Com efeito, ao alinhar na expedição à Sicília e ao condenar depois o seu grande impulsionador, a soberania popular cometia erros sucessivos, que iriam abalar fortemente a credibilidade nas suas instituições. A *Ekklēsia*, além de não escutar as sensatas objecções de Nícias, acabaria por elegê-lo, contra a vontade do próprio, para ser um dos generais encarregados de comandar a expedição; por outro lado, o *dēmos* deixara-se primeiro entusiasmar por Alcibíades, para em seguida lhe retirar o apoio e chamá-lo da Sicília, privando a armada do único general que a poderia conduzir à vitória e dotando o inimigo de um conselheiro que levaria à ocupação e fortificação de Decelia, em território ático e a escassos quilómetros de Atenas. Este posto avançado, além de constituir uma ameaça constante à cidade, permitia ao inimigo paralisar o funcionamento das minas de Láurion.[452] Por último, quando o bom senso aconselharia a abandonar o propósito da expedição, o *dēmos* optou por enviar reforços, o que apenas serviu para agigantar o clamoroso desastre de 413.

Se, até ao início da Guerra do Peloponeso, o equilíbrio e sucesso da democracia ateniense, guiada pelo espírito clarividente de Péricles, haviam feito com que as fissuras no tecido social fossem reduzidas ao mínimo, a derrapagem económica e insucessos militares como a expedição à Sicília vieram pôr em causa a eficácia da constituição democrática e reacender a contestação e as lutas políticas. O primeiro sinal inequívoco de crise aconteceu, portanto, em 413. A situação era extremamente grave. Os Atenienses haviam criado uma nova frente de batalha a ocidente, com a agravante das pesadas baixas no potencial bélico e de a frota ter perdido a tradição de invencibilidade. O momento era, portanto, favorável quer à revolta dos aliados desejosos de se libertarem do imperialismo ático,[453] quer a um ataque em massa dos inimigos.[454] Contudo, Atenas surpreenderia o mundo grego com a sua capacidade de regeneração, implementando medidas económicas drásticas e algumas inovações políticas. Ainda assim, a crescente contestação à democracia radical iria levar a que a cidade enfrentasse, pouco depois (em 411), um golpe oligárquico, que ficou conhecido

---

[452] Cf. Tucídides 7.19.1-2 e 7.27.3-5, juntamente com 6.91.6-7 e 6.93.2.

[453] Para a revolta de Quios, cf. Tucídides 8.6.3-4; 8.14.2; para o caso de Mileto, 8.17; para o de Clazómenas, 8.14.3; 8.23.6; para o de Lesbos, 8.22; 8.23.2-3 e 6.

[454] Cf. Tucídides 8.2-3.

como governo dos Quatrocentos. Apesar de as fontes indiciarem que havia alguma receptividade a esta experiência oligárquica, o certo é que a restauração democrática ocorreria não muitos meses depois, provavelmente no verão de 410.[455]

Ora acontece que alguns anos a seguir a estes eventos, provocados em boa medida pelo espírito arrebatado de Alcibíades, este haveria de regressar à cena política ateniense em grande forma. E não deixa de ser significativo que, no momento em que a sua popularidade havia atingido o auge (em 407), ele tenha procurado usar esse ascendente para devolver a dignidade ao culto de Elêusis, de certa maneira tentando reabilitar-se das consequências nefastas do seu comportamento anterior. De facto, com a ocupação de Decelia pelos Espartanos e o controlo do acesso a Elêusis, a procissão passou a realizar-se por via marítima, como garantia de segurança, mas havia perdido grande parte do seu brilho. Alcibíades resolveu escoltá-la por terra, protegendo-a com as suas tropas e obtendo um efeito que, significativamente, era comparado ao momento alto dos Mistérios. Esta iniciativa, que fora articulada com os desígnios dos sacerdotes do santuário, permitia a Alcibíades 'legalizar', de alguma forma, o papel de hierofante que havia usurpado em 415.[456] Esta diligência poderia assim constituir uma espécie de remate aos escândalos passados, preparando em contrapartida a reabilitação de Alcibíades aos olhos dos Atenienses, conforme o relato de Plutarco deixa entrever (*Alc.* 34.6):

> Assim que tomou esta decisão, transmitiu-a aos Eumólpidas e aos Cerices; colocou depois sentinelas sobre os pontos elevados e, ao nascer do dia, enviou à frente alguns batedores. Em seguida, tomou em sua companhia os sacerdotes, os *mystai* e os *mystagōgoi* e, rodeando-os com as suas tropas, avançou em boa ordem e em silêncio. Oferecia, com aquela expedição, um espectáculo de tal forma solene e digno dos deuses que os que não tinham dele inveja o comparavam à manifestação do hierofante (*hierophantia*) e à condução dos iniciados (*mystagōgia*).

---

[455] [Aristóteles], *Ath.* 34.1. Vide ainda Rhodes (1981) 414-415. Para uma análise dos complexos eventos de 411, bem como para a reconstituição do governo dos Quatrocentos e dos Cinco Mil, vide Leão (2001*a*) 53-59.

[456] Vide observações de Verdegem (2001).

O regresso de Alcibíades a Atenas, bem como de muitos dos homens que com ele haviam partido, produziu uma enorme expectativa. À simbologia de escoltar a procissão até Elêusis, tinham-se juntado outras diligências, como a recuperação das propriedades confiscadas e a revogação da pena de exílio, sendo que a estela que continha a sua condenação foi mesmo lançada ao mar. Como corolário de tudo isso, Alcibíades viu ainda ser-lhe confiada a responsabilidade completa na condução da guerra. Ainda no verão de 407, sairia de Atenas, à frente de uma força de cem navios, mas a campanha não correu conforme se esperava – precisamente talvez por a fasquia estar muito elevada e por a aristocracia e o *dēmos* não coincidirem em termos de objectivos políticos que teriam relativamente ao antigo exilado. O facto de Alcibíades se retirar cautelosamente para a Trácia, permanecendo junto das bases que garantira durante a sua estada no Helesponto, constitui um claro sinal de que ele sentia de novo fragilizada a sua posição em Atenas. ([457])

Entretanto, a Guerra do Peloponeso continuava o seu curso de destruição, com sucessos e desaires para ambas as partes. Em 406, os Atenienses conseguiriam uma importante vitória nas Arginusas, que poderia ter posto fim ao conflito, em termos relativamente vantajosos, mas os vencedores, liderados por Cleofonte, não aceitaram as condições de paz e Esparta voltou à ofensiva. A batalha das Arginusas foi ensombrada por alguns milhares de baixas e pela execução dos generais vencedores, acusados de não terem recolhido os sobreviventes nem, depois, os corpos das vítimas, para lhes serem prestadas honras fúnebres. Terâmenes e Trasibulo, implicados inicialmente no desastre, conseguiram ilibar-se. No entanto, seis generais foram condenados em conjunto, o que constituía um procedimento ilegal, pois tinham direito a ser julgados separadamente. ([458]) No ano seguinte, no recontro entre as duas forças, em Egospótamos, Atenas sofre a derrota decisiva. Alcibíades ainda viajou da Trácia, com o intento de alertar os Atenienses para o perigo que corriam e aconselhá-los a irem para um local

---

([457]) Vide Andrewes (1992) 487-488 e 490-495.

([458]) Sócrates foi o único dos prítanes a opor-se. Cf. Xenofonte, *Hell.* 1.6.28--7.35. A condenação destes generais e, curiosamente, mais tarde, a do filósofo ficariam como símbolo dos actos irreflectidos da soberania popular. Cf. Ehrenberg (1968) 319-322; Hammond (1986) 414-416.

mais seguro, mas não conseguiu ser escutado. Um comentário feito nas *Rãs* de Aristófanes é bem elucidativo da desconfiança e dos sentimentos contraditórios que esta carismática figura inspirava: era uma pessoa «por quem [a cidade] ansiava, a quem odiava e a quem desejava possuir». (459)

Na sequência do desastre de Egospótamos, toda a frota foi capturada (à excepção de nove navios com que Cónon escapou) e os prisioneiros executados. (460) Estava finalmente criada a oportunidade para a discussão do acordo de paz com Esparta, ainda que em condições humilhantes para Atenas. Os termos, negociados por Terâmenes, (461) previam a demolição das Longas Muralhas e das fortificações do Pireu; a entrega de todos os navios, com excepção de um pequeno número a ser determinado pelo comandante espartano no local; o regresso de todos os exilados; a retirada das cidades ocupadas; a adopção dos mesmos amigos e inimigos que os Lacedemónios. (462) Abria-se também o caminho para o breve, mas sangrento, governo dos Trinta Tiranos, que terão possivelmente promovido o assassinato de Alcibíades e foram também responsáveis, em grande parte, pela conotação negativa que, daí em diante, ficou ligada aos termos 'tirania' e 'tirano' (supra 3.3).

Na opinião de Tucídides (6.15.3-4), partilhada aliás pela generalidade dos estudiosos, Alcibíades deitou a perder, com a sua extravagância e ambição, qualidades excepcionais de orador e militar, que

---

(459) *Ra.* 1425.
(460) Cf. Xenofonte, *Hell.* 2.1.28-32; [Aristóteles], *Ath.* 34.1-2.
(461) Cf. Xenofonte, *Hell.* 2.2.16-23. Na opinião de Ostwald (1986), 455-456, a missão foi confiada a Terâmenes pela sua popularidade ter aumentado naquela altura, talvez em função do regresso dos exilados, e porque, com todas as baixas da guerra, não havia outro político com estatura suficiente para merecer a confiança dos Atenienses.
(462) A lista aparece completa em Xenofonte (*Hell.* 2.2.20) e, com algumas variantes, em Lísias (13.14), Andócides (3.11-12 e 39), Diodoro (13.107.4) e Plutarco, *Lys.* 14.8. Conforme salienta Andrewes (1992), 495-496, alguns dos aliados dos Peloponésios, como Corinto e Tebas, teriam preferido que Atenas fosse simplesmente destruída, mas Esparta negara-se a escravizar uma cidade que tantos serviços concedera à Hélade em momentos de grande aflição. Na decisão dos Lacedemónios devem ter pesado igualmente factores de estratégia política, como a incógnita sobre quem iria preencher o vácuo de poder na Ática, se Atenas fosse abatida.

poderiam ter feito dele um genuíno sucessor de Péricles. [463] Em vez disso, o seu carácter arrebatado e polémico granjearam-lhe inveja e desconfiança, que levaram Atenas a entregar a pessoas menos capazes a condução da cidade.

Entretanto, a situação de guerra civil seria ultrapassada novamente com a intervenção de Esparta, conduzida pelo rei Pausânias. Proclamou-se uma amnistia geral, que apenas não abrangia os Trinta Tiranos, os Dez que governaram o Pireu e os Onze, que constituíram o corpo de carrascos dos Trinta. [464] Procedia-se assim à segunda restauração democrática, liderada pelo mesmo Trasíbulo que, em 411, estivera com os marinheiros em Samos, na resistência aos oligarcas. Embora com riscos e limitações, os Atenienses continuavam a dar claramente a preferência ao regime democrático. O século IV será um período de grande vitalidade literária, sendo marcado por figuras indeléveis da cultura grega, como Platão, Aristóteles e os oradores áticos. Ainda assim, Atenas não mais recuperaria a hegemonia política e militar que detivera ao longo de boa parte do século V. De resto, nem Esparta nem nenhuma das outras póleis gregas conseguiria ocupar de forma duradoira esse posto de referência, abrindo assim caminho à afirmação crescente da Macedónia, primeiro com Filipe II e depois com o filho deste, Alexandre Magno, cujo notável carisma lhe trará enormes sucessos militares e políticos, além de que marcará o fim do particularismo e vitalidade característicos do sistema da pólis.

---

[463] Fialho (2008) considera mesmo que Alcibíades foi um produto falhado da *paideia* de Sócrates. Sobre a atracção pederástica exercida por Alcibíades, vide Rodrigues (2007) 535.

[464] Vide Ehrenberg (1968) 346-347.

Bibliografia

ADKINS, A. W. H.
- 1972: *Moral Values and Political Behaviour in Ancient Greece* (London).

ALESSANDRÌ, Salvatore
- 1989: "I viaggi di Solone", *CCC* 10, 191-224.

ALMEIDA, Joseph A.
- 2003: *Justice as an Aspect of the Polis Idea in Solon's Political Poems: a Reading of the Fragments in Light of the Researches of New Classical Archaeology* (Leiden).

AMIT, M.
- 1970: "La date de l'alliance entre Athènes et Platées", *AC* 39, 414-426

ANDREWES, A.
- 1962: *The Greek Tyrants* (London).
- 1982: "The tyranny of Pisistratus", in J. Boardman & N. G. L. Hammond, *The Cambridge Ancient History. III.3 The Expansion of the Greek World, Eighth to Sixth Centuries B.C.* (Cambridge, reimpr. 2006), 392-416.
- 1992: "The Spartan resurgence", in D. M. Lewis, J. Boardman, J. K. Davies & M. Ostwald (eds.), *The Cambridge Ancient History. Volume V. The Fifth Century B.C.* (Cambridge, reimpr. 2006), 464-498.

BADIAN, E.
- 1971: "Archons and Strategoi", *Antichthon* 5, 1-34.

BARCELÓ, Pedro
- 1993: *Basileia, Monarchia, Tyrannis. Untersuchungen zu Entwicklung und Beurteilung von Alleinherrschaft im vorhellenistischen Griechenland* (Stuttgart).

BEAZLEY, J. D.
- 1951: *The Development of Attic Black-Figure* (Berkeley).

BERVE, Helmut
- 1967: *Die Tyrannis bei den Griechen* (München).

BICKNELL, P. J.
- 1972: *Studies in Athenian Politics and Genealogy* (Wiesbaden).

BISCARDI, Arnaldo
- 1982: *Diritto greco antico* (Varese).

BLOK, Josine H. & LARDINOIS, André P. M. H. (eds.)
- 2006: *Solon of Athens. New Historical and Philological Approaches* (Leiden).

BOARDMAN, J.
- 1975: *Athenian Red-Figure Vases. The Archaic Period* (London).
- 1978: *Greek Sculpture. The Archaic Period* (London).

BORDES, Jacqueline
- 1982: *Politeia dans la pensée grecque jusqu'à Aristote* (Paris).

BRAUN, Maximilian
- (1998): *Die "Eumeniden" des Aischylos und der Areopag* (Tübingen).

BURKERT, Walter
- 1977: *Griechische Religion der archaischen und klassischen Epoche* (Stuttgart).

BOWRA, C. M.
- 1961: *Greek Lyric Poetry from Alcman to Simonides* (Oxford, 2ª ed. revista, reimpr. de 1967).
- 1971: *Periclean Athens* (New York).

CADOUX, T. J.
- 1948: "The Athenian archons from Kreon to Hypsichides", *JHS* 68, 70-123.

CARAWAN, Edwin
- 1991: "*Ephetai* and Athenian courts for homicide in the age of the orators", *CPh* 86, 1-16.
- 1998: *Rhetoric and the Law of Draco* (Oxford).

CARTLEDGE, Paul
- 2004: *The Spartans. The World of the Warrior-heroes of Ancient Greece* (New York).
- 2007: *Thermopylae. The Battle that Changed the World* (New York).

CÀSSOLA, Filippo
- 1964: "Solone, la terra, e gli ectemori", *PP* 19, 26-68.
- 1973: "La proprietà del suolo in Attica fino a Pisistrato", *PP* 28, 75-87.

CHAMBERS, Mortimer
- 1973: "Aristotle on Solon's reform of coinage and weights", *CSCA* 6, 1-16.

CHANTRAINE, Pierre
- 1980: *Dictionnaire étymologique de la langue grecque* (Paris).

CRAWFORD, M. H.
- 1972: "Solon's alleged reform of weights and measures", *Eirene* 10, 5-8.

DAY, James & CHAMBERS, Mortimer
- 1967: *Aristotle's History of Athenian Democracy* (Amsterdam).

DAVID, Ephraim
- 1985: "Solon's electoral propaganda", *RSA* 15, 7-22.
- 1984: *Aristophanes and Athenian society of the Early Fourth Century B.C.* (Leiden).

DAVIDSON, J. A.
- 1958: "Notes on the Panathenaea", *JHS* 78, 23-42

DAVIES, J. K.
- 1971: *Athenian Propertied Families. 600-300 b.C.* (Oxford).

DE BRUYN, Odile
- 1995: *La compétence de l'Aréopage en matière de procès publics* (Stuttgart).

DEVELIN, Robert
- 1977: "Solon's law on *stasis*", *Historia* 26, 507-508.
- 1979: "The election of archons from Solon to Telesinos", *AC* 48, 455--468.

DILLON, Matthew & GARLAND, Lynda
- 2000: *Ancient Greece. Social and Historical Documents from Archaic Times to the Death of Socrates* (London, ed. revista).

DOVER, Kenneth
- 1970: "Excursus: the Hermes and the Mysteries", in A. W. Gomme, A. Andrewes & K. J. Dover: *A Historical Commentary on Thucydides: Books V25-VII. Vol. IV* (Oxford).
- 1972: *Aristophanic Comedy* (London).

ELIOT, C. W. J.
- 1962: *The Coastal Demes of Attica. A Study in the Policy of Kleisthenes* (Toronto).

ELLIS, J. R. & STANTON, G. R.
- 1968: "Factional conflict and Solon's reforms", *Phoenix* 22, 95-110.

EHRENBERG, Victor
- 1968: *From Solon to Socrates* (London).
- 1973: *Aspects of the Ancient World* (New York).

FERREIRA, José Ribeiro
- 1988: *Da Atenas do século VII a.C. às reformas de Sólon* (Coimbra).

- 1989: "Os hectêmoros e sua situação social", in *Esclavos y semilibres en la Antigüedad clásica* (Madrid), 37-53.
- 1990: *A democracia na Grécia antiga* (Coimbra).
- 1992: *Hélade e Helenos. I – Génese e evolução de um conceito* (Coimbra).
- 1994: "I. Aspectos históricos", in *Heródoto. Histórias – Livro 1º* (Lisboa) 3-20.
- 2000: "Introdução", in *Heródoto. Histórias – Livro 6º* (Lisboa), 20-28.
- 2004: *A Grécia antiga* (Lisboa).

FERREIRA, Ana M. G. & RODRIGUES, Ália R. C.
- 2010: *Plutarco. Vidas Paralelas – Péricles e Fábio Máximo.* Tradução do grego, introdução e notas (Coimbra).

FIALHO, Maria do Céu
- 2008: "Sócrates e a paideia falhada de Alcibíades", in C. Soares, J. Ribeiro Ferreira & M. C. Fialho, *Ética e Paideia em Plutarco* (Coimbra), 31-46.

FINLEY, Moses I.
- 1973: *Democracy. Ancient and Modern* (London).
- 1977: *Uso y abuso de la historia* (Barcelona).
- 1981a: "Politics", in M. I. Finley (ed.) *The Legacy of Greece. A New Appraisal* (Oxford), 22-36.
- 1981b: *Economy and Society in Ancient Greece* (London).
- 1983: *Politics in the Ancient World* (Cambridge).

FISCHER, Thomas
- 1973: "Zu Solons Maß-, Gewichts- und Münzreform", *Chiron* 3, 1-14.

FOLEY, Helene P.
- 1994: *The Homeric Hymn to Demeter. Translation, Commentary, and Interpretive Essays* (Princeton).

FORNARA, Charles W. & SAMONS II, Loren J.
- 1991: *Athens from Cleisthenes to Pericles* (Berkeley).

FORREST, W. G.
- 1966: *La naissance de la démocratie grecque de 800 à 400 avant Jésus-Christ* (Paris).

FORSDYKE, Sara
- 2005: *Exile, Ostracism, and Democracy. The Politics of Expulsion in Ancient Greece* (Princeton).

FOXHALL, Lin
- 1997: "A view from the top. Evaluating the Solonian property classes", in L. G. Mitchell & P. J. Rhodes (eds.), *The Development of the Polis in Archaic Greece* (London), 113-136.

FREEMAN, Kathleen
- 1926: *The Work and Life of Solon* (New York).

FRENCH, A.
- 1956: "The economic background to Solon's reforms", *CQ* 50, 11-25.
- 1957: "Solon and the Megarian question", *JHS* 77, 238-246.
- 1964: *The Growth of the Athenian Economy* (London).

GAGARIN, Michael
- 1973: "*Dike* in the *Works and days*", *CPh* 68, 81-94.
- 1974: "*Dike* in archaic Greek thought", *CPh* 69, 186-197.
- 1981: *Drakon and Early Athenian Homicide Law* (New Haven).
- 1986: *Early Greek Law* (Berkeley).
- 1990: "The nature of proofs in Antiphon", *CPh* 85, 22-32.
- 2008: *Writing Greek Law* (Cambridge).

Guider Soria, M. C.
- 1971: "La *apodemia* de Solon y el ostracismo», *Helmantica* 22, 411--416.

GOMME, A. W.
- 1945-1956: *A Historical Commentary on Thucydides: Books I-V24. vols. I-III* (Oxford).

GOMME, A. W. & ANDREWES, A. & DOVER, K. J.
- 1970-1981: *A Historical Commentary on Thucydides: Books V25--VIII. Vols. IV-V* (Oxford).

GOUŠCHIN, Valerij
- 1999: "Pisistratus' leadership in *A.P.* 13.4 and the establishment of the tyranny of 561/60 B.C.", *CQ* 49, 14-23.

GRAF, Fritz
- 2000: "Der Mysterienprozeß", in L. Burckhardt & J. von Ungern--Sternberg (Hrsg.), *Grosse Prozesse im antiken Athen* (München), 114-127.

GRAHAM, A. J.
- 1964: *Colony and Mother-City in Ancient Greece* (New York).

HAMMOND, N. G. L.
- 1973: *Studies in Greek history* (Oxford).
- 1986: *A History of Greece to 322 B.C.* (Oxford). [3ª ed. revista]

HANSEN, Mogens Herman
- 1976: Apagoge, endeixis *and* ephegesis *against* kakourgoi, atimoi *and* pheugontes. *A Study in the Athenian Administration of Justice in the Fourth Century B.C.* (Odense).
- 1981-1982: "The Athenian *Heliaia* from Solon to Aristotle", *C&M* 33, 9-47.

- 1983*a*: "The Athenian 'politicians', 403-322 B.C.", *GRBS* 24, 33--55.
- 1983*b*: "*Rhetores* and *stragegoi* in fourth-century Athens", *GRBS* 24, 151-180.
- 1987: *The Athenian Assembly* (Oxford).
- 1993: *La démocratie athénienne à l'époque de Démosthène* (Paris).

HARDING, Phillip
- 2008: *The Story of Athens. The Fragments of the Local Chronicles of Attika. Edited and Translated and with an introduction and commmentary by* (London).

HARRIS, Edward M.
- 1995: *Aeschines and Athenian politics* (New York).
- 1997: "A new solution to the riddle oh the *seisachtheia*" in *The development of the Polis in Archaic Greece*, ed. L. G. Mitchell & P. J. Rhodes (London) 103 112.
- (2006) *Democracy and the Rule of Law in Classical Athens. Essays on Law, Society, and Politics* (Cambridge).

HARRISON, A. R. W.
- 1968-1971: *The Law of Athens*. II vols. (Oxford).

HARRISON, Thomas
- 2006: "The Greek world, 478-432", in K. H. Kinzl (ed.), *A Companion to the Classical Greek World* (Oxford), 509-525.

HIGNETT, C.
- 1952: *A History of the Athenian Constitution to the End of the Fifth Century B.C.* (Oxford).

HÖLKESKAMP, Karl-J.
- 1992: "Written law in archaic Greece", *PCPS* 38, 87-117.

HOPPER, R. J.
- 1966: "The Solonian 'crisis'", in *Ancient Society and Institutions. Studies Presented to Victor Ehrenberg on his 75th Birthday* (Oxford), 139-146.
- 1968: "Observations on the *Wappenmünzen*", in C. M. Kraay & G. K Jenkins (eds.) *Essays in Greek Coinage presented to Stanley Robinson* (Oxford), 16-39.
- 1971: *Parthenos and Parthenon* (London).

HORNBLOWER, Simon
- 1991: *The Greek World. 479-323 BC* (London) [reimpr. 2002].

HOWGEGO, Christopher
- 1995: *Ancient History from Coins* (London).

IRWIN, Elizabeth
- 2005: *Solon and Early Greek Poetry. The Politics of Exhortation* (Cambridge).

JACOBY, Felix
- 1949: *Atthis. The Local Chronicles of Ancient Athens* (New York, reimpr. 1973).

KAGAN, Donald
- 1963: "The Enfranchisement of Aliens by Cleisthenes", *Historia* 12, 41-46.
- 1969: *The Outbreak of the Peloponnesian War* (Ithaca).
- 1982: "The dates of the earliest coins", *AJA* 86, 343-360.

KRAAY, Colin M.
- 1968: "An interpretation of *Ath. Pol.* ch. 10", in C. M. Kraay & G. K Jenkins (eds.) *Essays in Greek Coinage presented to Stanley Robinson* (Oxford), 1-9.
- 1976: *Archaic and Classical Greek Coins* (London).

KROLL, John H. & WAGGONER, Nancy M.
- 1984: "Dating the earliest coins of Athens, Corinth and Aegina", *AJA* 88, 325-340.

LABARBE, J.
- 1971: "L'apparition de la notion de tyrannie dans la Grèce archaïque", *AC* 40, 471-504.

LANG, Mabel L.
- 1990: *Ostraka.* [*The Athenian Agora*, vol. XXV] (Princeton).

LANZA, Diego
- 1974: *Il tiranno e il suo pubblico* (Torino).

LAUENSTEIN, Diether
- 1987: *Die Mysterien von Eleusis* (Stuttgart).

LEÃO, Delfim Ferreira
- 1997: "As fases da vida: Sólon e Shakespeare", *Boletim de Estudos Clássicos* 28, 115-127.
- 1998*a*: "Sólon e a guerra por Salamina", in ed. J. M. Labiano Ilundain; A. López Eire & A. M. Seoane Pardo (eds.) *Retórica, Política e ideología desde la antigüedad hasta nuestros días. Retórica clásica y Edad Media. vol. I* (Salamanca), 141-146.
- 1998*b*: "Sólon e Eumolpo: a degradação do modelo", *Humanitas* 50, 128-149.
- 1999: *Plutarco. Vida de Sólon. Introdução, tradução e notas* (Lisboa).
- 2000*a*: "Sólon e Creso: fases da evolução de um paradigma", *Humanitas* 52, 27-52.

- 2000b: "Os honorários dos atletas vencedores (a propósito de Plutarco, *Sol*. 23.3)", in *O espírito olímpico no novo milénio*, coord. Francisco de Oliveira (Coimbra), 73-83.
- 2001a: *Sólon. Ética e política* (Lisboa).
- 2001b: "*Nomos argias*", in *Logo. Revista de retórica y teoría de la comunicación* 1, 103-108.
- 2000c: "Introdução", in *Heródoto. Histórias – Livro 6º* (Lisboa), 28--47.
- 2002: "Sólon e a lei sobre a neutralidade em tempo de *stasis*", *Ágora* 4, 25-37.
- 2003/2004: "Plutarch and the dark side of Solon's political activity", *Ploutarchos* n.s. 1, 51-62.
- 2004: "Matéria religiosa: processos de impiedade (*asebeia*)", in D. F. Leão, L. Rossetti e M. do Céu Fialho (eds.), *Nomos. Direito e sociedade na Antiguidade Clássica / Derecho y sociedad en la Antigüedad Clásica* (Coimbra e Madrid), 201-226.
- 2005a: "O horizonte legal da *Oresteia*", *Humanitas* 57, 3–38. [vide Leão : 2010]
- 2005b: "Sólon e a legislação em matéria de direito familiar", *Dike*, n. s. 8, 5-31.
- 2005c: "Cidadania e exclusão: mecanismos de gradação identitária", in M. do Céu Fialho, M. de Fátima Sousa e Silva & M. H. da Rocha Pereira (coords.), *Génese e consolidação da ideia de Europa. Vol. I De Homero ao fim da Época Clássica* (Coimbra), 43-75.
- 2008a: "Plutarch and the character of the *Sapiens*", in A. G. Nikolaidis (ed.), *The Unity of Plutarch's Works* (Berlin), 480-488.
- 2008b: "A *Sophos* in arms: Plutarch and the tradition of Solon's opposition to the tyranny of Pisistratus", in J. R. Ferreira, L. Van der Stockt & M. do Céu Fialho (Eds.), *Philosophy in Society. Virtues and Values in Plutarch* (Leuven), 129-138.
- 2008c: *Plutarco. Obras Morais – O banquete dos Sete Sábios*. Tradução do grego, introdução e notas (Coimbra).
- 2009: "The *tyrannos* as a *sophos* in the *Septem Sapientium Convivium*", in J. R. Ferreira, D. Leão, M. Tröster & P. B. Dias, *Symposion and Philanthropia in Plutarch* (Coimbra), 511-521.
- 2010: "The legal horizon of the *Oresteia*: the crime of homicide and the founding of the Areopagus", in E. M. Harris, D. Leão & P. J. Rhodes, *Law and Drama in Ancient Greece* (London, 2010), 39-60.

LÉVÊQUE, Pierre & Vidal-Naquet, Pierre
- (1973): *Clisthène l'Athénien. Essai sur la représentation de l'espace*

et du temps dans la pensée politique grecque de la fin du VIe *siècle à la mort de Platon* (Paris).

LEWIS, D. M.
- 1963: "Cleisthenes and Attica", *Historia* 12, 22-40.
- 1988: "The tyranny of the Pisistratidae", in J. Boardman, N. G. L. Hammond, D. M. Lewis & M. Ostwald (eds.), *The Cambridge Ancient History. Volume IV. Persia, Greece and the Western Mediterranean c. 525 to 479 B.C.* (Cambridge, reimpr. de 2000^6), 287-302.

LOURENÇO, Frederico
- 2004: *Grécia revisitada. Ensaios sobre cultura grega* (Lisboa).
- 2008: *Novos ensaios helénicos e alemães* (Lisboa).

LOW, Polly
- 2008: *The Athenian Empire* (ed.) (Edinburgh).

MACDOWELL, Douglas M.
- 1962: *Andokides. On the Mysteries* (Oxford).
- 1963: *Athenian Homicide Law in the Age of the Orators* (Manchester).
- 1975: "Law-making at Athens in the fourth century B.C.", *JHS* 95, 62-74.
- 1976*a*: "Bastards as Athenian citizens", *CQ* 26, 88-91.
- 1976*b*: "*Hybris* in Athens", *G&R* 23, 14-31.
- 1978: *The Law in Classical Athens* (London).

MANFREDINI, Mario & PICCIRILLI, Luigi
- 1995: *Plutarco. La vita di Solone* (Milano).

MARTINA, Antonio
- 1968: *Solon. Testimonia veterum* (Roma).

MASARACCHIA, Agostino
- 1958: *Solone* (Firenze).
- 1977: "Solone", in *Poeti greci giambici ed elegiaci. Letture critiche*, ed. E. Degani (Milano), 136-150.

MCGLEW, James F.
- 1993: *Tyranny and Political Culture in Ancient Greece* (Ithaca).

MEIGGS, Russell & LEWIS, David
- 1989: *A Selection of Greek Historical Inscriptions to the End of the Fifth Century B.C.* (Oxford).

MITCHELL, Lynette G. & RHODES, P. J.
- 1996: "Friends and enemies in Athenian politics", *G&R* 43, 11-30.

MORGAN, Kathryn A.
- 1998: "Designer history: Plato's Atlantis story and fourth-century ideology", *JHS* 118, 101-118.

Mossé, Claude
- 1969: *La tyrannie dans la Grèce antique* (Paris).
- 1979: "Comment s'élabore un mythe politique: Solon, «père fondateur» de la démocratie athénienne", *Annales* 34, 425-427.
- 1998: *Dictionnaire de la Civilisation Grecque* (Bruxelles).

Mühl, Max
- 1953: "Solons sogenannte ΧΡΕΩΝ ΑΠΟΚΟΠΗ im Lichte der antiken Überlieferung", *RhM* 96, 214-223.
- 1955: "Solon und der Historiker Phainias von Lesbos", *RhM* 98, 349--354.
- 1956a: "Diodor über die solonische Gesetzgebung", *WS* 69, 203-205.
- 1956b: "Solon gegen Peisistratos: ein Beitrag zur peripatetischen Geschichtsschreibung", *RhM* 99, 315-323.

Murray, Oswyn
- 1990: "The affair of the Mysteries: democracy and the drinking group", in O. Murray (ed.), *Sympotica. A Symposium on the Symposion* (Oxford), 149-161.

Mylonas, George E.
- 1961: *Eleusis and the Eleusinian Mysteries* (Princeton).

Ober, Josiah
- 1989: *Mass and Elite in Democratic Athens. Rhetoric, Ideology, and the Power of the People* (Princeton).
- 2007: "«I besieged that man». Democracy's revolutionary start", in K. A. Raaflaub, J. Ober & R. W. Wallace (eds.), *Origins of Democracy in Ancient Greece* (Berkeley, 2007), 83-104.

Oliver, J. H.
- 1960: "Reforms of Clisthenes", *Historia* 9, 503-507.

Osborne, Robin
- 1985: *Demos: the Discovery of Classical Attika* (Cambridge).

Ostwald, Martin
- 1969: *Nomos and the Beginnings of the Athenian Democracy* (Oxford).
- 1986: *From Popular Sovereignty to the Sovereignty of Law* (Berkeley).
- 1988: "The reform of the Athenian state by Cleisthenes", in J. Boardman, N. G. L. Hammond, D. M. Lewis & M. Ostwald (eds.), *The Cambridge Ancient History. Volume IV. Persia, Greece and the Western Mediterranean c. 525 to 479 B.C.* (Cambridge, reimpr. 2000[6]), 303-346.

Parke, H. W.
- 1977: *Festivals of the Athenians* (London).

PARKER, Victor:
- 1998: "*Tyrannos*. The semantics of a political concept from Archilochus to Aristotle", *Hermes* 126, 145–172.

PATTERSON, C. B.
- 1990: "Those Athenian bastards", *ClAnt* 9, 40-73.

PFEIFFER, Rudolf
- 1968: *History of Classical Scholarship from the Beginnings to the End of the Hellenistic Age* (Oxford, reimpr. 1998).

PODLECKI, Anthony J.
- 1966: "The political significance of the Athenian 'tyrannicide' cult", *Historia* 16, 129-141.
- 1975*a*: "Solon's sojourns", in P. T. Brannan (ed.), *A Festschrift in honor of the reverend Joseph M.-F. Marique, S.J.* (Institute for Early Christian Iberian Studies), 31-40.
- 1975*b*: *The Life of Themistocles. A Critical Survey of the Literary and Archaeological Evidence* (Montreal).

POWELL, C.A.
- 1979: "Religion and the Sicilian expedition", *Historia* 28, 15-31.

RAVEN, E. J. P.
- 1968: "Problems of the earliest owls of Athens", in C. M. Kraay & G. K Jenkins (eds.), *Essays in Greek Coinage Presented to Stanley Robinson* (Oxford), 40-58.

REEKER, Hans-Dieter
- 1971: "Solons Reisen", *A&A* 17, 96-104.

RHODES, P. J.
- 1972: *The Athenian Boule* (Oxford).
  - 1978*a*: "Bastards as Athenian citizens", *CQ* 28, 89-92.
  - 1978*b*: "On labelling 4th-century politicians", *LCM* 3, 207-211.
  - 1981: *A Commentary on the Aristotelian Athenaion Politeia* (Oxford, reimpr. com addenda 1993).
  - 1994: "The polis and the alternatives", in D. M. Lewis; J. Boardman; S. Hornblower & M. Ostwald (eds.), *The Cambridge Ancient History. Vol. VI: the Fourth Century B.C.* (Cambridge), 565-591.
  - 2006*a*: "The reforms and laws of Solon: an optimistic view", in J. H. Blok & A. P. M. H. Lardinois (eds.), *Solon of Athens. New Historical and Philological Approaches* (Leiden), 248-260.
  - 2006*b*: *A History of the Classical Greek World 478-323 B.C.* (Oxford).
  - 2007: "Democracy and empire", in L. J. SAMONS II (ed.), *The Cambridge Companion to the Age of Pericles* (Cambridge), 24-45.

RICHTER, Gisela M.A.
- 1950: *The Sculpture and Sculptors of the Greeks* (Yale) [reimpr. 1970]
- 1959: *A Handbook of Greek Art* (Oxford, reimpr. 1983.).

ROOBAERT, A.
- 1967: "L'apport des *ostraka* à l'étude de l'ostracisme", *AC* 36, 524--535.

ROCHA PEREIRA, Maria Helena da
- 1966: "Fragilidad y poder del hombre en la poesía griega arcaica" *EClás* 49, 301-318.
- 1981: "O mais antigo texto europeu de teoria política", *Nova Renascença* 1, 364-370.
- 1990: "O 'Diálogo dos Persas' em Heródoto", in *Estudos Portugueses. Homenagem a António José Saraiva* (Lisboa) 351-362.
- 1994a: "Introdução geral", in *Heródoto. Histórias – Livro 1º* (Lisboa) xvii-xxxii.
- 1994b: "Poesia, persuasão e poder em Sólon", in *Homenagem a Lúcio Craveiro da Silva* (Braga) 341-355.
- 1999: "Introdução", in *Plutarco. Vida de Sólon* (Lisboa) 7-26.
- 2006: *Estudos de História da Cultura Clássica. I volume – Cultura Grega* (Lisboa, 10ª ed. revista).

ROBERTSON, M.
- 1981: *Shorter History of Greek Art* (London).

RODRIGUES, Nuno Simões
- 2003: "Alguns aspectos da economia rural do mundo grego segundo as fontes literárias: dos Poemas Homéricos a Aristófanes", in A. R. dos Santos, N. S. Rodrigues, T. Kuznetsova-Resende & A. Guerra, *Mundo Antigo. Economia rural* (Lisboa), 49-81.
- 2007: "Plutarco e os 'amores proibidos'", in J. M. Nieto Ibáñez & R. López López (eds.), *El amor en Plutarco* (León), 525-540.

DE ROMILLY, Jacqueline
- 1959: "Le classement des constitutions d'Hérodote à Aristote", *REG* 72, 81-99.
- 1962: *Thucydide, La Guerre du Peloponnese*, Livre II (Paris, 1991[5]).
- 1971: *La loi dans la pensée grecque des origines à Aristote* (Paris).
- 1975: *Problèmes de la démocratie grecque* (Paris).
- 1979: *La douceur dans la pensée grecque* (Paris).
- 1995: *Alcibiade* (Paris).

ROSIVACH, Vincent J.
- 1988: "The tyrant in Athenian democracy", *QUCC* 59, 43-57.

- 1992: "Redistribution of land in Solon, fragment 34 West", *JHS* 112, 153-157.

RUSCHENBUSCH, Eberhard
- 1966: *Solonos Nomoi. Die Fragmente des solonischen Gesetzeswerkes mit einer Text- und Überlieferungsgeschichte* (Wiesbaden).

SALMON, J. B.:
- 1997: "Lopping off the heads? Tyrants, politics and the polis", in Lynette G. Mitchell & P. J. Rhodes (eds.), *The Development of the Polis in Archaic Greece* (London), 60-73.

SAMONS II, Loren. J.
- 2007: "Conclusion: Pericles and Athens", in L. J. Samons II (ed.), *The Cambridge Companion to the Age of Pericles* (Cambridge), 282--307.

DE SANCTIS, Gaetano
- 1912: *Atthís. Storia della repubblica ateniese dalle origini alla età di Pericle* (Torino).

SEALEY, Raphael
- 1981: "Ephialtes, *eisangelia*, and the Council", in G. S. Shrimpton & D. J. McCargar (eds.), *Classical Contributions: Studies in Honour of Malcolm Francis McGregor* (New York), 125-134 [= P. J. Rhodes (ed.), *Athenian Democracy* (Oxford, 2004), 310-324].
- 2007: "Democratic theory and practice", in L.J. SAMONS II (ed.), *The Cambridge Companion to the Age of Pericles* (Cambridge), 238--257.

SILK, Michael S.
- 1987: *Homer. The Iliad* (Cambridge, 2004²).

SOARES, Carmen Isabel Leal
- 2002: "Introdução", in *Heródoto. Histórias – Livro 8º* (Lisboa), 11--33.
- 2003: *A morte em Heródoto. Valores universais e particularismos étnicos* (Lisboa).

STADTER, Philip A.
- 1989: *A Commentary on Plutarch's Pericles* (Chapel Hill).

STÄHELIN, Felix
- 1933: "Der solonische Rat der Vierhundert", *Hermes* 68, 343--345.

STAHL, Michael
- 1987: *Aristokraten und Tyrannen im archaischen Athen. Untersuchungen zur Überlieferung, zur Sozialstruktur und zur Entstehung des Staates* (Stuttgart).

- 1992: "Solon F 3 D. Die Geburtsstunde des demokratischen Gedankens", *Gymnasium* 99, 387-408.

STANTON, G. R.
- 1990: *Athenian Politics c. 800-500 B.C. A Sourcebook* (London).

STARR, Ch. G.
- 1970: *Athenian Coinage 480-449 B.C.* (Oxford)

STAVELEY, E. S.
- 1972: *Greek and Roman Voting and Elections* (London).

DE STE. CROIX, G. E. M.
- 1972: *The Origins of the Peloponnesian War* (London).

STROUD, Ronald
- 1968: *Dracon's Law on Homicide* (Berkeley).
- 1979: *The Axones and Kyrbeis of Drakon and Solon* (Berkeley).

THOMSEN, R.
- 1972: *The Origin of Ostracism. A Synthesis* (Copenhagen).

THOMPSON, Wesley E.
- 1970: "The regional distribution of the Athenian *Pentakosiomedimnoi*", *Klio* 52, 437-451.

THOMPSON, T. H.
- 1971: "The deme in Kleisthenes' reforms», *SO* 46, 72-79.

TODD, Stephen C.:
- 1995: *The Shape of Athenian Law* (Oxford).

TRAIL, J. S.
- 1975: *The Political Organization of Attica. A Study of the Demes, Trittyes, and Phylai, and their Representation in the Athenian Council* (Princeton).

TULIN, Alexander
- 1996: *Dike Phonou. The Right of Prosecution and Attic Homicide Procedure* (Stuttgart).

VANDERPOOL, Eugene
- 1970: *Ostracism at Athens* (Cincinnati).

VERDEGEM, Simon
- 2001: "On the road again. Alcibiades' restoration of the Eleusinian *pompe* in Plu., *Alc.* 34.3-7", in A. Pérez Jiménez & F. Casadesús Bordoy (eds.), *Estudios sobre Plutarco: misticismo y religiones mistéricas en la obra de Plutarco* (Madrid), 451-459.

WADE-GERY, H. T.
- 1958: *Essays in Greek History* (Oxford).

WALLACE, Robert W.
- 1983: "The date of Solon's reforms", *AJAH* 8, 81-95.

- 1989: *The Areopagos Council, to 307 B.C.* (Baltimore).
- (2007): "Revolutions and a new order in Solonian Athens and Archaic Greece", in K. A. Raaflaub, J. Ober & R. W. Wallace (eds.), *Origins of Democracy in Ancient Greece* (Berkeley), 49-82.

WHITEHEAD, David
- 1981: "The archaic Athenian *zeugitai*", *CQ* 31, 282-286.
- 1986: *The Demes of Attica: 508/7-ca. 250 B.C. A Political and Social Study* (Princeton).

WILAMOWITZ-MOELLENDORFF, Ulrich von
- 1893: *Aristoteles und Athen.* III vols. (Berlin).

WILCOXON, George Dent
- 1979: *Athens Ascendant* (Ames).

Léxico de Termos Gregos
Área Política e Social (*)

Adeia: garantia de 'impunidade' em caso de denúncia de crimes graves. A *adeia* não deveria prevalecer em qualquer circunstância, mas apenas se a informação se revelasse verdadeira; caso contrário, o seu autor seria severamente punido. A medida visava estimular o fornecimento de informação importante, ao mesmo tempo que procurava prevenir o risco da delação pura e simples.

Apodēmia (pl. *apodēmiai*): 'viagem'. A palavra ocorre com frequência nas fontes para designar as viagens feitas por legisladores (em especial Sólon) antes ou depois da actividade legislativa.

Apoikia: termo genérico para designar uma 'colónia'. Vd. cleruquia e cleruco.

Arcontes (*archontes*): nas póleis gregas, o termo aplica-se aos magistrados que desempenham determinada função ou cargo (*archē*). Em Atenas, o arcontado terá nascido da fragmentação do poder inicial do rei em três magistrados: arconte-epónimo (que dava nome ao ano), arconte-rei e polemarco. Em data posterior, foram adicionados seis tesmótetas, que elevaram para nove o número de membros. Depois das reformas de Clístenes, foi acrescentado um secretário, fazendo com que o colégio espelhasse a nova organização tribal. Vd. polemarco, tesmótetas e estratego.

(*) Os símbolos < $\bar{e}$ > e < $\bar{o}$ > são convenções de escrita destinadas a assinalar que as vogais em causa ('eta' e 'ómega') são longas. Em português, teriam uma pronúncia semelhante a < $\hat{e}$ > e < $\hat{o}$ >, respectivamente.

Areópago: à letra, 'colina de Ares', por ser nesse local de Atenas que o conselho constituído por antigos arcontes (vd.) costumava reunir. O termo passou, assim, a designar o próprio conselho, que exerceu papel de relevo na vida de Atenas até 462, altura em que, sob proposta de Efialtes, lhe foi retirada grande parte dos poderes, permanecendo sobretudo como tribunal encarregado de julgar determinados crimes de homicídio.

Argia: 'indolência'. A tradição atribui a Drácon (e também a Sólon e a Pisístrato) a autoria de uma lei destinada a punir os indolentes (*nomos argias*). A lei é geralmente interpretada como norma destinada a promover a actividade económica.

Asebeia: 'impiedade'. *Asebeia* é a expressão de um comportamento reprovável à luz da moral divina e social, por constituir uma afronta em domínios que são determinantes para assegurarem estabilidade na existência humana e na vida em comunidade: a protecção dos deuses, a hierarquia familiar (bem como a sua memória) e a consciência de uma identidade política solidária. O crime de *asebeia*, tendo embora uma motivação religiosa, podia dar origem a processos legais. O mais famoso é o que envolveu a figura de Sócrates, que resultaria na condenação à morte do filosofo.

Assembleia: vd. *Ekklēsia*.

Atimia: 'desonra' (perda da *timē* 'honra' própria de um cidadão). Durante o século VI e inícios do V, a *atimia* correspondia provavelmente a um estado de proscrição, de forma que o *atimos* ('desonrado') poderia sofrer maus tratos, perder os bens ou mesmo até ser morto, dentro da esfera legal. Quem sofresse uma condenação deste teor ficaria com a vida muito dificultada, pelo que a sanção equivaleria, em termos práticos, a uma expulsão da Ática e não é improvável que, durante o período referido, esta forma de *atimia* pudesse aplicar-se tanto a cidadãos como a estrangeiros. Na segunda metade do século V, a *atimia* passou a designar uma pena mais leve, que consistia, basicamente, numa exclusão em maior ou menor grau dos direitos cívicos, ou seja, num tipo de diminuição da capacidade jurídica, aplicável apenas aos cidadãos, pois eram somente estes que detinham a *epitimia* ('honra plena' ou direitos cívicos plenos).

Axōnes (sing. *axōn*): juntamente com *kyrbeis* (sing. *kyrbis*), são os termos usados em grego para designar o material onde começaram por ser inscritas as leis de Drácon e de Sólon. Serão, possivelmente, placas (giratórias) de madeira, bronze ou mesmo pedra, mas a sua correcta interpretação continua a ser alvo de dúvidas.

Boulē (pl. *boulai*): 'conselho'. Em Atenas, este termo podia ser aplicado ao Areópago (vd.), que era o conselho mais antigo, bem como ao chamado Conselho dos Quatrocentos (inicialmente criado por Sólon, integrando cem elementos de cada uma das antigas tribos iónicas) e que passaria a Conselho dos Quinhentos depois das reformas de Clístenes. Era assim chamado por ser constituído por quinhentos cidadãos (vd. *bouleutēs*), cinquenta por cada uma das dez tribos, escolhidos por tiragem à sorte. Dividia-se em dez partes iguais, de acordo com as dez tribos existentes (vd. *phylē*), e cada uma dessas partes constituía o executivo de Atenas, durante uma décima parte do ano (vd. pritanias).

Bouleutēs (pl. *bouleutai*): buleuta. Membro de um conselho (vd. *boulē*). Em Atenas, era a designação atribuída aos membros do Conselho dos Quinhentos.

Boulomenos: vd. *ho boulomenos*.

Corego (*chorēgos*): 'o que custeia a preparação de um coro'. Em Atenas, a função de equipar e organizar um coro, a coregia (*chorēgia*), era um dos serviços públicos ou liturgias (vd.), a que as pessoas abastadas se viam sujeitas. Convém não confundir com coreuta (*choreutēs*), o nome dado a cada um dos elementos que constituem o coro.

Cleruco (*klērouchos*): termo usado para referir a pessoa que, numa colónia, possuía um lote de terra obtido por tiragem à sorte, sendo portanto um colono. Designava, contudo, um tipo de colono que só começa a aparecer no século V: o que continuava cidadão da cidade-mãe (metrópole), ao contrário do *apoikos*, que perdia a cidadania da pólis de origem, ao deixá-la para fundar uma nova pólis, a colónia. O primeiro tipo chamava-se cleruquia e o segundo *apoikia* (vd.).

Cleruquia (*klērouchia*): 'colónia' designada por tiragem à sorte. O termo aplica-se a colónias que, contra a prática generalizada na Grécia, mantinham a ligação política à metrópole. Vd. cleruco.

Dēmagōgos (pl. *dēmagōgoi*): etimologicamente, significa 'condutor do povo'. Com a evolução da democracia ateniense e a luta política, ao longo do último quartel do século V, acabou por adquirir o sentido negativo que ainda hoje possui.

Demarco (*dēmarchos*): etimologicamente, significa 'chefe do povo'. Em Atenas designava o chefe ou presidente de um demo (vd.).

Demo (*dēmos*): palavra que, no sentido de 'terra habitada por um povo', pode ser usada numa acepção técnica específica: designa uma circunscrição territorial semelhante à actual freguesia ou talvez município, dirigido por um demarco (vd.). Teve um papel fundamental na organização institucional da democracia ateniense. Vd. ainda *dēmos*.

Dēmos (pl. *dēmoi*): termo usado também com o sentido de 'povo', designando ora toda a comunidade cívica, ora apenas a plebe. De modo geral, o *dēmos* engloba um vasto leque de cidadãos que vai dos remediados (e mesmo abastados) até aos mais pobres. É uma das palavras que entra na composição de democracia ('poder do *dēmos*'). Cf. demo.

Dēmosios: 'o que é do Estado' – do *dēmos* ou da pólis – ou lhe pertence. Em Atenas, o termo aplicava-se também aos escravos públicos que tinham funções diversificadas e executavam serviços vários, alguns de grande importância para o funcionamento da vida e instituições da pólis.

Demota (*dēmotēs*): termo usado para designar o cidadão que habitava em cada um dos demos em que Clístenes dividiu as novas tribos (vd. *phylē*) atenienses.

Dikē (pl. *dikai*): 'justiça', 'julgamento'. O termo aplica-se igualmente para designar, em Atenas, os processos privados, que só a parte lesada ou os seus mais directos representantes legais poderiam instaurar, enquanto os processos públicos recebiam o nome de *graphai*. Vd. *dikastērion*, *graphē* e *ho boulomenos*.

Dikastērion (pl. *dikastēria*): 'tribunal'. Tanto pode designar o local onde se julga, como o grupo de juízes (vd. *dikastēs*) que têm a função de dar a sentença, de fazer 'justiça' (vd. *dikē*). O termo, em Atenas, concorre com Helieia (vd.) para designar os tribunais populares.

Dikastēs (pl. *dikastai*): 'juiz' ou 'jurado'. Cada um dos elementos que integram os *dikastēria* (vd.).

Docimasia (*dokimasia*): 'verificação'. Na democracia ateniense, era o acto de verificar a elegibilidade dos candidatos aos diversos cargos ou a aptidão dos soldados arregimentados para a cavalaria, dos jovens a admitir à efebia, dos oradores que pretendiam falar na *Ekklēsia* (vd.) ou nos tribunais. Vd. ainda *euthynai*.

Eisangelia: 'denúncia' formal feita às autoridades. Em Atenas era uma espécie de arresto judiciário perante a *Boulē* ou a *Ekklēsia* (vd. os dois termos), em caso de delito grave ou extraordinário, cuja repressão ou castigo não admitia delongas. Tratava-se, portanto, de um processo público que implicava a segurança da pólis, de modo geral envolvendo casos de traição.

Ekklēsia: 'Assembleia'. Em Atenas, designava o órgão que incorporava todos os cidadãos. No século V, reunia na Pnix. Tinha poderes soberanos sobre qualquer assunto, constituindo, por isso, o coração do sistema democrático.

Ephesis (pl. *epheseis*): a este conceito é geralmente atribuído o equivalente moderno de 'apelo' junto de um *dikastērion* (vd.), sobre uma decisão judicial anterior.

Estrategia (*stratēgia*): comando de uma força militar, exercício de um cargo ou dignidade de chefe do exército. Em Atenas, designava o cargo de estratego (vd.), que era a magistratura mais importante. Na tradução, adoptou-se a forma *estrategia*, mantendo a acentuação grega, por o termo *estratégia* designar hoje em português uma realidade mais genérica e só remotamente ligada com o sentido inicial. Idêntica razão levou a que se optasse pelo termo *estratego* (novamente mais próximo do grego) e não por *estratega* para designar os magistrados correspondentes. Vd. estratego.

Estratego (sing. *stratēgos*; pl. *stratēgoi*): general ou chefe militar. Em Atenas, na Época Clássica, eram magistrados escolhidos por eleição directa e com a possibilidade de serem reeleitos em anos sucessivos e sem limitação de mandatos, ao contrário dos arcontes (vd.) que eram tirados à sorte, para um único mandato, passando depois a integrar o Areópago (vd.). Constituíam, por isso, a magistratura mais importante. Vd. estrategia.

Eupátridas (*eupatridai*): significando à letra 'nascidos de pai nobre', é um termo usado para designar a aristocracia tradicional.

Euthynai: 'prestação de contas' a que os magistrados atenienses tinham de se sujeitar quando abandonavam o cargo. Vd. ainda docimasia.

Genos (pl. *genē*): 'nascimento', 'descendência', 'família' ou 'clã'. A pertença a determinado *genos* poderia ser um sinal da antiguidade e importância de determinada família, em particular entre os aristocratas (e.g. Alcmeónidas, Cerices, Eumólpidas).

Gerusia (*gerousia*) – conselho dos 'anciãos', os gerontes (*gerontes*). Em Esparta, designava o principal e mais poderoso órgão da pólis, ao qual apenas tinham acesso cidadãos com mais de sessenta anos.

Graphē (pl. *graphai*): 'escrita', 'acção judicial pública'. Nome dado aos processos públicos ou que envolvessem crimes contra o Estado, que, depois de Sólon, podiam ser instaurados por qualquer cidadão de plenos direitos. O direito ateniense distinguia-os dos processos privados ou civis (*dikai*). Vd. *dikē* e *ho boulomenos*.

Hairesis: termo usado para designar a 'eleição directa' de magistrados.

Hectêmoro (sing. *hektēmoros*; pl. *hektēmoroi*): à letra, designa os 'homens da sexta-parte' e a principal dúvida na sua interpretação consiste em saber se essa era a porção que entregavam como renda ou a que recebiam como soldo (a segunda hipótese é menos provável). Em todo o caso, o estatuto de hectêmoro encontrava-se acima do de simples escravo.

Heliasta (*hēliastēs*): nome dado aos membros da Helieia (vd.).

Helieia (*Hēliaia*): designação atribuída aos tribunais populares de Atenas, aos quais tinham acesso todos os cidadãos. Embora alguns autores discutam a data da sua criação, foi com certeza uma das inovações de Sólon. Decidiam a maioria dos julgamentos e o seu poder e competência cresceram consideravelmente na segunda metade do século v e nos inícios do iv.

Hippeis (sing. *hippeus*): 'cavaleiros'. O termo designava em Atenas, a partir de Sólon, a segunda classe dos cidadãos, que possuía um rendimento anual de trezentos medimnos. Eram eles que constituíam a cavalaria ateniense. V. pentacosiomedimnos, zeugitas e *thētes*.

Ho boulomenos: à letra, 'quem desejar' [iniciar um processo]. Nas origens do sistema da pólis, o direito de iniciar processos regulares estaria limitado somente à parte lesada ou ao seu representante legal (*kyrios*), e por vezes também ao familiar mais próximo da vítima, como acontecia em casos de homicídio, por razões óbvias. Nos inícios do século VI, Sólon introduziu uma importante novidade processual, ao conceder a quem o desejasse (*ho boulomenos*) a possibilidade de processar o infractor, desde que o acusador estivesse na posse plena dos direitos de cidadania. Esta medida permitiu que o cidadão comum tivesse um acesso mais simplificado à justiça, além de que reforçava a capacidade da pólis para lidar com questões legais que poderiam afectar a comunidade como um todo. Este tipo de processo público passou a ser geralmente conhecido, na Atenas clássica, como *graphē* (vd.), enquanto os processos privados eram geralmente designados por *dikē* (vd.), no sentido restrito de uma acção judicial que só poderia ser iniciada pela parte lesada.

Horos (pl. *horoi*): 'marcos' usados para marcar a terra hipotecada e as estremas entre propriedades.

Isegoria (*isēgoria*): 'igualdade no falar' ou franqueza no falar, correspondente, em termos latos, à actual liberdade de expressão. Vd. *parrhēsia*.

Isocracia (*isokratia*): 'igualdade de poder' ou no acesso aos cargos.

Isonomia (*isonomia*): 'igualdade perante a lei' ou de direitos. É um dos princípios essenciais da democracia grega, que tende a englobar outros dois: a isegoria e a isocracia (vd.).

Isos: 'igual', em número, em força e em direitos.

Kata dēmous dikastai: expressão que designa a comissão de juízes itinerantes, criada por Pisístrato, como forma de controlar a influência dos aristocratas a nível local, favorecendo também uma aplicação mais imparcial da justiça.

Klērōsis ek prokritōn: mecanismo que teria sido instituído por Sólon (embora isso seja bastante discutido) e que combinava a tiragem à sorte (*klērōsis*) com a pré-selecção (*ek prokritōn*) de um número reduzido de candidatos.

Kōlakretai (sing. *kōlakretēs*): tesoureiros do erário público.

Kyrbeis (sing. *kyrbis*): vd. *axōnes*.

Liturgia (*leitourgia*): encargo a que, em Atenas, os cidadãos (ou mesmo não-
-cidadãos) mais ricos estavam sujeitos: equipar barcos, pagar o resgate
de prisioneiros, custear os ensaios e a apresentação dos coros de ditirambos e de produções de teatro. Pertencer à 'classe litúrgica' era, portanto, sinónimo de fazer parte da elite económica ateniense.

Lysis: vd. *prasis epi lysei*.

Medimno (*medimnos*): medida grega para produtos sólidos.

Mēnysis: acto de 'facultar informação'. Mecanismo legal que alargava a qualquer pessoa o direito de fornecer elementos que levassem à identificação e detenção dos autores de um crime. A suspeita de graves delitos
de natureza política ou religiosa (conspiração, sacrilégio e desvio de
dinheiros públicos) poderia motivar a activação deste dispositivo legal,
que permitia a qualquer pessoa (homem ou mulher, ateniense ou estrangeiro, livre ou escravo) fornecer a informação incriminadora diante da
Boulē (vd.) ou da *Ekklēsia* (vd.). Cabia depois a estes órgãos a decisão
sobre o que fazer com os dados recebidos, o que eximia o informador da
obrigação de promover outras diligências de natureza legal.

Meteco (sing. *metoikos*, pl. *metoikoi*): estrangeiro autorizado a residir numa
pólis diferente da comunidade à qual estava inicialmente ligado.

Misthos: 'salário' por qualquer serviço que se faz a outrem. Em Atenas, constituía também a remuneração diária, instituída sob proposta de Péricles, para os que exerciam funções nos tribunais da Helieia (*misthos
hēliastikos*), no Conselho ou *Boulē* (*misthos bouleutikos*), na *Ekklēsia*
(*misthos ekklēsiastikos*). Vd. Helieia, *Boulē* e *Ekklēsia*.

Mistoforia (*misthophoria*): função pela qual se recebe um salário; o termo
designa também a remuneração obtida para desempenhar determinadas
funções cívicas. Vd. *misthos*.

Moichos: homem adúltero ou homem que comete *moicheia* – em termos
latos, 'adultério' embora a afronta possa ter um alcance mais abrangente
do que um atentado contra o matrimónio, pois afecta a harmonia de todo
o *oikos* (vd.), na acepção de 'família' ou 'lar'.

Nomos (pl. *nomoi*): 'ordem', 'norma', 'lei'. De início, tem preferencialmente o sentido de 'norma', mas depois adquire o significado predominante de 'lei', sem perder no entanto a conotação anterior. A forma como cada pólis designava as leis conhecia variações, sendo particularmente importantes os termos *thesmos* e *rhētra* (vd.), com sentidos nem sempre coincidentes entre si. Na Época Clássica, *nomos* era o termo preferido para designar uma determinação estatutária criada pelos homens (cf. *thesmos*). No pensamento filosófico e político do século V, é também recorrente a oposição entre *nomos* e *physis* ('natureza').

Nomos koinos: 'lei comum'. A expressão designava, de modo geral, uma lei comum a todos os Helenos, quase sempre transmitida pela tradição e não escrita.

Nomóteta (sing. *nomothetēs*, pl. *nomothetai*): 'legislador'. No plural, designava em Atenas uma comissão de cidadãos, cujo número poderia variar, encarregada de fazer a revisão das leis e de suprimir aquelas que entrassem em contradição com as demais.

Nomothesia: 'actividade legislativa'.

Oikismos: 'fundação' de uma cidade.

Oikos (pl. *oikoi*): o sentido original remete directamente para a noção de 'casa' ou 'morada', como sendo o lugar físico que acolhe e abriga determinada comunidade humana, de dimensões relativamente reduzidas. Uma extensão deste significado mais restrito liga-se à ideia de 'propriedade', que se situa ainda na esfera material do termo, mas permite incluir, além da casa propriamente dita, todos os bens que constituem o 'património' de determinada pessoa. A terceira acepção do termo *oikos* corresponde globalmente à noção de 'família'.

Onze (*hoi hendeka*): corpo de magistrados públicos, que tinham a seu cargo a prisão de Atenas.

Ostracismo (*ostrakismos*): termo usado para designar uma lei dos fins do século VI ou inícios do V, que permitia aos Atenienses exilarem alguém, cuja influência constituísse ameaça de instauração de um regime autocrático (vd. tirania). Foi uma arma utilizada na luta política, frequentes vezes. Tira o seu nome dos fragmentos de cerâmica (*ostraka*) em que se votava. Vd. *ostrakon*.

Ostrakon (pl. *ostraka*): 'concha' ou 'fragmento' de cerâmica em que se inscreviam os nomes dos que se queriam banir da cidade, no momento da votação do ostracismo (vd.).

Parrhēsia: 'liberdade de falar'. Termo equivalente a isegoria (vd.).

Patrios politeia: à letra, 'constituição ancestral'. Expressão que designa o aproveitamento propagandístico de figuras como Drácon ou Sólon, apresentando-os como 'pais' de uma constituição mais equilibrada. Esta ideologia é visível sobretudo na parte final do século v e durante o século IV.

Pelatēs (pl. *pelatai*): o vocábulo designa, antes de mais, 'o que se aproxima de outro' e pode significar, em verso, simplesmente um 'vizinho', mas em prosa refere-se em especial ao que é 'dependente' ou 'trabalha para outrem'.

Pentacosiomedimnos (*pentakosiomedimnoi*): 'o que tem um rendimento de quinhentos medimnos' (vd.). O termo designa a mais importante das quatro classes sociais criadas por Sólon, pois os seus membros eram os que possuíam maiores rendimentos. Vd. *hippeis*, zeugitas e *thētes*.

Pentēkontaetia: à letra, 'cinquenta anos'. Termo usado, já desde a antiguidade, para designar o período compreendido entre o fim das Guerras Medo-persas (480/79) e o início da Guerra do Peloponeso (431).

Phylē (pl. *phylai*): termo para designar as 'tribos' na Grécia. Até Clístenes, Atenas possuía quatro tribos, à imagem das outras póleis iónicas (as cidades-estado dóricas, como Esparta possuíam geralmente três). A partir das reformas deste estadista, passam a existir dez tribos, que serviam de base à organização dos cidadãos e das instituições democráticas.

Polemarco (*polemarchos*): 'chefe de um exército' ou de uma expedição militar. Em Atenas, era esse arconte que, até 487/6, tinha a função de comandar o exército em tempo de guerra. Vd. arcontes.

Pōlētai (sing. *pōlētēs*): encarregados de contratos oficiais e de vender propriedades confiscadas.

Pólis (pl. póleis): cidade-estado que, além da parte urbana, englobava também as terras de cultivo e as zonas de pastoreio. O sistema da pólis visava, por natureza, o ideal da autonomia ou auto-suficiência, a nível económico e político, embora isso não impedisse o fomento de trocas comerciais e a prática de alianças políticas e militares entre póleis.

Politeia: palavra derivada de pólis (cidade-estado), que tanto pode significar 'cidadania', 'constituição', como simplesmente 'governo' ou 'regime'. A *politeia* no sentido de 'cidadania', concede ao cidadão (*politēs*) o direito de participar nos órgãos institucionais e, portanto, construir a *politeia* no sentido de 'constituição'.

Prasis epi lysei: 'venda com opção de resgate', aplicada aos mecanismos de uso da propriedade fundiária como garantia real na contracção de empréstimos, mas em que a terra poderia mais tarde vir a ser objecto de resgate (*lysis*) pelo antigo proprietário.

Prítane (*prytanis*): magistrado supremo em algumas cidades helénicas. Em Atenas, era o nome dado aos cinquenta membros representantes de cada uma das dez tribos (vd. *phylē*) que, durante uma décima parte do ano, tinham a seu cargo a administração da pólis. Cada uma dessas dez partes em que se dividia o ano recebia o nome de pritania.

Pritania (*prytaneia*): tempo do exercício do poder pelas comissões de prítanes (vd.), correspondendo a um décimo do ano.

Psēphisma (pl. *psēphismata*): 'decreto' votado por meio de seixos (*psēphos*), de modo geral pela Assembleia (vd.) . Distinguia-se do *nomos* (vd.), que tem um carácter geral, por se aplicar a um caso particular ou a uma pessoa determinada.

Psēphos: 'seixo' utilizado para votar, que era depositado num vaso (hídria) que servia de urna.

Rhētra: 'oráculo', ou 'lei' de inspiração divina que, em Esparta, se dizia ter fixado a primeira constituição, assente num acordo verbal.

Sinecismo (*synoikismos*): reunião de aldeias ou povoações que esteve na origem da maioria das cidades-estado (póleis) gregas.

Seisachtheia: à letra, 'alijar o fardo'. Termo expressivo e de conotação metafórica com que Sólon teria designado as medidas de emergência, implementadas logo no início do arcontado, e que englobavam aspectos como o cancelamento das dívidas e a proibição da escravatura derivada da impossibilidade de pagar empréstimos anteriormente contraídos.

Simaquia (*symmachia*): aliança militar com fins ofensivos ou defensivos. Tinham este nome a aliança formada em volta de Esparta (a Simaquia do Peloponeso) e a aliança criada por Atenas e por outros Estados do Egeu, com sede em Delos (a Simaquia de Delos).

Stasis (pl. *staseis*): termo usado para referir um clima de grande 'tensão social' que podia chegar mesmo a uma situação de guerra civil.

Tamiai (sing. *tamias*): tesoureiros da deusa Atena.

Tesmóteta (sing. *thesmotetēs*; pl. *thesmotetai*): derivado de *thesmos* (vd.), designa, antes de mais, um 'legislador'. Em termos mais restritos, os tesmótetas eram os seis arcontes (vd.) que, em Atenas, tinham a seu cargo redigir e publicar as leis.

Thesmos (pl. *thesmoi*): 'o que se encontra estabelecido' ou 'lei', em cuja criação o influxo divino é mais marcante do que no termo *nomos* (vd.).

Thētes: termo usado para designar a mais baixa das classes sociais criadas por Sólon: os que colhiam menos de duzentos medimnos (vd.). Mais tarde, quando essa divisão se dilui substancialmente, passou a ter o sentido apenas de cidadãos sem posses ou de escassos recursos. Vd. pentacosiomedimnos, *hippeis* e zeugitas.

Tirania (*tyrannis, tyrannia*): regime que pode ser encontrado em qualquer época da história da Grécia, mas é característico do período arcaico. Os termos gregos ligados a esta forma de governo autocrático (*tyrannos, tyrannis, tyrannia*) não tinham, de início, o sentido depreciativo que hoje apresentam. Ganham-no em especial ao longo do século V e tal carácter negativo fica-lhe associado definitivamente a partir do governo dos chamados Trinta Tiranos (vd.).

Trierarco (sing. *triērarchos*, pl. *triērarchoi*): comandante de uma trirreme (navio com três fileiras de remos) ou de uma armada. Em Atenas, designava o cidadão rico que suportava os custos uma trirreme e respectiva equipagem, durante um ano, desempenhando assim a mais importante e a cara das liturgias (vd.) a que estavam obrigados os mais ricos cidadãos de Atenas.

Trinta Tiranos: conselho de trinta elementos, criado à imagem da Gerusia (vd.), em 404, depois da derrota de Atenas na Guerra do Peloponeso. Dada a crueldade de que esse grupo deu provas, marcou indelevelmente o termo tirano com o sentido pejorativo que ainda hoje o acompanha.

Zeugitas (*zeugitai*): embora a etimologia seja objecto de discussão, o termo parece designar os que eram 'possuidores de uma junta de bois'. É também o nome da terceira classe social criada por Sólon, correspondendo aos cidadãos que tinham um rendimento superior a duzentos medimnos. Vd. pentacosiomedimnos, *hippeis* e *thētes*.

Índice de Autores Antigos (*)

Alceu
(Lobel-Page)
326: 71 n. 137;
Andócides
1. *Sobre os Mistérios*
1.11-14: 224 n. 437;
1.11-68: 218 n. 427;
1.12: 227 n. 448; 228 n. 449;
1.14: 218 n. 426; 228 n. 450;
1.15: 224 n. 438;
1.16: 224 n. 439;
1.16-17: 227 n. 448;
1.17: 225 n. 442;
1.17-18: 224 n. 440;
1.20: 217 e n. 425;
1.25: 225 n. 441;
1.27: 218 n. 426;
1.28: 228 n. 449;
1.29: 228 n. 449;
1.40: 218 n. 426;
1.43: 225 n. 442;
1.48-60: 217 n. 425;
1.61: 220-221;
1.62: 216;
1.63: 220-221;
1.67: 220-221;
1.83: 55 n. 93;
3. *Sobre a Paz com os Espartanos*
3.11-12 e 39: 233 n. 462;
Andrócion
FGrHist 324 F 6: 139 e n. 293;
FGrHist 324 F 34: 54-55;
FGrHist 324 F 36: 63 n. 113;
Aristófanes
Acarnenses (Ach.)
979-980: 118 n. 260;
1061-62: 210 n. 409;
1093: 118 n. 260;
Aves (Av.)
1353-1357: 28 n. 45;
Lisístrata (Lys.)
631-633: 118 n. 260;
1093-94: 216 n. 422;
1138-44: 176 n. 354;
Mulheres na Assembleia (Ec.)
186-188: 197 n. 385;
289-293: 197 n. 385;

(*) Os trabalhos cuja autoria é dúbia ou disputada encontram-se colocados entre parêntesis rectos []. Os parêntesis curvos () são usados para assinalar as cnvenções através das quais os títulos das obras são geralmente abreviados pela comunidade científica.

Paz (Pax)
   302: 211 n. 413;
Rãs (Ra.)
   1425: 233 n. 459;
Vespas (V.)
   1225: 118 n. 260;

Aristóteles
  [*Constituição dos Atenienses*] (*Ath.*)
   1: 15 n. 8;
   2: 47 n. 72;
   2.1: 37 n. 54;
   2.1-3: 34-36;
   2.2-3: 81 n. 164;
   3: 66;
   3.1: 27 n. 42; 63;
   3.6: 66 n. 120; 66-67;
   4: 19-20; 66;
   4.1: 18-20;
   4.2-3: 141;
   4.4: 66 n. 120;
   5.2: 18 n. 21;
   6.1: 46-48; 49 n. 78;
   7.2: 84 n. 175;
   7.3: 64 n. 116; 78 n. 152;
   7.3-4: 57-63; 74 n. 142; 76;
   8.1: 62 n. 110; 72; 159;
   8.1-2: 64-65; 86 n. 178; 135 n. 289;
   8.2: 65 n. 119; 159;
   8.3: 69 n. 132; 126 n. 273;
   8.4: 65-67; 69; 180;
   9: 51;
   9.1-2: 76-79; 80;
   9.2: 81 n. 163;
   10.1: 41-42;
   10.1-2: 50-54;
   11-12: 86 n. 177;
   11.1: 84 n. 173;
   12.4: 43-46;
   13.1-2: 85-87;
   13.4-5: 37 n. 54; 88-91;
   13.5: 90 n. 185; 120 n. 261; 127 n. 277;
   14.1: 40-42;
   14.1-2: 73 n. 140;
   14.2: 93 n. 196;
   14.3: 97-98; 104;
   14.4: 85 n. 176; 98-99;
   14-15: 85;
   14-19: 85;
   14.1: 94 n. 200; 95-96;
   14.4: 101 n. 216;
   15.1-3: 99 n. 210; 100-102;
   16: 27-28; 85; 102;
   16.1-9: 97 n. 205; 102-106;
   16.2: 48 n. 77;
   16.2-3: 104;
   16.4: 105;
   16.5: 110-111;
   16.6: 106;
   16.7: 102 n. 219;
   16.8: 112 n. 243; 137;
   16.9: 105;
   16.10: 120;
   17.1-4: 113-114;
   17.2: 92 n. 194; 141;
   17-18: 85;
   17-19: 85; 116 n. 255;
   18.1: 114 n. 249; 115 n. 251;
   18.4: 116 n. 256;
   19: 85;
   19.1: 116-117;
   19.1-3: 113 n. 245;
   19.5-6: 96 n. 203;
   20.1: 120 n. 264; 121 n. 265;
   20.1-22.1: 121;
   20.1-4: 121-123;
   20.3: 74 n. 144; 96 n. 203;
   21.1-6: 124-128;
   21.3: 74; 134;

21.4: 90 n. 185; 120 n. 261; 130; 131-132;
22.1: 111 n. 241; 138-139;
22.1-4: 136-137;
22.2: 140;
22.2-3: 141;
22.3-4: 139;
22.3-5: 143 n. 301;
22.4: 138-139;
22.5: 87 n. 179; 135 n. 289; 158-160;
22.6: 158 n. 321;
22.7: 162-164;
23.1: 166 n. 335; 179;
23.3: 163;
25.1-5: 178-182;
25.2: 66 n. 120;
26.2: 64;
26.3: 111 n. 239;
26.4: 200-201;
27.3: 195;
27.4: 185 n. 366;
28.1-3: 191-193; 206 n. 406;
29.5: 198 n. 387;
30.2: 198 n. 387;
31.1: 71-72;
33.1-2: 198 n. 387;
34.1: 231 n. 455;
34.1-2: 233 n. 460;
41.2: 18 n. 21;
41.3: 197 n. 385;
42.1: 202;
47.1: 62 n. 110;
47.2-3: 63 n. 111;
52.1: 63 n. 112;
53.1: 111 n. 239;
57.3-4: 181 n. 362;
60.2: 181 n. 362;
62.2: 196-197;
[Económicos] (Oec.)
   1347a4-17: 117 n. 258;

Política (Pol.)
   1273b35-1274a3: 64-65 n. 117; 78 n. 152;
   1273b41-1274a3: 65 n. 118;
   1274a15-17: 65 n. 118;
   1274a15-18: 81 n. 165;
   1274a19-21: 59 n. 99;
   1274b15-19: 20;
   1275b34-39: 127;
   1281b32-35: 81 n. 165;
   1292b25-29: 105 n. 222;
   1295b34-1296a21: 91 n. 187;
   1304b27-31: 196 n. 384;
   1311a13-15: 105 n. 222;
   1315b21-22: 112 n. 243;
   1315b31-34: 113 n. 247;
   1318b9-16: 105 n. 222;
   1319a26-32: 105 n. 222;
Retórica (Rh.)
   1357b30-36: 96 n. 203;
   1365a32: 205 n. 400;
Fragmentos
   Frg. 15 [= Sinésio Díon, 10 p. 48a]: 227 n. 447;

Arquíloco
(West)
   19: 102 n. 218;
   105: 71 n. 137;

Ateneu
Deipnosofistas (Deipnosoph.)
   4.168a: 29 n. 47;
   15.687a: 28 n. 45;

Cícero
Sobre o Orador (De Or.)
   3.137: 109 n. 237;
Sobre os Ofícios (Off.)
   1.22.75: 68 n. 127;

Clemente de Alexandria
Miscelâneas (Strom.)
   1.80: 19 n. 23;

Demóstenes
21. *Contra Mídias*
   21.147: 223;
24. *Contra Timócrates*
   24.11: 217 n. 424;
   24.105: 78 n. 154;
   24.114: 78;
   24.148: 76 n. 148;
43. *[Contra Macártato]*
   43.51: 203 n. 396;
   43.57: 21 n. 26;
57. *Contra Eubúlides*
   57.30: 200 n. 391;
59. *[Contra Neera]*
   59.16: 201;
   59.52: 201;

Dinarco
1. *Contra Demóstenes*
   1.95: 217 n. 424;

Diodoro
   13.2.3-4: 214 n. 419; 223;
   13.5.1: 214 n. 419; 223;
   13.107.4: 233 n. 462;

Diógenes Laércio
   1.49: 73-74; 92 n. 191; 93 n. 196;
   1.50: 84 n. 174;
   1.53: 91 n. 190; 92 n. 193;
   1.55: 25-26;
   1.62: 40-42;
   1.66: 92 n. 193;
   3.1: 91 n. 189;

Éforo
   70: 52 n. 85;
   115: 52 n. 85;
   176: 52 n. 85;

Eliano
História Vária (VH)
   8.16: 73 n. 140; 92 n. 193;

Ésquilo
Persas (Pers.): 151 n. 311; 187;

Ésquines
1. *Contra Timarco*
   1.138-139: 28 n. 43;
   1.156: 130;

Estrabão
   9.1.16: 125 n. 271;

Etymologicum Magnum (EM)
   s.v. *obeliskos*: 52 n. 85;

Eusébio
   Arm. p. 92b 23 Karst: 14 n 7;
   Chron. 99b (*Arm.*): 19 e n. 23;

Frínico
   Fenícias: 151 n. 311-312;
   Sobre a destruição de Mileto: 151;

Heraclito
Alegorias (All.)
   5.2: 71 n. 137;

Heródoto
   1.29: 84 n. 173;
   1.29.2: 84 n. 175;
   1.59.3: 37 n. 54; 88; 91;
   1.59.3-6: 73 n. 140; 95-96;
   1.59.4-64: 85 n. 176;
   1.59.6: 111 n. 241; 137;
   1.60.1: 98;
   1.60.3-5: 99-100;
   1.60.4: 98 e n. 207;
   1.61.1-2: 100;
   1.61.2: 100;
   1.62.1-63.2: 102 n. 217;
   1.64.2: 107 n. 228;
   2.177.2: 24-25;
   3.80-82: 91 n. 187;
   3.80.6: 194;
   5.35-36: 149 n. 307;
   5.38.2: 150 n. 308;
   5.55-61: 116 n. 255;
   5.64.2-65.1: 117 n. 257;
   5.65.3-4: 91 n. 190;
   5.66: 120 n. 264;

5.66-73.1: 121;
5.66.2: 121 n. 265; 124;
5. 69.2: 121 n. 265; 124; 125 n. 271;
5.71: 13;
5.72.1-2: 74-75; 122;
5.74-75: 147 n. 303;
5.77: 148;
5.77.4: 148 n. 304;
5.78: 147;
5.94.1: 107;
5.97: 148;
5.109.1 e 3: 150 n. 308;
5.124-126: 150;
6.7: 150 n. 308;
6.21.2: 151 n. 311;
6.35: 107;
6.42-43: 150 n. 309;
6.43-45: 150;
6.55.1-3: 114 n. 249;
6.96-101: 153;
6.103-110: 142;
6.103.1-4: 115 n. 253;
6.103.3: 105;
6.104: 152;
6.108: 116 n. 254;
6.109-110: 154-156;
6.111-117: 155 n. 316;
6.115: 158 n. 322;
6.118-120: 153 n. 315;
6.121-124: 158 n. 322;
6.121.2: 105;
6.123: 117 n. 259;
6.123.2: 116 n. 255;
6.127.3: 52 n. 85;
6.130.2: 200 n. 390;
6.132: 156; 163 n. 326;
6.136: 156-157;
7: 152;
7.22-24: 162;
7.140: 164;
7.141: 166 n. 334;
7.157.1: 164 n. 329;
7.173.1: 164;
7.220: 164;
7.228.2: 165;
8: 152;
8.1: 163 n. 326;
8.2: 165;
8.41: 18 n. 18;
8.42: 166;
8.71: 166;
8.142.4: 164 n. 329;
9.7α2: 168 n. 336;
9.58-70: 168 n. 336;
9.120-121: 168;

Hesíodo
  Trabalhos e Dias (Op.)
    109-127: 104 n. 220;
    602: 62 n. 107;

Hesíquio
  s.v. *latreuei*: 35 n. 50;

Homero
  Ilíada (Il.)
    6.212-236: 59 n. 98;
    9.632-636: 11 n. 3;
  Odisseia (Od.)
    4.644: 62 n. 107;
    23.118-120: 11 n. 3;

Iseu
  3. *Sobre os bens de Pirro*
    3.45: 202;

Isócrates
  7. *Areopagítico (Areopag.)*
    7.43-45: 29 n. 47;
  15. *Sobre a permuta (Antidosis)*
    15.235: 185 n. 366;
  16. *Sobre a parelha de cavalos*
    16.6: 227 n. 448;

Lexicon Cantabrigiense (Lex. Cantabr.)
  665.19: 25-26;

Lísias
6. *[Contra Andócides]*
   6.51: 227 n. 448;
10. *Contra Teomnesto I*
   10.15-21: 78;
   10.16: 78;
   10.18: 48 n. 76;
13. *Contra Agorato*
   13.14: 233 n. 462;
Minúcio Félix
Octávio (Oct.)
   9.5: 222 n. 431;
Pausânias
   1.28.1: 14 n 7;
   7.26.13: 109 n. 237;
   9.36.8: 19 n. 24;
Petrónio
Satyricon (Sat.)
   141: 222 n. 431;
Píndaro
Fragmentos (Snell)
   77: 166 n. 332;
Platão
Banquete (Smp.)
   182c5-7: 116 n. 255;
Crítias (Criti.)
   108d: 83 n. 170;
   113a-b: 83 n. 170;
Górgias (Grg.)
   455e: 189 n. 371;
   495d: 130;
   515e: 198;
[Hiparco] (Hipparch.)
   228b: 114 n. 249;
   228b4-229d7: 116 n. 255;
   228c: 108 n. 233; 115 n. 251;
Hípias Maior (Hp.Ma.)
   298b: 130;
Leis (Lg.)
   698c: 153 n. 315;
   741b: 193 n. 378;
   759b: 193 n. 378;
Menéxeno (Mx.)
   240c: 153 n. 315;
Timeu (Ti.)
   21-27: 83 n. 170;
   21c-d: 83-84 n. 171;
Plutarco
Moralia:
   834a-b: 202;
Vitae: 8; 9;
   Alcibíades (Alc.)
      13.6: 213 n. 418;
      18.4-9: 214 n. 420;
      18.6: 216 n. 423;
      19.1: 227 n. 448;
      21.3: 216 n. 423;
      22.4: 224; 228;
      34.6: 231-232;
   Aristides (Arist.)
      1.7: 185 n. 366;
   Cícero (Cic.)
      10.4: 221 n. 431;
   Címon (Cim.)
      14.3-15.1: 175 n. 353;
      15.2: 180 n. 358;
      15.2-3: 177 n. 356;
      16.8-10: 176 n. 355;
      17.3: 177 n. 356;
   Lisandro (Lys.)
      14.8: 233 n. 462;
   Nícias (Nic.)
      11.5: 213 n. 418;
      13.3: 216 n. 423;
   Péricles (Per.)
      4.1-4: 185 n. 366;
      8.8: 186 n. 367;
      9.2-3: 195;
      9.5: 177 n. 356;
      10.6: 175 n. 353;

12: 189 n. 373;
13.7: 189 n. 371;
13.9-11: 189 n. 371;
14: 189 n. 373;
15-16: 189 n. 374;
17.1-4: 188-189;
19.1: 188 n. 370;
20.1-2: 188 n. 370;
31.2: 217 n. 424;
33.5: 205 n. 400;
35: 206 n. 403;
37.2-5: 203 n. 397;
38.1: 206 n. 404;
Sólon (Sol.)
   1.1-2: 91;
   1.3-4: 92;
   1.6: 93 n. 195;
   12.2-3: 17 n. 17;
   13.1-2: 37 n. 54;
   13.3-5: 36 n. 51; 36-38;
   13.6: 38 n. 56;
   15.2: 48-49;
   15.3-4: 54-55;
   15-16: 41-42;
   16.5: 49 n. 78;
   17.1-3: 26-27; 29;
   18.1-2: 59 n. 99;
   18.2-4: 79-81;
   18.4: 81 n. 163;
   19.1: 69 n. 131;
   19.1-2: 70-71;
   19.2: 28 n. 44; 66 n. 120;
   19.3 e 5: 67-69;
   20.6: 28 n. 45;
   21.1-2: 28 n. 44 e 45;
   22.3: 28-29;
   23.3: 55-56 n. 94; 59;
   24.4: 90 n. 185;
   25.1: 84 n. 175;
   25.6: 84 n. 173;

   26.1: 83 n. 169;
   29.1: 37 n. 54;
   30.1-31.2: 97 n. 204;
   30.1-4: 73 n. 140;
   30.6: 93 n. 196;
   31.1: 97;
   31.3: 111 n. 241; 112 n. 243; 137;
   31.5: 27-28;
   32.3: 93-94;
Temístocles (Them.)
   5: 151 n. 312;
   8.2: 166 n. 332;
   10.6-7: 166 n. 335;
   32.2: 161 n. 325;
   32.3: 222 n. 432;

Polieno
   Estratagemas (Strat.)
      1.40.1: 221;

Pólux
   8.125: 68 n. 127;

Salústio
   Conjura de Catilina (De Coniur. Cat.)
      22: 221 n. 431;

Simónides
   (Campbell)
      3: 148 n. 304;

Sólon
   Leges (Ruschenbusch)
      5b: 21 n. 26;
      15b: 48 n. 76;
      23c: 78 n. 154;
      23d: 78 n. 154;
      70: 68 n. 128;
      74b: 93 n. 195;
      77: 55-56 n. 94; 59;
      78a: 24 n. 35;
      138a: 79 n. 160;
      148e: 28 n. 46;

Poemata (West)
    4: 38 n. 56; 39 n. 59;
    4.5-25: 45 n. 70;
    4.7: 62 n. 108;
    4.23: 62 n. 108;
    4a: 39 n. 59;
    4c: 39 n. 59;
    5.1: 62 n. 108;
    6.1: 62 n. 108;
    9.4: 62 n. 108;
    11: 93 n. 197;
    12: 71 n. 137;
    13: 38 n. 56;
    13.43-62: 58 n. 97;
    13.48: 35 n. 50;
    15: 39 n. 59;
    19: 84 n. 172;
    24.5-6: 93 n. 195;
    25: 93 n. 195;
    28: 83 n. 168;
    33: 93 n. 197;
    34: 45 n. 69; 50 n. 80; 86 n. 177;
    36: 43-46; 49;
    36.1-2: 45 n. 71;
    36. 2 e 22: 44 e n. 68; 46; 62 n. 108;
    36. 5-7: 45;
    36.6-7: 49;
    36.8-10: 46;
    36.10-12: 46;
    36.11-14: 49;
    36. 13-14: 46;
    36.20-27: 45;
    37: 45;
    37.1 e 7: 62 n. 108;
    37.9-10: 44-45;
Suda:
    s.v. *Drakōn*: 19 n. 23;
Taciano
    Discurso aos Gregos (Ad Gr.)
        41: 19 n. 23;

Tucídides
    1.20.2: 116 n. 255;
    1. 23-66: 171 n. 341;
    1.23.6: 172 n. 342;
    1.24-55: 204 n. 399;
    1.56-65: 204 n. 399;
    1.67: 204 n. 399;
    1.89: 171 n. 341;
    1. 89-118: 171 e n. 341;
    1.96: 172 n. 345;
    1.98: 174 n. 348;
    1.100-101: 175 n. 351;
    1.118.2: 171-172;
    1.126.3-12: 14;
    1.126.5: 15 n. 9;
    1.126.7-8: 14;
    1.135.3: 169 n. 340;
    1.138.3: 152;
    1.139: 204 n. 399;
    1.140-144: 190 n. 377;
    1.143.4: 205 n. 400;
    2.8.4-5: 204-205;
    2.14 e 16:
    2.15.3-5: 107 n. 230; 108 n. 231;
    2.17.1-3: 206 n. 401;
    2.41.1: 173 n. 347; 190 n. 376;
    2.47-54: 206 n. 402;
    2.65.3-4: 206 n. 403;
    2.65.5-13: 206 n. 405;
    2.65.8: 190;
    3.55: 116 n. 254;
    3. 68.4: 116 n. 254;
    3.82.6: 221;
    4.27-40: 210 n. 411;
    5.6-11: 211 n. 412;
    5.16.1: 211 n. 412;
    6.1: 212 n. 415;
    6.6: 212 n. 415;
    6.8-26: 212 n. 415;
    6.15.2: 213;

6.15.3-4: 213 n. 416; 233;
6.16-18: 213;
6.26.2: 212;
6.27-28.2: 214 n. 419;
6.27-29:
6.27.1-2: 215-218;
6.28: 229;
6.28.1-2: 218-219;
6.28.2: 214 n. 419; 221; 223;
6.29: 214 n. 420;
6.53.1: 219 n. 428; 223;
6.53.1-2: 214 n. 420;
6.54-59: 116 n. 255;
6.54.1-6: 115 n. 251;
6.54.2: 114 n. 249;
6.54.5: 105 n. 223; 108 n. 231;
6.54.6: 111 n. 241; 137;
6.60-61: 214 n. 420;
6.60.2: 222;
6.61.1: 219 n. 428; 223;
6.91.6-7: 230 n. 452;
6.93.2: 230 n. 452;

7.19.1-2: 230 n. 452;
7.27.3-5: 230 n. 452;
8.2-3: 230 n. 454;
8.6.3-4: 230 n. 453;
8.14.2: 230 n. 453;
8.14.3: 230 n. 453;
8.17: 230 n. 453;
8.22: 230 n. 453;
8.23.2-3 e 6: 230 n. 453;
8.23.6: 230 n. 453;
8.67.3: 198 n. 387;
8.73.3: 221 n. 431;
8.97.1-2: 198 n. 387;

Valério Máximo
    5.3: 93 n. 196;

Xenofonte
    Helénicas (Hell.)
        1.6.28-7.35: 232 n. 458;
        2.1.28-32: 233 n. 460;
        2.2.16-23: 233 n. 461;
        2.2.20: 233 n. 462;

Índice de Nomes

Acarnânia: 187; 188;
Acrópole: 13; 18 n. 18; 40; 75; 95-96; 99; 108; 122; 147; 148; 166-167; 172; 186; 188;
Adimanto: 224;
Adriano: 108;
Agariste: 120; 157; 186; 199; 218 n. 427; 224 e n. 439;
Agírrio: 197 n. 385;
Ágora: 21; 117; 215;
Ájax: 11 n. 3;
Alcibíades: 7; 108 n. 234; 207; 209--234;
Alcméon: 88; 121;
Alcmeónidas: 13; 14; 15 n. 11; 16-17; 37 n. 54; 95; 100; 105; 113 n. 245; 117; 119-145; 158 e n. 322; 186; 191; 199; 212; 224;
Alcmeónides: 224;
Alexandre Magno:
Aliança Grega: 164; 167; 168; 176;
Âmasis: 24-25; 27 n. 41; 83;
Ambrácia: 113; 188;
Anacreonte: 108 n. 233; 115 n. 251;
Anaxágoras: 186;
Andócides: 215-222; 224; *passim*.
Andrócion: 49 n. 79; 52 n. 86; 54-55; 139;

Andrómaco: 218; 224;
Anfípolis: 211;
Antestérias: 109;
Antídoto: 200;
Antonino Pio: 226;
Apolo: 39; 107; 156 n. 317; 164;
Apolo Carneio: 153;
Apolodoro: 40; 201;
Aqueus: 188;
Areopagitas: 67-68; 178-179;
Areópago: 28-29; 63-69; 70-71; 75 e n. 145; 77; 80 n. 161; 81 n. 165; 112; 122-123; 130; 133; 135; 141 n. 296; 159-160; 166 e n. 335; 177; 178-182; 184; 187; 195; 196;
Arginusas: 232;
Argivos: 113;
Argos: 10 n. 2; 51; 106; 107; 113-114; 115;
Arífron: 156;
Aristecmo: 18-19;
Aristágoras: 149-150;
Aristides: 135; 158; 161; 162-163; 167; 191;
Arístion: 95;
Aristódico: 179; 182;
Aristogíton: 116-117; 117 n. 259; 154;
Aristófanes: *passim*.

Aríston: 25-26;
Aristóteles: *passim.*
Arquino: 113;
Artafernes: 152;
Artaxerxes: 170;
Artemísio: 164-167; 168;
Artafernes:
Ásia: 150; 188;
Ásia Menor: 168; 172; 174; 177;
Aspásia: 203 n. 397;
Assembleia (*Ekklēsia*): *passim.*
Atena: 99; 100 n. 212; 109 e n. 236; 111;
Atena Palénide: 101; 113; 173;
Atenas: *passim.*
Atenienses: *passim.*
Ática: *passim.*
Atlântida: 83 e n. 169;
Atos (monte): 150; 162;
Axíoco: 224;
Beócia: 116; 148; 188;
Beócios: 148;
Bizâncio: 188;
Bósforo: 149;
Brásidas: 211;
Calcidenses: 148;
Cálcis: 148;
Cálicles: 130;
Calímaco (poeta):
Calímaco de Afidna (polemarco em Maratona): 142; 154-155;
Calíxeno: 158 n. 321;
Cármides: 224;
Carmo: 136; 139;
Catilina: 221 n. 431;
Ceos: 108 n. 233;
Cerices: 226; 228; 231;
Chipre: 84 n. 172; 173; 177;
Cíclades: 156;
Cilícia: 84 n. 172; 152;

Cílon: 12-18; 37 n. 54; 38; 96 n. 203; 100; 122; 186; 199 n. 390;
Címon: 105; 115; 157 e n. 318; 170; 171-182; 185; 187; 191; 195 e n. 382; 200 n. 390; 228;
Cipsélidas: 113;
Ciros: 174; 197;
Cirra: 39;
Clazómenas: 186; 197 n. 385; 230 n. 453;
Cleéneto: 191;
Cleômbroto: 166;
Cleómenes: 74-75; 96 n. 203; 121-123; 127; 147-149;
Cléon: 191; 192; 196; 210-211;
Cleonas: 10 n. 2;
Clidemo: 166 n. 335;
Clínias: 212; 228;
Clístenes: 72; 74; 75 e n. 145 e 147; 76 n. 148; 81 n. 164; 90 n. 185; 94; 105; 112; 115; 117-118; 119-145; 147; 148; 151 n. 313; 154; 159; 160; 173; 182; 183; 186; 191; 193; 194; 199;
Codro: 91;
Cólito: 98; 136; 139;
Cómeas: 40-41; 94 n. 200; 95;
Cómias: 93-94;
Cónon: 178; 233;
Conselho dos Iónios: 150;
Corcira: 204 n. 399;
Core: 108;
Coríntios: 147; 204 n. 399;
Corinto: 113 n. 246; 163 n. 327; 233 n. 462;
Creso: 83; 94 n. 199;
Cristãos: 221 n. 431;
Cronos: 102-104;
Damásias: 85-87; 93 n. 198;
Dámon: 185-186 n. 366;

ÍNDICE DE NOMES

Damónides: 185-186 n. 366; 195;
Dardanelos: 174;
Dario: 150; 151 n. 310; 153; 155;
Dátis: 152;
Decelia: 230; 231;
Delfos: 14; 39; 109; 164; 166 n. 334; 187;
Delos: 107; 172; 189; 197; (vd. Simaquia de Delos)
Demades: 26-27;
Demarato: 147;
Deméter: 108; 226-227; 228;
Demóstenes (estadista activo na Guerra do Peloponeso): 210;
Demóstenes (orador): *passim*.
Diceópolis: 210;
Díocles: 21;
Dioclides: 218 n. 427; 225 n. 442;
Diodoro: *passim*.
Diógenes Laércio: *passim*.
Diomedes: 59 n. 98;
Dionísias Rurais: 109;
Dionísias Urbanas (vd. Grandes Dionísias): 109-110; 211;
Dionísio: 96 n. 203;
Diónisos: 108; 109;
Dólopes: 174;
Dórios: 188;
Drabescos: 175;
Drácon: 7; 9-29; 31-34; 42 n. 65; 127;
Dreros: 10 n. 2;
Éfeso: 149:
Efialtes: 141 n. 296; 145; 171-182; 185; 186; 187 e n. 369; 191; 195; 196;
Éforo: *passim*.
Egeu: 106; 115; 150; 161; 164; 172; 174;
Egina: 148; 150; 152; 161; 163 e n. 327; 164 n. 330;
Eginetas: 167;

Egípcios: 24;
Egipto: 24-25; 83;
Egospótamos: 232; 233;
Éion: 174;
Ekklēsia (Assembleia): *passim*.
Eleia: 185;
Elêusis: 108 e n. 234; 114; 148; 226; 231; (Mistérios de): 108; 214; 218--219; 222-229; 231-232;
Eliano: *passim*.
Élide: 10 n. 2;
Elpinice: 175;
Epiménides: 17 n. 17;
Éreso: 93-94;
Erétria: 10 n. 2; 101; 107; 149; 150--151; 153; 156; 168;
Escambónides: 228;
Esfactéria: 210;
Esparta: *passim*.
Espartanos: 75; 123; 147 n. 303; 149; 153 n. 315; 155; 165; 210 n. 411; 231;
Ésquines: *passim*.
Eubeia: 188; 205;
Eufileto: 220-221; 225;
Eumólpidas: 226; 228; 231;
Euribíades: 165-167;
Eurimedonte: 174;
Europa: 150; 188;
Eusébio: 109;
Execéstides: 91;
Fáleron: 88; 152; 153; 161 n. 325;
Fânias: 93-94;
Fanodemo: 29 n. 47;
Fegeia: 228;
Fenipo: 136;
Férecles: 224-225;
Fídias: 173; 186;
Fidípides: 153;
Fídon: 50-52;
Fie: 98-99;

File: 202;
Filipe: 234;
Filocipro: 84;
Filócoro: 29 n. 47;
Filóneos: 113;
Fócida: 188;
Frínico: 151;
Ftiotas: 188;
Gélon: 161 n. 325;
Glauco: 59 n. 98;
Golfo Pérsico: 150;
Golfo Sarónico: 163; 165;
Górgilo: 113;
Gortina: 10 n. 2;
Grandes Dionísias (v. Dionísias Urbanas): 108; 109-110;
Grécia: *passim.*
Gregos: *passim.*
Guerra Sacra: 187;
Guerras Pérsicas (Medo-Persas, Médicas): 145; 148; 168; 169-170; 172; 174-175; 205;
Hades: 215; 226;
Harmódio: 116-117; 117 n. 259; 154;
Harpocrácion: 139;
Hecateu: 149 e n. 307;
Hegésias: 97-98;
Hegesístrato: 107; 113-114;
Hegéstrato: 93-94;
Hélade: 153; 164; 172; 172 n. 344; 188; 211; 212; 233 n. 462;
Helesponto: 107 n. 229; 107; 149-150; 168; 171; 188; 232;
Helieia: 76-82; 112 n. 242; 114; 135; 169; 197;
Heliópolis: 83 n. 169;
Heraclides: 197 n. 385;
Heraclides Pôntico: 92-94;
Hermes (mutilação dos): 214; 215-222; 223; 225; 228;

Hermocreonte: 136; 140;
Heródoto: *passim.*
Hesíodo: 35 n. 49;
Himeto: 103;
Hiparco (filho de Carmo): 136-137; 139; 158;
Hiparco (filho de Pisístrato): 85; 94; 102; 108 n. 233; 109 n. 237; 113--118; 120;
Hipérbolo: 213;
Hípias: 85; 90 n. 185; 94; 96 n. 203; 102; 111; 112; 113-118; 119-120; 152; 153; 158;
Imbros: 197;
Iónia: 148; 150;
Iónios: 91 n. 190; 107; 149; 188;
Iofonte: 113;
Iságoras: 74-75; 96 n. 203; 118; 119--123; 124; 127; 143; 147; 148; 191;
Iseu: 202;
Isócrates: *passim.*
Istmo: 109; 166; 167;
Istmo (Congresso do): 165; 166;
Itália: 161;
Jogos Olímpicos: 13;
Lacedemónio (filho de Címon): 174 n. 350;
Lacedemónios: 75; 153; 164; 165; 169; 172 n. 342; 176; 188; 204; 210; 233 e n. 462;
Lacíades: 228;
Lacónia: 169;
Lâmpito: 212;
Láurion: 90 n. 186; 107; 230;
Lemnos: 156 n. 317; 157; 197;
Leneias: 109; 210;
Leógoras: 225 e n. 443;
Leónidas: 165-166; 167;
Lesbos: 188; 230 n. 453;
Licurgo: 88-91; 97-99;

Lídios: 149;
Lido: 218 n. 427; 224; 225 n. 442;
Liga Pan-helénica: 188;
Lígdamis: 101; 107; 115;
Lísias: 25-26;
Lisímaco: 158; 162;
Lisístrata: 212;
Lócrida: 188;
Longas Muralhas: 189; 233;
Macedónia: 101; 107; 150; 165; 175; 234;
Magna Grécia: 161;
Mália: 188;
Mar Negro: 107; 188;
Maratona: 101; 114; 135; 136; 142; 152-156; 157; 158; 162; 164; 167; 170; 174;
Mardónio: 150; 167;
Maroneia: 162;
Medos: 142; 154; 178;
Mégacles: 15 n. 11; 17; 88-91; 97--101; 120; 158; 186; 199;
Mégara: 14; 16; 39 e n. 58; 95-96; 210 n. 409; 224;
Megarenses: 92 n. 194; 204 n. 399;
Melanto: 91;
Melésias: 189;
Meleto: 220; 225;
Messénia: 176;
Mícale: 167-168;
Milcíades: 112; 115; 136; 142; 147--170; 151-161; 164; 170; 173; 183; 191; 195 n. 382;
Milcíades-o-Antigo: 107; 115;
Mileto: 148-150; 152; 230 n. 453;
Míracino: 150;
Muníquia: 117 n. 257;
Naupacto: 10 n. 2;
Naxos: 95; 101; 107; 115; 156;
Neera: 201;

Neleu: 91;
Nemeia: 109;
Nícias: 191; 211; 212-213; 230;
Nicides: 25-26;
Nicodemo: 162;
Niseia: 95-96;
Odeão: 189;
Oie: 185 n. 366; 195;
Oiteenses: 188;
Olímpia: 109;
Olimpíadas: 14-15; 19; 40;
Oradores Áticos: 8; 234;
Paflagónio: 211;
Paládion: 160;
Palas (Atena): 148;
Palene: 101; 110;
Panateneias: 108-109; 116 n. 256; 197;
Panfília: 174;
Pangeu: 101; 107;
Paros: 136; 156-157; 173;
Pártenon: 173; 188;
Pausânias (escritor): *passim*.
Pausânias (estadista):
Pausânias (comandantes espartano, sobrinho de Leónidas): 167-168;
Pausânias (rei de Esparta, activo na última fase da Guerra do Peloponeso): 234;
Peânios: 98;
Pelasgos: 157;
Peloponésios: 204; 233 n. 462;
Peloponeso: 44; 52; 165; 188; (Guerra do): 171-172; 190; 192; 200; 204--207; 209; 230; 232;
Péricles: 78; 145; 157 n. 318; 158; 172-173; 175-175; 182; 183-207; 210; 212; 213; 230;
Péricles (filho do estadista homónimo e de Aspásia): 203 n. 397;
Persas: *passim*.

Pérsia: *passim*.
Perséfone: 226-227;
Píndaro: 166;
Pireu: 117 n. 257; 152; 161 n. 325; 162-163; 166 n. 335; 204; 233; 234;
Pisístrato: 12; 13; 14; 16 n. 13; 24; 27--28; 40-41; 48 n. 77; 73-74; 83-118; 119; 153; 191;
Pisistrátidas: 53-54; 75 e n. 145; 82; 83-118; 119-120; 127; 145; 159; 186;
Pítaco: 20;
Pítia: 125;
Pitonico: 228 n. 450;
Platão: *passim*.
Plateias: 116; 167-168;
Plateenses: 153;
Plistóanax: 211;
Plutarco: *passim*.
Poemas Homéricos: 11 n. 3; 109; 193; 198;
Polemarco: 224;
Polícrates: 107; 115;
Polieno: 221;
Pólux: *passim*.
Poséidon: 91;
Potideia: 204 n. 399;
Pritaneu: 197;
Protágoras: 186; 190;
Psenópis: 83 n. 169;
Pulícion: 224-225; 228;
Queroneia: 27;
Quersoneso: 107; 115; 152; 187-188;
Quios: 10 n. 2; 230 n. 453;
Recelos: 101;
Rodes: 188; 196 n. 384;
Roma: 9;
Rómulo: 9;
Sais: 83 n. 169;

Salamina: 39 e n. 58; 92 n. 194; 96; 97; 162; 164-167; 168; 169-170; 173; 179; 197;
Samos: 107; 115; 186; 187; 197; 221 n. 431; 234;
Sardes: 83; 149-150; 151; 153;
Sete Sábios: 40;
Síbaris: 161;
Sicília: 191; 212-214; 215; 220 n. 429; 223; 228 n. 450; 229-230;
Sícion: 120; 187; 199;
Sigeu: 107; 115;
Simaquia de Delos: 145; 169; 172 e n. 346; 173; 174 n. 350; 175; 188; 189 n. 372; 196; 204 n. 399; 210 n. 409;
Simaquia do Peloponeso: 115; 172 n. 344 e 346;
Simónides: 108 n. 233; 115 n. 251;
Sinésio Díon: 227 n. 447;
Siracusa: 96 n. 203; 161 n. 325; 212;
Sócrates: 130; 198; 215; 232 n. 458; 234 n. 463;
Sófocles: 186;
Sofónides: 178;
Sólon: 16 n. 13; 17 e n. 17; 18; 19; 20 n. 25; 22; 23; 24-29; 31-82; 83-94; 95-96; 105; 111-113; 119-120; 122; 127; 128; 134-135; 136-137; 145; 159; 161; 163; 179; 180; 183; 191; 193; 203;
Solos: 84 n. 172;
Sônquis: 83 n. 169;
Sosícrates: 40-41; 92 n. 191;
Súnion: 88;
Tânagra: 179; 182; 187;
Tásios: 175;
Tasos: 150; 175;
Teágenes: 14; 16; 96 n. 203;
Tebanos: 101;

ÍNDICE DE NOMES

Tebas: 107; 116; 147-148; 233 n. 462;
Telesino: 159;
Témacos: 224;
Temístocles: 135; 142; 145; 147-170; 173; 176; 178-179; 183; 191; 200 n. 390;
Termópilas: 164-167;
Teodoro: 224-225; 228;
Teofrasto: 27-28;
Teógnis: 35 n. 49;
Teopompo: 196;
Teos: 108 n. 233;
Terâmenes: 232; 233 e n. 461;
Termeu: 101;
Teseu: 9; 11; 174;
Tessália: 167;
Tessálios: 188;
Téssalo: 113; 228 e n. 450;
Teucro: 218; 224;
Timonassa: 107; 113;
Tisâmeno: 55 n. 93;
Tisandro: 120; 121;
Tóricos: 114;
Trácia: 98; 101; 107; 150; 174; 175; 188; 232;
Trácios: 175;
Trasibulo: 232; 234;
Trasilo: 91 n. 189;
Trinta Tiranos: 102 n. 218; 194 n. 380; 233-234;
Tucídides (historiador): *passim.*
Tucídides (estadista atenienses): 191;
Tucídides (estadista ateniense, filho de Melésias): 189;
Ulisses: 11 n. 3;
Xantipo: 156-157; 158; 167; 168; 171; 186; 191; 206 n. 405;
Xenofonte: *passim.*
Xerxes: 155; 162; 165; 166-167; 168; 171;
Zenão: 185;
Zeus Olímpico: 108;

Índice Geral

Prefácio 7

1. Drácon 9
   1.1. O surgimento da lei escrita na Grécia 9
   1.2. A Ática anterior a Drácon: o golpe de Cílon 12
   1.3. Drácon 16
   1.4. A lei do homicídio 20
   1.5. Vestígios de outra legislação draconiana 24

2. Sólon 31
   2.1. Entre Drácon e Sólon 31
   2.2. *Hektēmoroi, horoi* 34
   2.3. Sólon e o mandato de arconte em 594/3 38
   2.4. Medidas de emergência 42
        2.4.1. *Seisachtheia* 43
        2.4.2. Reforma das medidas, pesos e moeda 50
   2.5. Reforma constitucional 56
        2.5.1. As quatro classes censitárias 57
        2.5.2. Os Arcontes e o Areópago 63
        2.5.3. A *Boulē* dos Quatrocentos 69
        2.5.4. A (H)elieia e a Assembleia 76

3. Pisístrato e os Pisistrátidas 83
   3.1. De Sólon a Pisístrato 83
        3.1.1. Relações entre Sólon e Pisístrato 91
   3.2. Subida ao poder: as várias tentativas para instaurar a tirania .. 94
   3.3. Características do governo de Pisístrato 102
        3.3.1. Apoio às classes mais desfavorecidas 104

      3.3.2. Estímulo ao comércio, indústria e relações externas ... 106
      3.3.3. Engrandecimento cultural da cidade 107
      3.3.4. Centralização de poderes e criação dos tribunais itine-
           rantes 110
      3.3.5. Manutenção da constituição e das leis de Sólon 111
  3.4. Morte e legado de Pisístrato 113
  3.5. O governo dos Pisistrátidas 115
      3.5.1. A morte de Hiparco em 514 e a queda da tirania em 510 116

4. CLÍSTENES E OS ALCMEÓNIDAS 119
  4.1. Entre o fim da tirania e o início da democracia 119
  4.2. As reformas de Clístenes 123
  4.3. A constituição decorrente das reformas de Clístenes 128
      4.3.1. Os demos como base da nova estrutura política 129
      4.3.2. As trinta trítias e as dez tribos 131
      4.3.3. Reorganização das competências dos órgãos 133
  4.4. Outros instrumentos legais atribuídos a Clístenes 136
      4.4.1. A lei do ostracismo 137
      4.4.2. A lei sobre o juramento dos buleutas 140
      4.4.3. A instituição da estrategia 141
  4.5. Motivação e mérito das reformas de Clístenes 145

5. MILCÍADES E TEMÍSTOCLES 147
  5.1. Atenas e a revolta iónica de 499-493 148
  5.2. Milcíades 151
      5.2.1. A batalha de Maratona 153
      5.2.2. A expedição a Paros 156
  5.3. Alterações políticas e constitucionais posteriores à morte de
      Milcíades 158
  5.4. Temístocles 161
      5.4.1. A política de reforço da armada ateniense 162
      5.4.2. As batalhas das Termópilas, de Artemísio e de Salamina 164
      5.4.3. As batalhas de Plateias e de Mícale 167
  5.5. Lutas políticas posteriores ao conflito persa: o ostracismo de
      Temístocles 168

6. CÍMON E EFIALTES 171
  6.1. Címon 173
      6.1.1. Fundação de cleruquias e política de entendimento com
           Esparta 174

6.2. Efialtes 177
    6.2.1. As reformas do Areópago 178

7. PÉRICLES 183
   7.1. A democracia no tempo de Péricles 184
   7.2. A personalidade política de Péricles 185
   7.3. Iniciativas legais atribuídas a Péricles 193
      7.3.1. A remuneração (*misthos*) de serviços públicos 193
      7.3.2. A lei da cidadania 199
   7.4. O início da Guerra do Peloponeso 204

8. ALCIBÍADES 209
   8.1. Atenas depois da morte de Péricles 209
   8.2. Surgimento de Alcibíades na cena política ateniense 212
   8.3. Os escândalos de 415 214
      8.3.1. A mutilação dos Hermes 215
      8.3.2. Representação paródica dos Mistérios de Elêusis 222
   8.4. O desastre da expedição à Sicília e a sobrevivência política de Alcibíades 229

BIBLIOGRAFIA 235

LÉXICO DE TERMOS GREGOS. ÁREA POLÍTICA E SOCIAL 251

ÍNDICE DE AUTORES ANTIGOS 265

ÍNDICE DE NOMES 275

ÍNDICE GERAL 283